中小学教育纠纷防范化解机制研究

汪莉/著

天津社会科学院出版社

图书在版编目（CIP）数据

中小学教育纠纷防范化解机制研究 / 汪莉著. -- 天津 : 天津社会科学院出版社, 2020.6
ISBN 978-7-5563-0646-6

Ⅰ. ①中… Ⅱ. ①汪… Ⅲ. ①中小学教育－教育法－研究－中国 Ⅳ. ①D922.164

中国版本图书馆CIP数据核字(2020)第115764号

中小学教育纠纷防范化解机制研究
ZHONGXIAOXUE JIAOYU JIUFEN FANGFAN HUAJIE JIZHI YANJIU

出版发行：天津社会科学院出版社
出 版 人：张博
地　　址：天津市南开区迎水道7号
邮　　编：300191
电话/传真：（022）23360165（总编室）
（022）23075303（发行科）
网　　址：www.tass-tj.org.cn
印　　刷：北京建宏印刷有限公司

开　　本：787×1092　毫米　1/16
印　　张：15.5
字　　数：220千字
版　　次：2020年6月第1版　2020年6月第1次印刷
定　　价：58.00元

前　言

在全面推进依法治国的进程中，教育领域综合改革与教育法治化进程不断深入，基础教育领域的结构调整不可避免会触及教育主体利益格局的变化，中小学校、学生、教师等主体之间新型的法律关系正在构建。随着公民权利意识的觉醒和维权能力的提高，教育主体对于权利及其保障的诉求愈加强烈，因教育主体权利受损而产生的教育纠纷及其防范化解越来越受到社会公众的关注。

党的十九届四中全会提出“完善社会矛盾纠纷多元预防调处化解综合机制”，为构建多元化的教育纠纷防范化解机制奠定了政策基础。在基础教育领域，中小学教育纠纷防范化解还没有形成系统的体制机制，存在学校预防教育纠纷工作体系不健全、教育主体校内权利救济机制不完善、教育纠纷校内化解机制不明确、多元化教育纠纷解决机制运行不畅等问题。上述现实问题凸显了中小学教育纠纷防范化解机制研究的必要性与紧迫性。

本书从教育法学研究视角，将中小学教育纠纷防范化解机制界定为由纠纷发展阶段（事前预防、事后救济）和纠纷防范化解场域（校内、校外）两个维度交叉形成的研究系统，兼顾学校教育纠纷防范化解的现实关怀与理论关切，系统分析和梳理中小学教育纠纷的理论基础和现实状况，分别从“校内预防”“校外预防”“校内解决”和“校外解决”四个维度，提出中小学教育纠纷的防范化解对策。

本书主要内容包括六个部分。第一章为“概述”，在探讨研究意义和背景的基础上，界定了中小学教育纠纷防范化解机制研究的核心概念、研究内容与研究思路。从教育法学、法社会学等交叉学科视角阐释了中小学教育纠纷防范化解机制的理论基础，为构建多元动态的中小学教育纠纷防范化解机制提供理论支撑。第二章为“学校与学生法律纠纷”，通过司法案例、大数据统计分析学校与学生法律纠纷的主要类型与特点，重点对学生伤害事故纠纷的侵权责任认定标准、学校教育、管理职责的基本内容、学校在学生伤害事故中的侵权责任形态等法律焦点问题进行论述，并对中小学校的法人地位及其与学生的法律关系进行了思辨分析。第三章为“学校与教师法律纠纷”，结合司法案例、大数据分析教师人事管理纠纷的特征，重点分析教师人事争议纠纷的司法审查范围、教师与学校人事关系建立、履行和解除等环节中的法律焦点问题。通过实证调查发现教师权益保障的薄弱环节，并反思中小学校与教师的法律地位及其法律关系。第四章为“权利保障视角下学校教育纠纷校内预防机制”，以规范学校权力运行和保障师生权利为研究基点，分别从建章立制、完善学校治理结构、保障学生和教师权益等层面提出预防教育纠纷的对策。第五章为“社会参与视角下学校教育纠纷校外预防机制”，从教育法律关系之外审视可以参与防范教育纠纷发生或避免教育矛盾加剧的现行制度，包括学校法律顾问制度、校方责任保险和学生伤害事故社会救助基金。第六章为“中小学教育纠纷多元化解机制”，从校内和校外两个层面分析现行教育纠纷解决机制。其中，教育纠纷校内化解路径包括校内协商和校内申诉；教育纠纷校外解决途径更加多元化，基于教师和学生权利救济途径的差异化，重点分析教育行政申诉、学生伤害事故第三方调解和教师人事争议仲裁等纠纷解决途径并提出优化完善建议。

本书希望通过对中小学教育纠纷防范化解机制的研究，进一步增强中小学依法治校的能力，提升学校现代化治理水平，保障学校、教师与学生的合法权益，畅通教育主体权利救济渠道，降低教育纠纷的发生概率。与此同时，进一步完善教育纠纷校内外多元动态化解机制，将教育纠纷的负面影响控制在一定限度内，减少纠纷解决的成本和周期，协调教育主体之间的利益分配，使教育纠纷解决的效果达到最佳，维护学校教育教学秩序和社会稳定。

目 录

第一章　概　述

第一节　中小学教育纠纷防范化解机制的研究意义

一、教育纠纷防范化解与法治社会建设

完善社会矛盾纠纷预防与解决机制是推进法治社会建设、完善社会治理体系的重要内容和组成部分，教育作为社会生活和文化发展的重要内容，教育纠纷的有效预防和依法解决，不仅关系到良好教育生态和和谐教育关系的培养，更是完善社会矛盾纠纷预防调处化解综合机制的重要环节。

党的十九大报告提出了全面推进依法治国总目标，要求坚持法治国家、法治政府、法治社会一体建设。党的十八届四中全会审议通过的《中共中央关于全面推进依法治国若干重大问题的决定》，从推进法治社会建设的高度，提出要健全社会矛盾纠纷预防化解机制，从纠纷化解层面提出了相关工作要求。一是完善调解、仲裁、行政裁决、行政复议、诉讼等有机衔接、相互协调的多元化纠纷解决机制；二是加强行业性、专业性人民调解组织建设，完善人民调解、行政调解、司法调解联动工作体系；三是完善仲裁制度，提高仲裁公信力；四是健全行政裁决制度，强化行政机关解决同行政管理活动密切相关的民事纠纷功能。

党的十九届四中全会通过的《中共中央关于坚持和完善中国特色社会主

义制度 推进国家治理体系和治理能力现代化若干重大问题的决定》，从坚持和完善共建共治共享的社会治理制度层面，提出要完善人民调解、行政调解、司法调解联动工作体系，完善社会矛盾纠纷多元预防调处化解综合机制。《中华人民共和国国民经济和社会发展第十三个五年规划纲要》也将健全矛盾化解机制纳入完善社会治理体系工作之中，提出要完善调解、仲裁、行政裁决、行政复议、诉讼等有机衔接、相互协调的多元化纠纷解决机制。

根据党中央文件和国家政策要求，最高人民法院于2016年相继发布了《最高人民法院关于人民法院进一步深化多元化纠纷解决机制改革的意见》(法发〔2016〕14号)和《关于全面推进保险纠纷诉讼与调解对接机制建设的意见》(法〔2016〕374号)，前者提出了加强诉讼与综治组织、行政机关、人民调解组织、行业调解组织、仲裁机构、公证机构等在纠纷解决方面的对接，后者围绕建立完善保险纠纷多元化解机制，明确了案件范围、立案前后委托调解程序和调解协议的司法确认程序等。

健全教育纠纷防范化解机制是法治社会建设在教育领域的重要体现，是推进依法治教、完善教育改革保障机制的重要举措。合理预防和依法解决中小学教育纠纷，是在基础教育领域构建和谐社会与法治社会的基础工作。国家层面，《国务院办公厅关于加强中小学幼儿园安全风险防控体系建设的意见》(国办发〔2017〕35号)提出健全学校安全事故责任追究和处理制度，积极利用行政调解、仲裁、人民调解、保险理赔、法律援助等方式，通过法治途径和方式处理学校安全事故，及时依法赔偿，理性化解纠纷。《教育部等五部门关于完善安全事故处理机制维护学校教育教学秩序的意见》(教政法〔2019〕11号)分别从健全学校安全事故预防机制、健全学校安全事故协商机制、建立学校安全事故纠纷调解制度等方面，提出学校安全事故纠纷预防与依法处置对策要求。地方层面，杭州市人民政府办公厅发布了《关于印发杭州市中小学校学生伤害事故调解委员会工作规程的通知》(杭政办函〔2003〕245号)，上海市司法局、上海市教育委员会等部门联合发布了《关于规范人民调解组织参与涉校纠纷调解的若干意见》(沪司规〔2013〕5号)，青岛市教育局、青岛市中级人民法院等部门联合发布了规范性文件《关于建立青岛市校园伤害纠纷联动调解机制的实施意见》(青教通字[2016]40号),天津教育改革2019年工作要点中也提出全面推进依法执教,完善学校法律顾问制度等教育系统法律及服务体系,逐步健全教育纠纷调解机制和行政救济制度。

二、教育纠纷防范化解与教育法治化发展

纠纷是社会冲突的表现形式,冲突和纠纷对于权利或利益关系的调整、社会关系的发展与变革具有正反两方面的影响。

一方面,纠纷意味着一定范围内的协调、均衡状态或既有秩序被否定和打破,具有天然的消极因素。纠纷通常作为利益或权利实践中的障碍,伴随着对特定社会秩序的破坏或者与社会秩序相关联的主体之间权利关系的冲突,任何主体都有可能在这种冲突中或多或少地受到伤害,而纠纷的多发或积聚会对社会秩序产生诸多消极影响。

另一方面,作为人类生活中不可避免的社会现象和社会常态,纠纷具有一定的积极意义。西方社会学理论中,齐美尔(G. Simmel)、科塞(L. A. Coser)和达仁道夫(R. Dahrendorf)就冲突或纠纷对于社会运行和发展的积极影响进行了系统阐释。齐美尔构建了"社会化形式"的冲突和斗争理论,认为冲突或纠纷的社会学意义在于它不仅改变冲突各方之间的相互关系,还对每一方的内部结构产生影响[①],说明社会矛盾冲突是推动社会运行和发展的重要动力之一。科塞认为冲突是群体形成和群体生活的基本要素,他从十六个方面详细列举了社会冲突和纠纷所具有的功能,如:冲突使社会单位或群体间的联合得以加强;冲突使仇恨在社会单位或群体分裂之前得到宣泄和释放,进而起到群体保护和社会稳定"安全阀"的作用;冲突有助于提高社会单位或群体的自主更新力和创造力水平。[②] 达仁道夫认为,现代社会的冲突主要源自权利与权力、权利与权威的"抗争",由于任何社会都存在权力关系和权威关系,这

---

① [德]西美尔.社会学——关于社会化形式的研究[M].林荣远译.北京:华夏出版社,2002:219.

② [美]科塞.社会冲突的功能[M].孙立平等译.北京:华夏出版社,1989:1-17.

种因权利与权力、权利与权威的抗争而产生的社会冲突就会普遍存在。普遍存在的社会对立与冲突是导致社会变迁的基本动力，不能简单地对社会冲突进行直接否定或者压制，而是应该通过正确引导社会冲突，如各种社会组织和机构的引导和抑制等“冲突的制度化调节”，使冲突在宪法制度之内得到表现，尽可能消除激烈的冲突形式，避免冲突以暴力的形式出现。[①]

关于纠纷的良性发展意蕴，我国学者也从社会学、法学的研究视角对社会冲突和纠纷的积极功能进行了系统分析论证。范愉教授认为，纠纷是新的利益、观念和行为方式与既定秩序相冲突的体现，在一定条件下，不仅是权利与法律生成与发展的契机，甚至可能成为社会变革的先导或动力。[②] 从宏观角度而言，在人类社会发展中，纠纷的出现可能预示着新的利益调整的必要；在社会转型期，纠纷频发可能表明了传统社会规范和权威及诚信度的丧失以及新的秩序形成中博弈的艰难。纠纷解决过程可以使既存的权利义务和社会规范得到遵守，也可以成为确认新的权利和利益以及进行社会资源再分配的契机。[③] 纠纷解决过程和纠纷解决结果既要直接或间接受到纠纷相关主体的价值准则，纠纷解决所依赖的社会规范（包括法律法规、道德准则、社会规则等）的规范化、确定性和合理性，社会规范的调整范围、地位和作用，纠纷解决第三方主体的介入方式和权威性等因素的影响，也会反作用于以上诸多因素。纠纷解决是深入认识纠纷并尽可能接近主体认知的正义的过程，纠纷的处理结果会引导纠纷主体以及社会公众的价值判断，纠纷解决过程和结果还会直接或间接影响解决纠纷环节和程序的优化以及解决纠纷依据内容和标准的完善。可以说，纠纷是“完善利益表达机制不可或缺的一环，纠纷解决的目的就是在动态的视野下，完成对社会关系的改造，达到社会的和谐与均衡，这也是

① [英]拉尔夫·达仁道夫. 现代社会冲突[M]. 林荣远译. 北京：中国社会科学出版社，2000：141－142.

② 范愉. 非诉讼程序（ADR）教程[M]. 北京：中国人民大学出版社，2016：1.

③ 范愉. 纠纷解决的理论与实践[M]. 北京：清华大学出版社，2007：103.

纠纷解决机制理论和实践的正当性基础”①。

现代社会，纠纷与冲突的性质、主体等具有多元性特点，中小学教育纠纷就是以中小学校及其教师、学生及学生家长作为纠纷主体，在学校办学过程和教育教学过程中产生的矛盾纠纷。教育纠纷并不是完全与教育秩序相对立的，教育纠纷的预防就是使教育关系中的和谐因素多于冲突因素，教育纠纷的解决是一个利益协调的过程，是纠纷主体和利益相关方在法治框架下通过理性博弈实现权益平衡的过程。在教育纠纷解决过程中，学校、教师、学生及学生家长等作为纠纷当事人，教育行政部门、第三方调解组织等作为纠纷介入主体，以上主体在法治框架下，结合社会行为规则和道德准则，根据纠纷的性质、程度和当事人等因素，探寻纠纷个案处理中综合考虑法、理、情的利益平衡模式，从而将失衡的学生与学校的关系、教师与学校的关系、学校与教育行政部门的关系再次平衡与重新融合。②

教育纠纷预防与解决过程是对教育关系再次平衡与融合的过程，是推进教育治理法治化的重要形式。教育治理法治化旨在解决教育公平和可持续发展问题，主要是针对教育工作的规范开展、教育资源的合理分配、教育行政管理的权力限制、教育法律关系的准确界定以及教育体制的健全完善等问题提出依法治理的要求，重点在厘清政府、学校、教师、学生的法律关系以及教育行政部门的行政管理权限和权力清单，最终目标是形成政府依法管理，学校依法治校，教师依法执教，社会依法参与、评价和监督的依法、多元、共治的教育法治工作体系。③

① 孙彩虹.社会转型期我国民事纠纷解决机制研究[M].北京:中国政法大学出版社,2016:19.

② 杨挺,李伟.教育法律纠纷的特点与应对机制研究——基于对司法案例的分析[M].重庆:西南师范大学出版社,2017:2.

③ 李进付.教育法治化与大学生伤害事故处置[M].北京:社会科学文献出版社,2017:45.

三、教育纠纷防范化解与中小学依法治校

依法治校是教育治理法治化的重要组成部分，旨在建立依法办学、自主管理、民主监督、社会参与的现代学校制度，明晰学生、教师、学校的权利义务关系，建构政府、社会、学校之间的新型法律关系。教育部2012年发布的《全面推进依法治校实施纲要》规定，推进依法治校要从五个方面着力：一是提高学校章程及制度建设质量，健全学校依法办学自主管理的制度体系；二是规范和制约管理权力运行，健全科学决策、民主管理机制，完善学校治理结构；三是落实师生主体地位，推动学校基层民主建设，形成自由平等公正法治的育人环境；四是健全权利保障和纠纷解决机制，有效化解矛盾纠纷；五是健全依法治校考核评价机制，加强政府对学校依法治校的指导、保障与监督。据此，建立健全学校教育纠纷防范化解机制是推进学校依法治校理论与实践的重要内容。

我国部分省市也将学校教育纠纷防范化解机制作为地方依法治校示范校评估指标体系的组成部分，如：《陕西省中小学依法治校示范校评估指标》（陕教规范〔2015〕1号）明确中小学应当建立健全学生申诉制度和校内教职工申诉制度。天津市发布的《市教委关于开展天津市中小学依法治校示范校创建工作的通知》（津教委办〔2017〕136号）在其附件《天津市中小学依法治校示范校标准》中，将构建校内纠纷解决机制列入学校规范办学工作内容，要求学校的信访、调解、申诉等校内纠纷解决机制健全，具有解决校内纠纷的工作制度；教职工和学生的申诉渠道畅通，有专门的机构和人员负责接待师生申诉和处理校内纠纷，能够及时、妥善处理教师、学生申诉事项，依法解决纠纷。北京市教委发布的《关于全面推进中小学依法治校工作的指导意见》（京教策〔2018〕2号）和《北京市中小学依法治校基本标准》（京教策〔2019〕10号）规定，健全学校纠纷解决和权利救济机制，把法治作为解决校内矛盾和冲突的基本依据，建立并综合运用信访、调解、申诉、仲裁等各种争议解决机制，注重和发挥基层调解组织、教职工代表大会和法律顾问在处理纠纷中的作用，建立合法的处理程序，依法妥善、便捷、高效地处理学校内外部各种利益纠纷。对于难以在校内

完全解决的纠纷，应当按照法定程序，提交有关行政机关、仲裁机构、社会调解组织或者司法机关依法解决。学校应按正当程序原则要求，建立健全教师、学生申诉处理的工作机构和机制、规则，允许学生聘请代理人参加申诉。学校处理教师、学生申诉或纠纷，应当建立并积极运用听证方式，保证处理程序的公开公正。《上海市教育委员会关于进一步做好本市依法治校（2016－2020年）创建工作的通知》（沪教委法〔2019〕4号）发布了《上海市中小学校（幼儿园）依法治校创建指标体系》，列明学校应当建立纠纷解决机制，包括建立校内信访、调解等争议解决机制，学校调解组织、教职工（代表）大会、家长委员会、学校法治工作机构（人员）等应当在校内纠纷处理中发挥重要作用。

第二节　中小学教育纠纷防范化解机制的研究界定

一、核心概念

（一）纠纷及其构成要素

社会学视角下的纠纷，属于社会冲突（social conflict）的一种类型或一种形式，它“反映的是社会成员之间具有抵触性、非合作性，甚至滋生敌意的社会互动形式或社会关系”[①]。社会冲突作为纠纷的上位概念，科塞将其界定为关于价值观、对稀有地位或稀缺资源分配以及权利信仰的斗争，他认为冲突产生于个人、阶级或群体为寻求实现自己美好理想而进行的斗争。社会冲突的价值并不绝对是破坏性的，只要不直接涉及基本价值观或共同观念，冲突反而对社会发展具有好处。[②]

法学视角下的纠纷仍然是社会冲突的表现，但这种冲突被限制在相对的

① 陆益龙．纠纷解决的法社会学研究：问题及范式[J]．湖南社会科学，2009(1)．

② ［美］科塞．社会冲突的功能[M]．孙立平等译．北京：华夏出版社，1989：6．

社会主体之间，并且是可以由法律规范加以调整的。[①] 在此基础上，通过明确纠纷的广泛性与历史发展性，研究者提出纠纷属于社会冲突概念的下位概念，凡是能够纳入法律框架，作为法律规范的调整对象的冲突就成为纠纷；而那些不能纳入法律框架并予以规范的社会冲突则作为一种社会现象，进入社会学、政治学等领域的研究范围。[②]

对于纠纷的构成要素，日本学者千叶正士从社会学研究视角，将纠纷的构成要素解析为包括“基本要素”和“关联要素”两个方面的分析框架。一方面，纠纷的基本要素包括三点内容：一是纠纷关系人，包括纠纷当事人、纠纷参加人（直接或间接帮助一方解决纠纷的人）、纠纷的介入人（纠纷解决第三人）；二是纠纷对象，即当事人争执的对象；三是纠纷行动，即双方为损害或防止对方损害而采取的行动，包括纠纷行为（通过实施积极或消极的行为意图损害对方的行动）、纠纷手段（为实施纠纷行为所采取的策略、战术、攻击防御武器等）、纠纷主张（向对方提出的具体要求）、纠纷的相互影响（当事人之间的影响，以及纠纷的社会影响）。[③] 另一方面，纠纷的关联要素包括四点内容：一是纠纷的社会结构，包括社会的基本生产方式、政治制度、组织结构等；二是纠纷原因，包括主观原因（纠纷主体的意图或目的）和客观原因（现实的利益冲突，纠纷产生的基本原因）；三是纠纷的社会价值，包括纠纷对于社会的积极作用和消极作用；四是纠纷解决机制，包括司法纠纷解决机制（诉讼）、行政性纠纷解决机制和社会性纠纷解决机制，其中司法纠纷解决机制居于核心地位。

法学研究视角下纠纷具有四点描述性要素[④]：一是纠纷的主体要素，即纠纷产生于特定的主体之间，而不是产生于泛化的阶层或群体，此项要素标准可

---

① 赵旭东. 纠纷与纠纷解决原论：从成因到理念的深度分析[M]. 北京：北京大学出版社，2009：8.

② 孙彩虹. 社会转型期我国民事纠纷解决机制研究[M]. 北京：中国政法大学出版社，2016：9.

③ [日]千叶正士. 法与纠纷[M]//杨挺，李伟. 教育法律纠纷的特点与应对机制研究——基于对司法案例的分析[M]. 重庆：西南师范大学出版社，2017：6.

④ 孙彩虹. 社会转型期我国民事纠纷解决机制研究[M]. 北京：中国政法大学出版社，2016：12—14.

以使法学意义上的纠纷区别于社会层面上存在的阶层或无特定主体的冲突。二是纠纷的形式要素，即纠纷以对抗的形式呈现，必须存在着行为的外化。三是纠纷的实质要素，即纠纷存在着权利受损的实际或可预期状态，这是纠纷能够进入法学研究范畴的前提和内在要求。四是纠纷的法律性要素，即纠纷通过法律规范解决的可欲性。只有纠纷存在法律介入的价值，才能确保纠纷能够成为法学研究的关怀对象。

（二）中小学教育纠纷

教育纠纷是社会纠纷的一种具体形态，是从事教育活动的主体之间因利益分配、权利义务争议而引起的一种紧张的社会关系。狭义的教育纠纷是指在教育教学活动中，学校、教师、学生三者之间权利义务的冲突，主要以贯穿于教育教学活动中的教育主体的教育权利为核心，同时涉及教育主体作为民事主体而享有的人身权、财产权等。[①] 通过研究教育法律纠纷的内涵与外延，研究者认为可以将教育纠纷的关键词确定为：教育与受教育活动、教育过程、教育法律关系主体、违反教育法律规范、侵权行为、通过正式救济渠道解决争议等。在此基础上，将教育法律纠纷的概念界定为“一个性质和五个要素”：“一个性质”是指教育纠纷所属的性质，基于某种教育法律关系状态的失衡所引发；“五个要素”指教育纠纷的主体、客体、发生域、事实存在和争议程度，其中当事主体包括教育行政机关、学校、教师、学生、其他主体，客体归类为财产利益、非财产利益和行为，发生范围局限于教育活动中，丧失均衡关系的事实存在即行为主体违反法律规范而侵害了其他主体的合法权益或法律关系主体认为自身合法权益受损，争议程度指可以或应当通过正式救济渠道解决争议。[②]

根据学校举办者的性质不同，中小学校可以分为公办中小学校和民办中小学校；根据学校教育形式和教育内容的不同，中小学校可以分为普通中小学校、特殊教育学校、中等职业学校等。本书所指的中小学教育纠纷，是在公办

① 陈久奎.我国教育纠纷仲裁制度建构研究[D].重庆：西南大学，2006：12.

② 杨挺，李伟.教育法律纠纷的特点与应对机制研究——基于对司法案例的分析[M].重庆：西南师范大学出版社，2017：29.

普通中小学教育教学过程中，学校与教师、学校与学生及其家长（监护人）等教育主体之间因权利义务冲突而产生的矛盾，这里的权利冲突主要以教育权利、职业权利为主，还包括人身权、财产权等。参照千叶正士对于纠纷构成要素的分析框架，可以对中小学教育纠纷的核心要素进行解析，详见图 1—1。

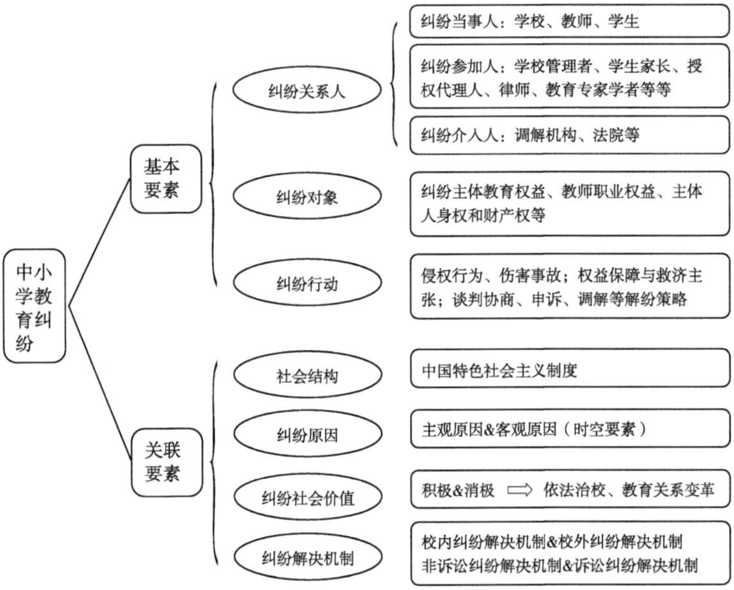

图 1—1　中小学教育纠纷构成要素分析框架

中小学教育纠纷的基本要素包括纠纷关系人、纠纷对象和纠纷行动。第一，纠纷关系人包括纠纷当事人、纠纷参加人和纠纷介入人，其中纠纷当事人包括学校、教师、学生；纠纷参加人包括受纠纷当事人一方委托参与纠纷解决的人，如律师、学校管理人员、学生监护人或其他近亲属等；纠纷介入人主要是作为纠纷解决第三人出现的人民调解人员或调解机构、行政调解人员或机构、法院等。第二，纠纷对象主要是纠纷主体的教育权益、教师的职业权益、主体的人身权和财产权等。第三，纠纷行动主要是指纠纷的事实因素和纠纷主张，包括行为主体违反法律规范而侵害了其他主体的合法权益，法律关系主体认为自身合法权益受损而提出权益保障与救济的主张，纠纷主体采取的谈判协商、申诉等纠纷解决策略。

中小学教育纠纷的关联要素包括社会结构、纠纷原因、纠纷社会价值和纠纷解决机制。其中，纠纷产生的客观原因中应当考虑纠纷发生的时空要素，即纠纷的发生范围应局限于学校办学和教育教学活动过程中。纠纷的社会价值主要是纠纷对于中小学依法治校、教育关系变革、教育法治化和法治社会建设等具有积极和消极影响。对于中小学教育纠纷多元解决机制，根据纠纷解决的场域不同，可以分为校内纠纷解决机制和校外纠纷解决机制；根据纠纷解决的第三方主体是否具有国家公权力及相应公权力的性质（司法权力或行政权力）不同，可以分为诉讼纠纷解决机制和非诉讼纠纷解决机制。

（三）中小学教育纠纷防范化解机制

中小学教育纠纷防范化解机制由教育纠纷预防机制和教育纠纷解决机制两方面构成。

1. 教育纠纷预防机制

教育纠纷预防机制强调的是学校在日常办学和教育教学过程中，不断完善学校治理结构和治理机制，健全制度建设，积极保障和维护教师、学生等教育主体的合法权益，并对相关教育主体进行法治宣传教育等积极行为和活动，从而减少或避免教育纠纷的发生。教育纠纷预防机制的核心在于构建使“公权力”规范运行的“权力约束机制”和“私权利”得到有效保障的“权利保障机制”。“权利约束机制”是通过明确教育行政部门尤其是学校等主体行使权力的边界，规范学校及校内职能部门的权力运行，明晰其职责权限；“权利保障机制”的目的在于切实保障校内教师、学生等主体的合法权益，促进教育主体有效行使权利。

根据教育纠纷预防对策的作用和影响层次不同，可以把教育纠纷预防对策划分为宏观预防对策和微观预防措施。教育纠纷宏观预防对策方面，一是健全和完善依法办学制度保障，完善教育立法，做到有法可依，同时要加强制裁环节，确保教育法律法规的有效实施。[①] 二是重视对学校管理者、教师、学

① 李晓燕，陈蔚. 学校办学法律纠纷现状、成因与对策探讨[A]. 劳凯生. 中国教育法制评论：第 6 辑[C]. 北京：教育科学出版社，2009：84－104.

生及其家长等教育主体法律知识的宣传和普及，提高教育行政部门及学校依法治教、教师依法执教、教师和学生依法维权的意识和能力，减少教育纠纷发生的可能性。三是探索建立师生参与学校治理机制，保障教师、学校在学校治理相关环节的参与权、知情权、提出意见建议权等，避免因管理制度执行不当或者学校管理制度理解偏差而产生纠纷。教育纠纷微观预防措施方面，如规范学校人事管理，减少因教师聘任、职称评聘和教师处分等产生纠纷。健全学校安全管理制度和措施，避免发生学校安全事故，减少师生人身伤害纠纷。

2.教育纠纷解决机制

教育纠纷解决机制是指为解决教育纠纷而建立的由规则、制度、程序和机构(组织)及活动构成的系统，是国家通过相关法律建构或界定的由各种正式和非正式制度或程序构成的综合性解纷系统。[①]

纠纷解决就是通过一定的程序和方式化解纠纷，从而使社会主体之间重新恢复或塑造一种新的协调状态的过程，纠纷解决机制就是关于什么样的纠纷应该如何解决的实体和程序上的规范体系及其运行方式。[②] 日本研究者小岛武司等认为，正当的纠纷处理方式有两个必不可少的因素：一是处理机构必须由中立的第三方组成，二是纠纷解决的标准被社会公众认为是正当的。[③]我国研究者认为，建立一种纠纷解决机制需要考虑四个方面的因素：一是纠纷当事人，这是确立某种纠纷解决机制的最基本的要素。纠纷当事人的不同，不仅会导致主体对于纠纷解决方式认知程度和选择的不同，还会导致纠纷对于社会秩序的影响程度并不相同。二是纠纷内容，主要包括纠纷当事人之间的法律关系和纠纷客体，纠纷当事人法律关系的性质不同，直接决定着纠纷客体即相关主体权利义务内容的区别。三是纠纷解决主体，主要是指纠纷解决的第三方主体。在纠纷解决机制中，除私力救济方式外，无论是公力救济还是社

① 范愉.非诉讼程序(ADR)教程[M].北京：中国人民大学出版社，2016:9.

② 孙彩虹.社会转型期我国民事纠纷解决机制研究[M].北京：中国政法大学出版社，2016:81—84.

③ [日]小岛武司，伊藤真.诉讼外纠纷解决法[M].丁婕译，北京：中国政法大学出版社，2005:7.

会性救济都需要借助于各种国家机关、社会组织或者民间力量等第三方，通过斡旋、协商为当事人消除对抗性状态提供契机，或者直接做出强制性的决定以消解对抗。四是纠纷解决依据，指在纠纷解决过程中，指导纠纷主体和纠纷解决主体的行为方式，并使纠纷解决具有可控性、可预见性的法律规范以及公序良俗、道德习惯等。[①]

根据纠纷解决的主体不同，我国教育纠纷多元化解机制可以分为私力救济、公力救济和社会救济；根据纠纷解决主体是否具有国家司法裁决权，也可以分为诉讼纠纷解决机制和非诉讼纠纷解决机制。其中，非诉讼纠纷解决机制（ADR）是与诉讼纠纷解决机制相对应而产生的概念，又称为替代性纠纷解决机制，由英文“Alternative Dispute Resolution”翻译而来，简称 ADR。非诉讼纠纷解决机制既包括当事人自行达成的和解，也包括各种专门设立的争议解决机构的裁决、决定；既包括传统意义上的调解，也包括各类行政机关做出的裁定[②]，是对诉讼以外的其他各种纠纷解决方式、程序或制度的总称。详见图 1—2。

私力救济是指“当事人认定权利遭受损害时，不通过国家机关和法定程序，并且没有第三方以中立的名义介入纠纷解决，依靠自身的力量实现权利，解决纠纷”[③]。私力救济通常具有以下特征：一是纠纷解决的自主性和自治性，二是纠纷解决依据的多元性和灵活性，三是纠纷解决效果的非强制性，四是纠纷解决手段、程序、方式的便捷性和非正式性，五是纠纷救济途径的直接性，六是与社会救济、公力救济的互补性。[④] 在当前法律框架下，私力救济的基本形式包括当事人自力救助与当事人协商和解两种形式。当事人自力救助

① 孙彩虹. 社会转型期我国民事纠纷解决机制研究[M]. 北京：中国政法大学出版社，2016：82.

② 申素平，陈瑶. 论非诉讼纠纷解决机制及其在我国教育领域的适用[J]. 中国高教研究，2017(1)：64.

③ 徐昕. 论私力救济[M]. 北京：中国政法大学出版社，2005.

④ 李谦. 私力救济及其法律规制探讨[J]. 广西政法管理干部学院学报，2018(4)：112—113.

是“当事人为了维护自身合法权益而实施的一种方式恰当、符合认知、法律上允许的行为。”①作为纠纷解决途径的当事人自助行为，主要表现为纠纷当事人单方或双方为避免纠纷的发生或冲突的升级而进行忍受或回避的态度和行为。当事人协商和解是指在纠纷发生后，通过当事人之间的直接交涉达成合意，消解对抗解决纠纷。通常表现为当事人之间（有时会有第三人作为纠纷一方的代理人）谈判或者由非权威的第三方协助促成的谈判。

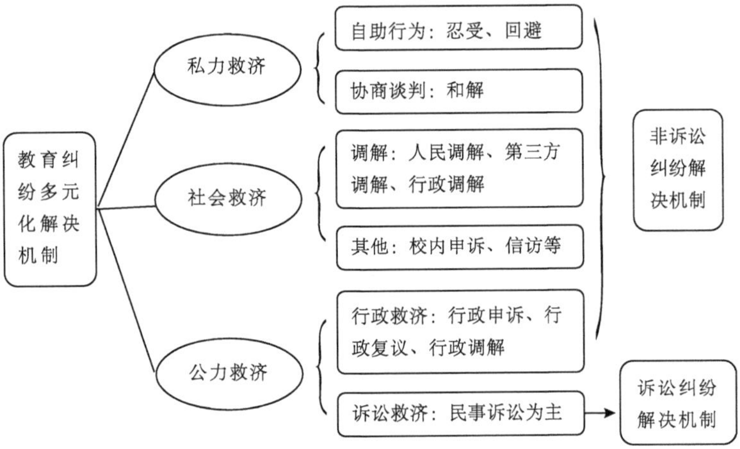

图 1—2　中小学教育纠纷多元化解机制示意图

社会救济是由一定的社会组织或公民作为中立的第三方介入纠纷、解决纠纷、帮助当事人实现权利、消解冲突的一种纠纷解决途径。社会救济通常包括调解、仲裁以及狭义的非诉讼纠纷解决机制（ADR）。调解是指第三方依据一定的道德标准、民间习俗、社会规则和法律规范，为纠纷当事人居间调处，促使纠纷主体能够相互谅解、互相妥协以解决纠纷的一种制度，如：人民调解制度、医疗纠纷调解制度和其他行业性调解制度等。仲裁是指纠纷双方当事人在纠纷发生后，根据双方订立的仲裁协议或法律规定，将双方的争议事项提交由非司法机构的仲裁委员会进行裁判，并受该裁判约束的一种制度，如劳动人事争议仲裁、经济贸易仲裁等。

① 李歌.民事自助行为研究[D].浙江工商大学硕士学位论文，2018：8.

公力救济是由特定的国家机关运用国家公权力，在纠纷主体的参与下，按照特定程序解决纠纷的一种纠纷解决机制。由于公力救济具有国家强制力和严格的规范性，通常被认为是一种最具权威的纠纷解决途径。在当前法律框架下，公力救济主要包括诉讼救济和行政救济两种，二者的相同之处在于都是有国家机关（法院或政府机关）介入纠纷解决，不同之处则主要体现在纠纷解决的依据、程序和效力等方面。诉讼救济是指当事人通过向人民法院提起诉讼，由法官按照法定诉讼程序、运用国家司法权并适用法律规范解决纠纷。司法救济包括民事诉讼、行政诉讼和刑事诉讼三种形式。行政救济是指当事人将纠纷提交国家行政机关，由国家行政机关在法定职责范围内根据国家法律法规和政策规定解决当事人之间的纠纷，广义的行政救济途径包括行政申诉、行政复议和行政调解等。

二、研究内容

（一）研究对象

中小学教育纠纷防范化解机制研究是由纠纷发展阶段（事前预防、事后救济）和纠纷化解环节（校内、校外）两个维度交叉形成的“二维四象限”研究系统。“二维”即将中小学教育纠纷防范化解机制解析为学校教育纠纷预防机制和学校教育纠纷解决机制，“四象限”即在“二维”解析的基础上，进一步将中小学教育纠纷防范化解机制研究解构为教育纠纷校内预防工作机制、教育纠纷校外预防工作机制、教育纠纷校内解决机制和教育纠纷校外解决机制四大模块。其中，共同治理理论和依法治校是学校教育纠纷预防机制的研究基础，法律动员理论和纠纷金字塔理论是学校教育纠纷解决机制的理论依据。在理论研究、案例分析、实践调研等基础上，提出构建中小学教育纠纷多元动态防范化解机制的对策建议。

（二）研究重点

第一，中小学教育纠纷防范化解机制的影响因素和实践诉求。一是党和国家政策背景，包括法治中国与法治社会，依法治国与依法治教，社会治理与社会矛盾纠纷预防调处化解综合机制；二是教育治理现代化研究，包括教育治理与教育法治化，依法治教与依法治校；三是我国教育纠纷防范化解机制的总体现状，包括教育纠纷的依法预防，多元化纠纷解决机制的发展趋势；四是教育法律关系主体，包括政府、学校、教师、学生及其家长(监护人)等对于构建中小学教育纠纷防范化解机制的实践诉求愈加强烈。第二，中小学教育纠纷防范化解机制研究的理论基础。教育纠纷事前预防阶段，借鉴管理学中的共同治理理论分析校内外多元主体参与学校治理预防纠纷发生；纠纷事后救济阶段，参照社会学中的纠纷金字塔理论和法学法律动员理论探讨中小学校内外多元化教育纠纷解决机制，以多学科交叉视角建构综合性中小学教育纠纷多元动态防范化解机制。第三，中小学教育纠纷及其防范路径类型化研究。将调查研究和司法案例研究相结合，综合分析教育主体对于教育纠纷预防与解决机制的实践诉求，梳理中小学教育纠纷的主要类型与成因并分类施策。第四，中小学教育纠纷防范化解机制的对策与建议。从纠纷发展阶段(事前预防、事后救济)和纠纷化解主体(校内、校外)两个维度，根据中小学教育纠纷多元动态防范化解机制的“二维四象限”分析系统，提出中小学教育纠纷校内外预防机制和中小学教育纠纷多元化解机制。见图1—3。

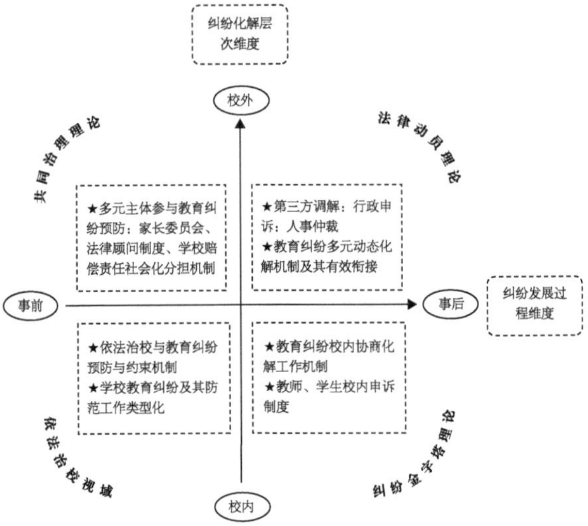

图1—3　中小学教育纠纷防范化解机制研究内容

(三)研究难点与价值

中小学教育纠纷防范化解机制的研究重点和难点在于,一是如何从理论角度分析学校教育纠纷防范化解的不同环节、不同维度,为建立中小学教育纠纷防范化解机制提供适当的理论支撑体系,从而有效指导实践;二是根据教育纠纷产生原因、纠纷预防与解决实践诉求,如何实现不同维度和不同环节学校教育纠纷预防和化解机制有机结合,形成完整的、动态的、有效的中小学教育纠纷防范化解运行机制。

中小学教育纠纷防范化解机制的研究价值体现在学术价值和应用价值两方面,一是根据中小学教育纠纷防范化解的多元维度和不同环节的复杂性,从教育法学、法社会学等交叉学科视角进行分析,为建立中小学教育纠纷防范化解机制提供系统和适切的理论支撑。二是当前中小学教育纠纷防范化解工作还没有形成系统的工作机制,存在学校预防教育纠纷工作机制不健全、教育纠纷主体权利救济机制不完善、多元化教育纠纷解决机制运行不畅等问题。本书针对上述现实问题,提出构建教育纠纷校内预防机制,保障学校、教师和学生的合法权益,提高学校依法治校的能力和水平,并系统分析、构建或完善了校内协商和解机制、教育纠纷第三方调解制度、教育行政申诉制度、人事争议仲裁和诉讼等多元化纠纷解决机制,进一步提升学校教育纠纷防范化解水平,维护学校的教育教学秩序以及基层社会的和谐稳定。

三、研究思路

如图 1—4 所示,以核心概念为出发点,通过文献综述和实践调研梳理中小学教育纠纷的成因、特点和完善纠纷防范化解机制的实际需求。在理论建构的基础上,按照教育纠纷“二维四象限”分析框架,构建中小学教育纠纷防范化解机制。具体来说:一是构建中小学教育纠纷防范化解机制的理论体系,二是构建中小学教育纠纷预防机制,明确依法治校视域下预防教育纠纷的校内工作机制。三是从校内、校外两个层面提出完善中小学教育纠纷多元化解机制的对策建议。

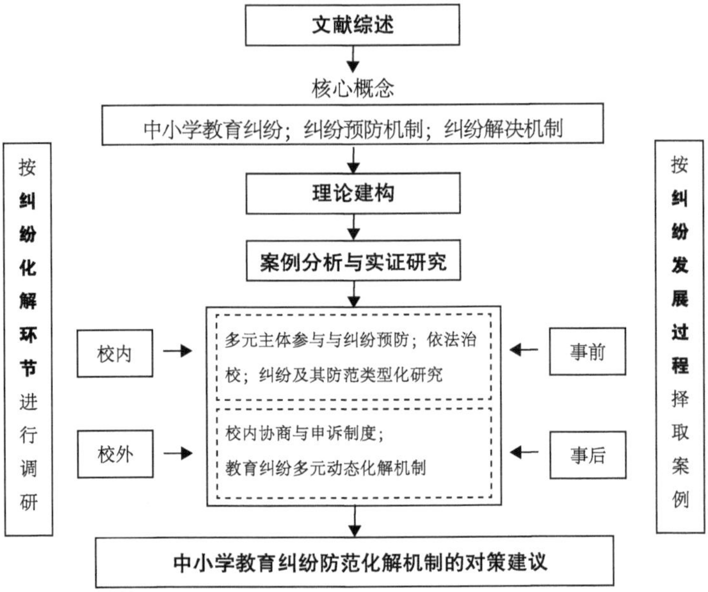

图1—4　中小学教育纠纷防范化解机制研究思路

第三节　中小学教育纠纷防范化解机制的研究基础

一、理论基础

(一)纠纷金字塔(Dispute pyramid)理论

纠纷金字塔理论(Dispute pyramid)是在法社会学研究视角下对于纠纷概念及其构成进行理论解释的一个基本范式，由费尔斯丁勒(W. Felstinler)、阿贝尔(R. Abel)和萨拉特(A. Sarat)等人提出，并逐渐发展成研究民间纠纷解决机制的比较有效的描述和分析工具。纠纷金字塔理论构建了纠纷解决方式及其选择的基本分析框架，包括三个基本假设：第一，按照双方解决还是引入第三方，非正式权威介入还是正式权威介入，纠纷解决机制被分为不同层次且同时存在。多种纠纷解决机制分层级的同时存在，构成了纠纷解决机制体系最基本的前提。第二,人们在生活中产生的大部分冤屈(grievance),都会在较低层次得到解决,只有少数会上升到司法程序层面,即金字塔顶。第三,纠纷金字塔的结构取决于各个层次纠纷解决情况,低层次纠纷解决比例的减少,相应地会使高层次纠纷解决比例上升;上升到司法程序层面的纠纷越多,说明低层次的纠纷解决渠道较少为人们所选择。换句话说,如果让更多的人选择基层的纠纷解决方式,那么就会大大降低正式法律意义上的纠纷。①

麦宜生(Ethan Michelson)对纠纷金字塔理论做了修正,提出了"纠纷宝塔"(dispute pagoda)概念。通过对农民法律意识的一项调查,麦宜生发现在不同类型的纠纷和不同纠纷解决方式之间,并不存在此消彼长的相互关系。也就是说,纠纷宝塔各个层次之间的关系是相对独立的,各个层次的纠纷及其纠纷解决比例的增长或下降,并不一定会导致其他层次尤其是塔顶结构的变化。真正导致农民选择正式法律途径来解决纠纷的主要影响因素是农民与行政系统的关系。具体来说,农民与行政官员的关系联系越密切、所联系官员的级别越高,通过司法途径解决纠纷的概率就越高。麦宜生进一步发现,行政系统的调解和解决纠纷的功能并没有从制度上阻止纠纷上升到司法程序,即便是对于行政系统,人们也是根据自己的社会资源来加以选择的。对于大多数的农村纠纷,人们往往会尽量避免走正式的解决途径(包括正式的法律途径和正式的行政救济途径),还是选择非正式的调解或自我调解的方式。②

纠纷金字塔理论和纠纷宝塔理论,为不断完善中小学教育纠纷多元化解机制提供了理论参考。教育法律关系主体在选择不同的纠纷解决方式时,会综合分析产生纠纷的原因、纠纷的性质、双方冲突的程度以及对纠纷解决第三方介入主体权威性的认识等多种因素,最终确定选择何种纠纷解决途径进行权利救济。与此同时,教育纠纷不同解决途径之间并不是此消彼长的关系,纠纷主体对于非诉讼纠纷解决机制的选择并不会减少纠纷解决机制的适用频

---

① W. Felstinler, R. Abel, and A. Sarat. 1980－81. The Emergence and Transformation of Disputes: Naming, Blaming, Claiming[J]. Law and Society Review 15.

② 郭星华,曲麒翰.纠纷金字塔的漏斗化[J].广西民族大学学报(哲学社会科学版),2011(7):69.

率。因此,应当对不同教育纠纷解决机制进行相应的完善,为教育纠纷主体提供相对丰富并愈加完善的权利救济渠道和纠纷解决途径。

(二)法律动员(Legal mobilization)理论

法律动员(Legal mobilization)理论是关于法律与社会运动关系理论的一种新模型,突出显示为以个案研究为基础的个人利用法律系统中的知识、人员和程序等法律资源的过程。法律动员理论将"动态纠纷"的概念融贯其中,赞同阐释性、过程取向的法律概念,在方法论上强调以整合框架分析法律与社会运动的内在关联。因此,法律动员理论认为法律的重点不只是对行为,还包括意义构建的互为主体性权力关系,法律既是一种知识、语言实践,也是公民为权利而抗争的现实资源。① 法律建构主义范式强调行动中的个人与法律的关系是在特定的情境中被人们建构起来的,认为人们日常生活的情境、个人在不同情境下的意识,以及特定实践中的互动情景等,都在以不同的方式影响着人们对待法律的态度和行为。② 从这个角度来说,法律动员理论倾向于用法律建构主义范式分析"人—法律—社会运动"之间的互动关联。

作为教育纠纷解决机制的理论基础,法律动员理论其核心要义就是分析"动态纠纷"发展过程中纠纷主体与法律的互动关系。因此,根据法律动员理论的分析框架,我们可以更加合理、恰当、全面地确定哪些内容是教育纠纷当事人选择正式法律救济途径来解决纠纷的考量因素。这些因素既包括纠纷当事人(及其家庭)的社会经济条件和社会关系状况,如纠纷当事人及其家庭主要成员的受教育水平、收入、职业等个人社会结构性因素;也包括纠纷发生的具体情境、纠纷当事人在纠纷发生时的法律意识和法律认知,以及纠纷当事人在纠纷发生之前和之后的互动关系等。总的来说,由于教育纠纷的主体、争执原因、涉争事实、复杂程度及其法律性质等方面迥异,面对纠纷,人们可能会受文化习惯、生活经历、社会背景等因素的影响,下意识地去寻求特定的纠纷解

---

① 廖奕.从情感崩溃到法律动员——西方法律与社会运动理论谱系与反思[J].法学评论,2014(5):194.

② 陆益龙.转型中国的纠纷与秩序:法社会学的经验研究[M].北京:中国人民大学出版社,2015:45.

决途径。[①]

(三)共同治理理论

治理(governance)一词起源于古典拉丁语和古希腊语中的“操舵”(steering of boats),意指控制、引导和操纵,指的是在权利行使、利益分配与责任归属基础上的指导和驾驭。[②] 早期的治理概念主要用于市政学中如何更好地解决城市管理中的各种问题。随着治理内涵和外延不断发展,治理逐渐应用于政治学、经济学、社会学、公共行政管理及组织变革学说等领域,并逐渐融入了公众参与、公民社会等概念。

西方政治学研究将治理界定为一系列活动领域里的管理机制,既包括政府机制,也包括非正式、非政府的机制。[③] 治理是比统治具有更为丰富内涵的概念,意味着一种新的、更高、更有序的“统治”[④],是国家(政府)管理意义的转变,新的管理过程、秩序规则的转变状态,管理社会的新方式。[⑤] 治理意蕴既涵盖了国家治理、社会公共治理和善治,也包括机构治理、组织治理和公司治理,还体现为描述或解释公共政策制定与实施过程中不断增加的、多样化的行动主体及其互动与影响的标签。[⑥] 治理是一个连续过程,是透过冲突或分歧的利益彼此融合、互助的行动,包括正式机构、统治赋能去实现顺从,同时人民或机构可以认可其非正式协议或在利益中对其有所理解。[⑦] 联合国“全球治

---

① 孙彩虹.社会转型期我国民事纠纷解决机制研究[M].北京:中国政法大学出版社,2016:81.

② 林雍智,吴清山.日本学校治理模式之变迁及其评析:以学校理事会为例[J].教育科学研究,2013(4):103－131.

③ [美]詹姆斯 N·罗西瑙,张胜军等译.没有政府的治理[M].南昌:江西人民出版社,2001:5.

④ 罗茨.新的治理[J].政治研究,1996,(3):154—156.

⑤ RHODES R A. The new governance . Govering without government[J]//王晓辉等.大学治理:理念、模式与制度[M].北京:北京师范大学出版社,2018:3.

⑥ Weller P. In Search of Governance[M]. New York:Oxford University Press,2000.78.

⑦ Commission on Global Governance. Our Global Neighborhood[M]//王晓辉等.大学治理:理念、模式与制度[M].北京;北京师范大学出版社,2018:3.

理委员会”总结了治理的四个特征:第一,治理不是一套规则制度或是一种活动,而是一个过程;第二,治理过程的基础不是控制,而是协调;第三,治理包含公、私的参与者;第四,治理不是一种正式的制度,而是持续性的互动。[①]

治理理论蕴含的公、私多元主体参与性、持续互动的协调性与过程性等,进一步发展出共同治理理念(common governance)。共同治理理念始于20世纪初的公司治理结构理论。公司拥有包括股东、顾客、员工、供应商、合作伙伴、社区、舆论影响者和其他人在内的利益相关者群体。共同治理是以合理平衡各利益相关者的利益,实现利益相关者利益最大化为目标,并以此来安排利益相关者在公司治理中的权力的治理理论。[②]“共同治理”包括两方面内容:一是重大或重要领域的决策行动不仅需要决策权力机构,也需要全体组织成员的参与;二是参与群体在决策中的地位与其所担负的责任相关,谁负主要责任,谁就有发言权,在特定领域的决策上,允许特定群体负主要责任。

20世纪中叶,共同治理理念开始进入大学治理研究领域。共同治理理论重新界定了学校治理中各参与主体的职责、权利和义务分配问题,将学生、教师、政府、社区和其他利益群体纳入学校治理的主体范畴,不同主体通过协调合作、持续互动和利益博弈,实现学校治理成效最优化和公共利益最大化。

根据共同治理理论,学校治理是学校的相关利益主体根据国家法律法规与学校章程,通过多元主体的合谋共治、协商对话、相互协调来实现学校共同目标的活动过程。优化学校治理效能需要通过一系列学校治理结构和体系的有效运作而实现。学校治理体系是协调教育系统中的学校及其相关的利益主体(如政府、教师、学生、家长、社区)之间关系的一系列制度安排和权力制约及其结构关系,其核心是权力的制衡与再分配。学校治理体系由学校内部治理体系和学校公共治理体系构成,学校内部治理体系主要是指学校内部校长、教师、学生、家长等主体,校内决策、执行、监督等机构,校内行政与教学科研等部

---

① Smouts, Maire-Claude. The proper use of governance in international relations [J]. International Social Science Journal, 1998, 50(155): 83-84.

② 程红兵.教育治理现代化进行中学校治理体系变革研究[M].厦门:福建教育出版社,2019:70.

门(类似于大学治理中的学术权力机构)之间的互动关系及其协调机制;学校公共治理体系主要是指学校、政府、社会之间的互动关系和协调机制。完善学校治理体系和治理机制,有利于实现学校管理、科研、学术等权力之间的制衡,以及教育主体的权利对于学校权力的监督与制约,从而保障学生、教师以及学校等不同教育主体的权益实现,降低教育纠纷的发生概率。

(四)法律社会控制理论

社会控制(Social control)的概念最初由社会学家罗斯(E. A. ross)于20世纪80年代提出,泛指保证个体或群体符合并遵守既定社会约束的机制,包括各种依据和手段。罗斯讨论了舆论、法律、信仰、社会暗示等一系列社会控制手段及其在建立、维持社会秩序中的作用,他将社会控制区分为正式控制和非正式控制、积极控制和消极控制、自我控制和外部控制。[①] 广义的社会控制,是指人们接受社会价值、原则或规范的全过程,包括使人们社会化的所有措施;狭义的社会控制,是指人类社会通过一系列规则、制度、组织和程序,将社会主体的行为纳入一定的规范体系,从而形成社会秩序的过程。

罗斯科·庞德(Roscoe Pound)将社会控制理论与法律实用主义理论、法律的历史相对性观点和利益理论相融合,提出了通过法律的社会控制理论。庞德的法律社会控制理论强调,国家以法律的形式对社会结构及其关系进行确认和调整,其目的在于通过法律对人们的思想和行为给予指导、影响和限制,使其遵守社会规范,以建立和维护社会正常秩序,保障社会稳定,促进社会发展。[②] 法律社会控制理论认为人们的利益需求是法律确认权利的根源,权利的价值内涵较之于利益更加丰富。一方面,利益分为个人利益、国家利益和社会利益,国家利益不能完全混同于社会利益,社会利益应该是根本利益。另一方面,权利可以分为自然权利、道德权利和法律权利,三种权利之间的关系在于经由自然权利或道德权利的检测,法律将某些利益确认为法律权利。此

---

① 谢宗晓.社会控制相关理论及其在信息安全情景中的应用[J].中国标准导报,2016(11):27.

② 陶永峰.庞德社会控制论研究[D].湘潭大学硕士学位论文,2007:21.

外，权利不仅是静态的法律认可的权利，也是一个动态的过程，一个不断对利益进行识别和承认的过程，一个随着社会变化不断更新的过程。①

法律社会控制理论并不排斥或忽略道德作为社会控制的手段，而强调的是社会控制手段的综合化，其核心内容在于"调整相互冲突的利益，在最大程序上避免浪费和摩擦的前提下，使不同个体、不同群体的不同利益诉求最大程度地满足"②。法律社会控制理论认为，法律作为社会控制手段也具有一定的局限性，有必要向其他社会控制方式进行妥协。一方面，法律在发挥社会控制作用时不可避免具有自身的局限性，一是法律执行不能完全及于人们的内心，二是由法律适用及法律制裁并不能完全合理地调控矛盾，三是通过法律进行社会控制的社会心理保证并不能持续充分。另一方面，道德等是社会控制的必要辅助手段。法律的内涵是最低限度的道德，法律与道德的价值取向具有一定的内在融合度……③通过法律的社会控制论是在文明的实现过程中发展的，道德的作用在以法律为主要的社会调控手段的时代有着不可磨灭的辅助作用。法律与道德的合作与竞争并行不悖，对人的内在本性的制约和外在行为的合理约束相互依赖，法律的社会控制才能有序进行。④

二、研究现状

（一）国内研究现状

国内关于教育纠纷的研究始于 20 世纪 90 年代，当时主要集中在高校教育合同纠纷（夏天阳，1991）。此后，"田永诉北京科技大学拒绝颁发毕业证、学位证案"受到学界广泛关注，高等教育纠纷研究进入一个新阶段，研究视角和

---

① 王雪珊. 庞德的社会控制理论——综合中的平衡[J]. 阜阳师范学院学报（社会科学版），2019(2)：114.

② 崔涵冰. 通过法律的社会控制理论给转型时期法治中国的镜鉴[J]. 理论与改革，2016(3)：56.

③ 辛佳潞. 试析法律在多元化社会控制方式中的价值[J]. 法制与社会，2017(2)：13－14.

④ 王娟. 庞德的社会控制理论解析与反思[D]. 西北师范大学硕士学位论文. 2011：13.

内容更加多元化。如教育学视角下的高等教育纠纷的性质与对策(范履冰,2005),法学视角下的教育纠纷的法律属性(刘铭禹,王景斌,2006)。随着教育纠纷研究体系的不断完善,学者对高等教育纠纷的研究视角逐步兼顾理论基础与实践操作,开始聚焦于公立高等学校的法人地位(袁明圣,2006)和行政主体资格(张玲,2007),既关注高等教育纠纷的非诉讼解决机制(尹晓敏,2007)和法律救济机制(王振,2008),还重视高校教育纠纷的分类预防机制(曹钟安,吴巧巧,2011),并从构建高等教育仲裁制度(王吉林,2011),完善教育行政调解制度(郝淑华,赵世谦,2016),非诉讼纠纷解决机制在高等教育领域的适用(申素平,陈瑶,2017)等多个角度提出高等教育纠纷多元化解机制。已有关于纠纷及其解决机制(社会学领域)、教育纠纷(侧重高等教育领域)的性质、类型和应对研究,其研究范式、研究方法、研究视角等为系统开展中小学教育纠纷研究奠定了基础。

我国学界对中小学教育纠纷的研究涉及学校教育纠纷的分类、成因和校内外多元化纠纷解决机制等,形成了对中小学教育纠纷防范化解机制的初步认识。包括:从广义和宏观视角梳理教育纠纷的特点、成因和救济机制(申素平,2000),分析中小学法律纠纷及其解决路径(刘东梅,2006)从学校治理角度探讨学校办学法律纠纷的成因和对策(李晓燕,陈蔚,2009)。从法社会学视角研究中小学教育纠纷多元化解机制(阮李全,2008)和教育矛盾纠纷第三方调解机制(李红雁,2012),从依法治校视角提出构建中小学校内纠纷解决机制(李祥,2014)。此外,还有关于中小学教育纠纷产生的深层次制度性影响因素的研究,如学生与学校的法律关系(赵学云,2006),义务教育阶段公立中小学校的法人地位(黄道主,邓伟,2015),引入国外公立中小学法律地位的比较研究(彭鸿斌,2011),中小学教师聘用合同的法律性质及其司法救济(叶阳永,2017)。

(二)国外研究现状

国外研究侧重于从学校依法办学实务、教育主体法律关系、师生权利救济等方面研究学校教育纠纷。William D. Valente(威廉·D·华伦特,1981)在其著作 *Law in the Schools* 中对学校教育可能涉及的各种法律问题及其权利救济和纠纷解决进行研究，Theodore J. Kowalski（西奥多·J·科瓦尔斯基，1991）从教育管理实务视角分析了学校办学过程中容易产生教育纠纷的主要情形，阐述了学生违规失范行为类型及其处罚的程序要求及相应的冲突解决机制，Nelda H. Cambron（内达尔·H·坎布隆—麦凯布，2003）研究了学生入学和受教育过程中的权利、教师的宪法性权利和职业权利以及师生权利的法律救济机制。Dennis Farrington，David Palfreyman（丹尼斯·法林顿，大卫·帕尔菲曼，2006）研究了高等学校办学中的法律问题和责任承担问题，Willian A. Kaplin（威廉·A·开普勒，2014）从教育法律关系切入，对学生的学术自由权、学生的合同权利、学生的人身安全权利、学生组织的权利等进行了系统分析。

（三）教育纠纷预防与解决机制研究发展趋势

首先，教育纠纷的研究范畴不断拓展和延伸，中小学教育纠纷研究逐步受到关注。从最初的宏观讨论教育纠纷发展到聚焦关注高等教育法律纠纷和基础教育法律纠纷；中小学教育纠纷研究从局限于纠纷类型化研究，延伸至教育纠纷多元化解机制研究，并开始关注教育纠纷产生的法理层面的制度诱因。可以看出，随着教育管理体制改革的不断深化，基础教育领域结构调整不可避免会触及教育主体利益格局的变化，从多维度、多角度研究中小学教育纠纷防范化解机制凸显必要性和紧迫性。

其次，教育纠纷预防与解决机制的对策性研究较多，系统理论构建研究相对较少。学术研究既要有现实关怀，不能脱离社会实际，更要有理论关怀，不能没有理论指向和理论根基的研究。已有研究中，学者多是从实践层面对教育纠纷的类型、特点和应对进行经验型研究，即使是从理论与现实经验结合的范式进行研究，其在理论层面的研究也存在表面化和阶段化特点，没有相对完整和适切的理论体系作为支撑，使得实践中中小学教育纠纷防范化解工作难以形成有效运行的长效机制。

最后，不同学科视角得以在研究中运用，多学科交叉融合研究有待进一步深入。学者从教育学、法学、社会学、管理学等不同学科角度进行研究，既有创新性，也有局限性。如法学视角的研究侧重于法律关系和权利救济研究，容易忽视纠纷的事前预防和事中控制环节;社会学视角侧重于纠纷解决机制研究,容易忽视产生教育纠纷的深层次制度诱因。教育纠纷防范化解机制本身是由不同维度的各个环节构成,各环节特征和教育主体诉求不同,单一学科视角无法合理适用于中小学教育纠纷防范化解的每个阶段,理论建构方面尤甚。

三、实践现状

(一)中小学教育纠纷解决机制的法律规定

中小学教育纠纷主要是教师与学校的纠纷、学生与学校的纠纷。教师与学校的纠纷可以分为人事争议纠纷和其他权利争议纠纷,学生与学校的纠纷可以分为学生伤害事故人身损害赔偿纠纷和其他权利纠纷。根据中小学教育纠纷的性质,通过对现行法律法规进行解构分析,我国当前法律框架下中小学教育纠纷多元化解机制主要包括:校内协商或校内申诉、社会性第三方调解、教育行政调解、教育行政申诉、民事诉讼等纠纷解决途径(详见图 1—5)。对于教师与学校、学生与学校等不同主体之间具体的纠纷解决途径,本书会在其他章节进一步系统介绍。

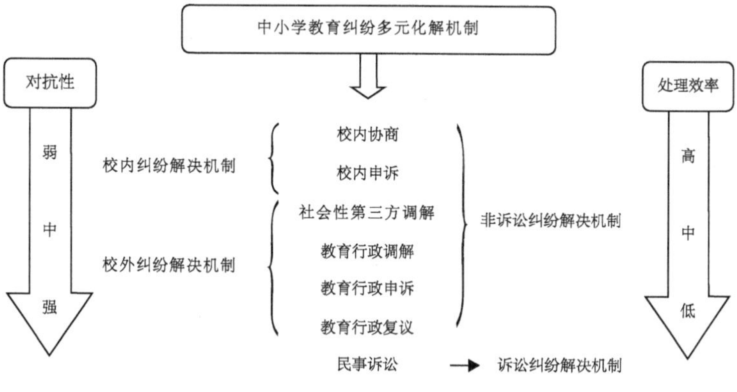

图 1—5 中小学教育纠纷多元化解机制现状示意图

(二)学校教育纠纷多元化解机制的主体需求

为了解当前中小学校教育纠纷解决机制的现状与主体诉求,笔者以该中小学校和学生家长作为调查对象,分别对 84 所样本中小学校和 266 位学生家长进行了问卷调查和抽样访谈。其中，学校问卷共发放84份，收回有效问卷84份，问卷有效率100%；家长问卷共发放266份，收回有效问卷266份，问卷有效率100%。调查结果显示，学校和学生家长对于多元化纠纷解决机制需求强烈，在校外纠纷解决机制的选择方面存在“诉求异化”，即学生家长倾向于选择非诉讼纠纷解决途径，学校在涉及损害赔偿纠纷的解决途径方面更倾向于选择“协商＋诉讼”的纠纷解决途径。具体来说，学校和家长对于处理教育纠纷的首要选择均是“双方协商”。如果协商不成，学校和家长在后续纠纷解决程序的选择上出现了“诉求异化”，73.81%的学校协商不成后的纠纷解决程序选择是“诉讼”，51.98%的家长对于协商不成后的纠纷解决程序选择为“向教育行政部门寻求帮助”。

表1—1　家长、学校对于教育纠纷解决途径的选择情况

题目	选项	学校问卷		家长问卷	
		频数	百分比	频数	百分比
双方协商不成后，更倾向于采取哪种方式解决纠纷？	协商不成时，己方妥协解决	45	53.57%	41	16.27%
	协商不成时，向教育行政部门寻求帮助	58	69.05%	131	51.98%
	协商不成时，向法院诉讼解决	62	73.81%	54	21.43%
	协商不成，寻求媒体舆论的支持和帮助			40	15.04%

（三）学校教育纠纷法律解决机制存在不足

实践中，中小学教育纠纷解决的诉讼法律制度相对比较完善，非诉讼解决机制在一定程度上缺乏明确、具体、可操作的法律制度支撑。

1. 中小学校内申诉制度普遍缺失

校内申诉制度是保障中小学学生、教师合法权益及其权利救济的重要途径。对于学生校内申诉，《中华人民共和国教育法》第四十三条第四款规定，受教育者对学校给予的处分不服有权向有关部门提出申诉，对学校、教师侵犯其人身权、财产权等合法权益，有权提出申诉或者依法提起诉讼。对于教师校内申诉，《事业单位人事管理条例》第三十八条规定：“事业单位工作人员对涉及本人的考核结果、处分决定等不服的，可以按照国家有关规定申请复核、提出申诉。”此外，《依法治教实施纲要(2016－2020年)》和《全面推进依法治校实施纲要》均规定，学校要健全完善学生申诉机制和教师申诉制度，学校处理教师、学生申诉或纠纷，应当建立并积极运用听证方式，保证处理程序的公开、公正。法律法规的规定为建立健全中小学学生校内申诉制度提供了法制基础和政策保障。但是，法规定内容的宏观性和原则性只是为中小学校内申诉制度提供了支撑，中小学校内申诉制度的建立及其具体内容属于学校自主办学权限内的职责事项，学校可以结合自身办学实际，依法合理确定本校校内申诉制度的具体程序和实体内容，如：校内申诉的受理机构及其成员构成、申诉事由与申诉时效、申诉处理程序等。

2.中小学教育纠纷行政救济机制立法不明确

中小学教育纠纷行政救济机制主要包括教育行政调解和教育行政申诉。一方面，教育行政调解制度由《学生伤害事故处理办法》第十八条、第十九和第二十条予以规定。根据以上三个条款，教育行政调解制度的调解范围仅限于学生伤害事故纠纷，调解主体是学校的主管教育行政部门，申请调解的主体必须是学校与受伤害学生或未成年受伤害学生监护人，申请调解的程序是双方自愿书面申请，调解时限为60天，调解因诉讼终止，调解结果以调解协议呈现。《学生伤害事故处理办法》在教育行政调解制度的实体内容和程序规定方面仍存在不足。如：书面调解申请具体由主管教育行政机关的哪一部门或组成机构受理？调解成员如何构成？受理机构组织开展行政调解的具体规则和调解程序是什么？调解过程如何监督？当事人在调解中享有哪些权利、承担何种义务？行政调解协议的执行效力如何保证？由于立法对于教育行政调解制度规定的不完善，导致实践中教育行政调解制度在学生伤害事故纠纷解决中的功能性不高，区域差异较大。中小学教育行政申诉制度是我国法律规定的教师和学生权利救济制度之一，也是解决教育纠纷的法定途径之一。《中华人民共和国教师法》第三十九条规定了教师行政申诉制度。但目前立法仅确认了中小学教师的教育申诉权，但该权利具体如何行使、教育申诉制度如何运行等并不明确，仅有部分省市通过地方性法规或地方政府规章的立法形式予以规范，导致教育申诉制度存在较大的地域差异。

3. 中小学教育纠纷人民调解工作机制运行不充分

人民调解，是指通过人民调解委员会的说服、疏导等方法，促使当事人在平等协商基础上自愿达成调解协议，解决民间纠纷活动。中小学教育纠纷的人民调解工作机制，就是在人民调解工作机制的基础上，充分考量教育纠纷的特殊性而确立的一种专门领域的调解机制，其必须建构在法定的人民调解功能与程序的基础之上。当前，中小学教育纠纷人民调解工作机制运行不充分主要体现在：一是教育纠纷人民调解缺少专门的调解组织建立制度，调解人员专业性不高且人数不稳定；二是缺少规范化的操作程序制度，纠纷调解程序随意性较大；三是调解缺少经费保障制度支撑；四是调解结果权威性和认可度低。

（四）学校教育纠纷多元化法律解决机制的优化构想

“任何法律制度和司法实践的根本目的都不应当是为了确立一种权威化的思想，而是为了解决实际问题，调整社会关系，使各种关系比较协调，达到一种制度上的正义。”[①]从这个角度看，“社会纠纷的解决应当从纠纷各方的对抗对决走向对话协商、从单一价值走向多元化、从胜负决斗走向争取双赢”[②]。中小学教育纠纷多元化法律解决机制的构建和完善，其核心目的是在解决纠纷的同时能够维护生校、师校、师生等教育主体间和谐、融洽、亲密的学习和工作关系。

1. 中小学教育纠纷解决的校内协商制度

建立健全中小学教育纠纷解决的校内协商制度，增加和疏通教师和学生在学校内部寻求权利救济的渠道，将教育纠纷和矛盾在学校系统内部消解掉，更利于尊重学校办学自主权，完善学校内部监督和纠错机制以及最大程度上维护和恢复教师与学校、学生与学校之间相对和谐的学习、工作的系统内部关系。校内协商作为一种学校组织内部的、对抗性弱、相对柔和和程序灵活的教育纠纷解决方式，在各种纠纷解决方式中是学校和学生家长的首要选择。校

---

① 苏力. 法治及其本土资源[M]. 北京：中国政法大学出版社，2004:29.

② 范愉. ADR 原理与实务[M]. 厦门：厦门大学出版社，2002:7－8.

内协商制度主要是通过纠纷双方(学校与学生、学校与教师)的友好沟通和平等谈判，最终对纠纷处理结果达成合意的一种活动。

中小学校要建立健全纠纷解决的校内协商制度，一是要按照纠纷的不同特点，遵循及时、高效的原则将其纳入校内协商制度中去解决，从程序上可以将纠纷解决的校内协商制度作为校内申诉制度的前置程序。二是根据学校办学实际，明确校内协商的具体办事机构或组织，并科学配置协商成员。如有必要且条件允许，中小学校可以成立相应的校内教育纠纷调解委员会或者校内纠纷解决协商组织。[①] 学校纠纷解决协商主体的明确有利于提高纠纷解决的针对性和纠纷解决效率。三是重视发挥家长委员会制度、学校法律顾问制度对于校内协商的积极作用。

2. 中小学校内申诉制度

关于申诉主体。首先，申诉人分别是学校在职教师和具有学校学籍的学生，其中未成年学生应由其监护人代理实施申诉行为。其次，校内申诉受理机构应是相对独立的申诉处理委员会，如教师申诉调解委员会和学生申诉处理委员会；教育行政申诉的受理机构是中小学主管教育行政机构，申诉具体事务的负责部门一般是受理机构的法治工作部门。申诉受理后，受理机构应当组织成立专门的申诉处理委员会。再次，申诉处理委员会成员构成应具有专业性、中立性、代表性和权威性。校内申诉处理委员会成员应包括学校行政主管人员代表、申诉人所在群体代表(教代会代表、家委会代表、学生代表)、学校法律顾问或相关法治工作人员等，且代表人数构成应科学合理。校外申诉处理委员会成员应包括教育专家、法律专家、申诉受理机关工作人员等。

关于申诉程序。首先，申诉处理程序应包括提出申诉、受理申诉、审查申诉内容、做出申诉处理结果、告知或送达申诉当事人等环节，且每个环节应有明确的时限要求以及超出时限的后果等。其次，申诉处理程序和规则应当符合正当程序原则，充分保证当事人的知情权、抗辩权等合法权益。在申诉处理

---

① 李祥. 试论中小学校内纠纷解决机制的依法构建[J]. 现代中小学教育，2014(5)：91.

过程中，应当建立并积极运用回避制度、听证制度、答辩制度、代理人制度、书面告知制度等，保证申诉处理程序的合法、合规、公开、公正。

关于申诉受理范围。一方面，学生校内申诉制度的受理范围应当包括受到学校处分，人身权、财产权受到侵害等情况。“这里的处分主要是指学校给予的警告、严重警告、记过、留校察看等。学校可以根据实际情况进一步细化可受理的申诉，如教师纪律管理和处理不当、违纪处理不当、教师没收私人物品等。”[①]另一方面，教师申诉制度的受理范围应包括教师因职责权利、职务评聘、年度考核、待遇及奖惩等，与学校及有关职能部门之间发生的纠纷，或者对学校管理制度、规范性文件提出的意见等。

3.中小学教育纠纷人民调解制度

关于调解主体。一方面，教育纠纷人民调解制度的受理组织应当是中小学所在地的街道、乡镇人民调解委员会。学校所在区、县的人民调解组织负责统筹协调相关工作，同级区、县教育行政部门和司法行政部门应当协调指导涉校纠纷人民调解工作的具体开展。另一方面，人民调解员的构成应当兼具专业性和教育性，成员中应有一定比例的律师、在职或退休教师等。

关于调解程序。调解的申请应是当事人自愿申请，一般采取书面形式。调解时限应当明确具体，一般以调解机构收到调解申请之日起计算时间。在调解过程中，学生伤害事故纠纷若涉及学生人身伤害保险理赔或校方责任险理赔事项的，人民调解组织应当书面通知相关保险公司作为有利害关系的第三人参加调解。

关于调解协议。一方面，纠纷调解达成合意的，应当及时制作书面调解协议。调解协议能及时履行且各方当事人均认可无须制作书面调解协议的，可以达成口头调解协议，人民调解员应当备案并记录协议内容。另一方面，根据《最高人民法院关于人民调解协议司法确认程序的若干规定》，调解协议的司法确认时限应当明确具体；调解协议中的赔偿金额达到一定数额的，人民调解员有义务引导各方当事人调解委员会所在地的人民法院或其排除法定申请司

① 许江晖.“无救济去权利”中小学学生申诉制度探析[J].上海教育，2016(4)：69.

法确认。此外，书面调解协议符合法律法规规定和保险合同约定的，应当可以作为保险公司理赔的依据。保险公司可根据保险合同和相关法律法规重新核定金额后进行理赔。

4.教育行政调解制度

教育行政机关作为第三方介入中小学教育纠纷是法律法规明确规定的权利救济途径和纠纷解决方式，教育行政机关的介入在一定程度上增加了纠纷解决的权威性、公信力和执行力，是中小学校和学生家长首要选择的校外纠纷解决途径。当前教育行政调解制度作为学生伤害事故纠纷行政救济途径之一，可以从调解主体、调解效力等层面进行优化完善。

一方面，探索建立教育行政调解主体专业化移转机制。就是将学生伤害事故教育行政调解的主体由教育行政部门移转至独立的学生伤害事故调解组织。在各省市的探索实践中，独立的学生伤害事故调解组织设置形式有两种：一是以广东省为代表的单独设立学生伤害事故调解委员会，由教育行政部门的法制工作部门管理，并出台相应的部门规章或地方规范性文件对此项工作机制予以政策保障；一种是以太原市为代表的将人民调解制度和教育行政调解制度有效衔接，单独设立学生伤害事故人民调解委员会，由市级教育行政部门和市级法律援助中心负责管理具体事务。设置专门、独立的学生伤害事故调解组织，可以"解决调解主体设置的两大要求：其一，专门的内设机构，保证了职责分明、责权统一，可以专注于学生伤害事故赔偿纠纷的处理及经验总结，防止推诿及不作为情形的发生；其二，法律专家、教育专家、退休法官担任调解员，可以有效梳理教育活动中的管理责任和法律责任，有利于协议的达成并促进教育管理规范化"①。调解组织的人员构成应当包括教育行政部门人员、学校代表、学生家长代表、学校或教育系统法律顾问代表、公安机关代表等。

另一方面，关于教育行政调解协议的效力与执行。一是按照《最高人民法

① 窦玉前，郭丹.学生伤害事故赔偿行政调解制度存在的问题及对策建议[J].教育探索，2014(12)：63.

院关于建立健全诉讼与非诉讼相衔接的矛盾纠纷解决机制的若干意见》的规定和要求，调解机构应在达成调解协议后积极引导各方当事人按照法律规定对调解协议进行司法确认，通过法院审核并确认后赋予调解协议相应的强制执行力。二是在调解协议中规定一个反悔期。[①] 如果在反悔期内当事人一方或双方反悔的，视为调解无效，当事人可以通过诉讼等其他途径解决纠纷；逾期未提出反悔，且也不主动要求法院确认的，则视为其放弃纠纷解决的相应诉权，其申请司法确认的权利可由行政调解组织代理行使，行政调解组织可直接要求法院审核调解协议书并赋予其强制执行力。

① 潘波.行政调解的实践与探索[J].人民调解，2019(5)：44.

第二章　学校与学生法律纠纷

第一节　学校与学生法律纠纷的主要类型

学校与学生的法律纠纷突出表现为学校与学生之间因学生权益保障不充分而产生的法律冲突。根据纠纷内容的不同，中小学校与学生的法律纠纷主要包括学生入学资格纠纷、开除学生学籍纠纷、学生伤害事故纠纷。其中，学生入学资格纠纷通常表现为学生与教育行政部门之间的纠纷；开除学生学籍纠纷通常发生在高中教育阶段的学校与学生之间或者高中学生与教育行政部门之间；学生伤害事故纠纷是学校与学生之间最为常见的纠纷类型，也是本章重点讨论分析的内容。

一、学生入学资格纠纷

中小学学生入学资格纠纷是指学校、中小学生及其监护人、教育行政部门等教育关系主体围绕学生是否具备入学资格、如何获得入学资格、丧失入学资格等产生的争议以及教育主体之间的对抗状态。中小学学生入学资格纠纷具体可以分为入学标准纠纷和入学程序纠纷，前者如入学年龄标准差异纠纷、就近入学判定标准差异纠纷、有无学籍作为入学转学条件引起的纠纷，后者如幼升小就近划片入学、小升初划片摇号纠纷等。[①]

中小学学生入学资格纠纷通常是由于未成年学生及其监护人未能如期获得优质教育资源而引发，其根源在于现行教育资源供给不能满足学生及其家长对于优质均衡的教育资源的需求和对实现教育公平的迫切期待。中小学学生入学资格纠纷进入司法领域后通常体现为行政纠纷，行政诉讼当事人一般为学生与县级教育行政主管部门。根据《中华人民共和国义务教育法》第七条第二款的规定，县级以上人民政府教育行政部门具体负责义务教育实施工作；县级以上人民政府其他有关部门在各自的职责范围内负责义务教育实施工作。结合《教育部关于进一步做好小学升入初中免试就近入学工作的实施意见》(教基一〔2014〕1 号)的规定，县级教育行政部门应当履行合理划分招生范围和确定入学对象等职责，这些职责均与学生入学资格直接相关。县级教育行政部门做出确定招生范围和入学对象的行为属于为行使职权和履行行政职责而做出的法律行为。如学生认为县级教育行政部门做出的学生入学资格的相关规定或行为侵犯自身合法权益，可以依法提起行政诉讼。

谭某与某区教育局小学入学资格纠纷案

谭某的户籍于 2018 年 2 月迁至某城市型公寓，同年 5 月谭某到某小学报名入学，被告知城市型公寓不能按照学区片划分安排入学，拒绝谭某报名入学。谭某遂于 2018 年 6 月向该主管该学校的教育行政部门提交书面申请书，要求区教育局履行职责：1. 对某小学发布的 2018 年招生简章中将户籍地在某城市型公寓性质房屋儿童排除在外的违法行为进行查处并予以纠正；2. 对某小学拒绝谭某在该校报名入学的违法行为进行查处并予以纠正；3. 尽快安排谭某按照居住类房屋同等对待，在某小学进行 2018 年入学报名，使谭某能够在 2018 年 9 月份顺利在该校接受教育；4. 对以上履行法定职责的情况书面回复谭某。

后因教育局未答复，谭某于 2018 年 9 月提起行政诉讼，法院判决：责令区

---

① 杨挺，李伟. 教育法律纠纷的特点与应对机制研究——基于对司法案例的分析[M]. 重庆：西南师范大学出版社，2017：68.

教育局于判决生效之日起30日内对谭某提交的书面申请书予以答复。根据判决，区教育局于2018年12月通知某小学，要求该小学对2018年招生工作进行自查，12月11日，某小学对谭某做出书面回复。2018年12月14日，区教育局就核查研究某小学2018年招生工作及城市型公寓适龄儿童就学开会讨论，并写有会议纪要。2018年12月25日，区教育局向谭某做出书面答复，并邮寄送达。答复载明：1.某小学制定的招生简章符合市级和区级小学招生入学工作相关规定，不存在违法行为；2.某小学在2018年招生过程中不存在拒收学区片内学生的行为，招生工作的全过程符合相关要求；3.2018年，对于公寓型房屋的适龄儿童入学，区教育局已在周边就近选取了三所学校统筹接收公寓型房屋的适龄儿童。谭某不服该答复，以区教育局为被告提起行政诉讼。

法院司法观点：

本案的法律焦点有三：一是区教育局是否具备回复谭某书面申请书的主体资格和法定职责；二是某小学2018年招生简章中将户籍地在某城市型公寓性质房屋儿童排除在外的行为是否违法；三是区教育局对谭某的申请书做出的答复是否合法。

对于焦点一，根据《中华人民共和国义务教育法》第七条第二款“县级以上人民政府教育行政部门具体负责义务教育实施工作；县级以上人民政府其他有关部门在各自的职责范围内负责义务教育实施工作”之规定，区教育局作为所在区的教育行政主管部门，负责区域内的义务教育实施工作，对谭某要求其履行职责的申请具有做出答复的主体资格和法定职责。

对于焦点二，根据《中华人民共和国义务教育法》第十二条“适龄儿童、少年免试入学，地方各级人民政府应当保障适龄儿童、少年在户籍所在地学校就近入学”的规定，谭某户籍所在地位于某区，即应当在该区范围内公立小学就近入学。根据当地招生入学工作的指导意见，区教育局结合本地区实际情况，认真研究制定具体实施方案。区教育局制定的小学招生工作方案中规定“……户籍在本区公寓性质、非居住性质房屋的适龄儿童，……统筹安置入学”。法院审查认为，该区教育局作为负责义务教育实施工作的行政机关，负有对行政区域内的适龄儿童、少年安排就近入学的职责，区教育局无论是采用划分学区片入学还是采用统筹安排入学，均属于某区教育局实施义务教育工作的具体管理方法，且某区教育局制定的小学招生工作方案不违反《中华人民共和国义务教育法》等法律的规定，可以作为本案审理的适用规定。某小学制定的招生简章符合该市招生入学工作指导意见和该区小学招生工作方案的相关规定，不存在违法行为。

对于焦点三，法院审理认为，该区教育局对谭某申请做出的答复符合小学招生入学工作指导意见及该区小学招生工作方案的规定，认定事实清楚，程序合法，不违反法律规定，被诉行政行为具有合法性。谭某认为区教育局所做答复侵害了谭某同等入学接受教育的权利的观点无事实和法律依据。综上，法院对于谭某要求撤销区教育局做出的答复的诉讼请求不予支持，判决驳回谭某的诉讼请求。

二、开除学生学籍纠纷

学籍标志着学生取得了参加学校学习的资格，是学生入学的结果表征。开除学籍不仅意味着学生失去了在学校接受教育的资格，不再享有法律规定的受教育者在学校接受教育和教育服务等学习权利，间接剥夺了学生通过获得学校教育而得到成长与发展的机会，不仅阻断了学生校园学习生涯，还会对学生的生涯发展乃至整个人生方向都会产生非常大的影响。《中华人民共和国义务教育法》第二十七条规定，对违反学校管理制度的学生，学校应当予以批评教育，不得开除。因此，实践中的普通中小学开除学生学籍纠纷集中表现为普通高中开除学生学籍纠纷。

开除学籍直接关系到学生受教育权的基本问题，立法、司法和学校教学管理实践层面均应当对开除高中学生学籍保持审慎的状态。当前，普通高中开除学生学籍的立法规定呈现出“法律既未授权也未禁止、规范性文件明确赋权”的状态。从已有规定来看，开除学籍通常以给予学生处分的形式做出。根据《中华人民共和国教育法》第四十三条的规定，学生对学校给予的处分不服有权向有关部门提出申诉。因此，普通高中开除学籍处分的救济方式为“申诉前置”,既学生不服学校做出的开除学籍处分的,应当首先采用行政申诉的方式进行权利救济,只有对行政申诉的处理结果不服的才可以进一步提起诉讼(此时一般为行政诉讼)。

普通高中开除学籍诉讼在学理上通常属于行政诉讼受案范围,各地法院尚未对是否受理此类案件形成共识,有的地方法院将普通高中开除学籍纠纷纳入行政诉讼受案范围,有的地方法院则认为现行法律法规未明确规定教育行政部门对普通高中开除学籍处分的行政申诉处理决定属于行政诉讼的受案范围,由于没有法律明确规定,认为此类案件则不属于法院受理范围或者判决驳回学生的诉讼请求。

刘某与某市教育局开除学籍行政处罚纠纷案

刘某系某中学高三年级学生。2013 年 10 月 5 日,刘某午休后在宿舍内使用手机被老师发现并报告学校,10 月 6 日,学校根据该校《学生手册》中《公寓纪律管理规则及评分细则》第二条评分细则第五项“午休、晚休后有下列情况之一者,在班级量化分最终分中扣 2 分,并给予勒令退学处分:1、携带、使用手机(没收手机)……”的规定,对刘某作出勒令退学处分。刘某不服该处分,向某市教育局提出申诉,2014 年 9 月 10 日,某市教育局书面答复了刘某的申诉。刘某不服该答复,向人民法院提起行政诉讼。

法院司法观点:

《中华人民共和国教育法》第二十八条第一款第(四)项规定,学校及其他教育机构行使对受教育者进行学籍管理,实施奖励或者处分的权利。当时刘某所在省份试行的普通中小学学籍管理规定第三十条第一款规定,学生违反国家法律法规、中小学生守则、日常行为规范或学校的有关规章制度,学校要与家庭、社会配合进行教育,情节较重的可给予适当处分。义务教育段学生以批评教育为主,不得勒令学生退学或开除学生学籍。高中学生可给予警告、严重警告、记过、留校察看、开除学籍处分;第三十条第二款规定,给予学生处分,由学校批准,给予高中学生开除学籍处分,学校应及时通知学生父母或其他法定监护人,并报上级教育行政部门备案。根据该规定,高中对学生做出开除学籍处分具有决定权,无须报上级教育行政部门批准,仅需报上级教育行政部门备案。

教育行政部门对高中开除学籍的处分是否有监督管理的行政职权，法律、法规亦无明确规定。虽然被诉答复结尾部分载明“申诉人不服我局答复的，有权根据《中华人民共和国教育法》的规定，依法提起诉讼”，但并未明示提起何种诉讼，且人民法院认定被诉行为是否属于行政诉讼的受案范围时，应根据法律的规定，而不是任何单位的告知。综上，由于法律法规未规定教育行政部门对高中开除学生学籍的行为有监督管理的行政职权，因此被诉答复行为不是对刘某的合法权益产生实际影响的行政行为，根据《最高人民法院关于适用〈中华人民共和国行政诉讼法〉若干问题的解释》第三条第一款第（八）项之规定，应当裁定驳回刘某的起诉。

开除学生学籍处分是对学生在学校接受教育的权利的剥夺，已经涉及削夺学生作为公民应当享有的宪法赋予的基本权利——受教育权，其本质上是一种行政处罚行为，学生对于此类处分不服的应当可以提出行政诉讼。[①] 普通高中开除学籍处分立法规定的不健全之处主要在于普通高中开除学籍处分未被国家教育法律赋权，而地方性规范文件却在无明确上位法依据的情况下纷纷立法确认了普通高中开除学生学籍处分的权利。[②]

国家立法层面，现行法律并未对普通高中开除学生学籍做出明确的赋权性规定。《中华人民共和国教育法》第二十九条规定，学校具有对受教育者进行学籍管理以及实施奖励或者处分的权利，这里的“学籍管理”是指“学校有权根据主管部门的学籍管理规定，针对受教育者的不同层次、类别，制定有关入学与报名注册、纪律与考勤、休学与复学、转学、退学等具体的学籍管理办法，实施学籍管理活动”[③]。“对学生实施奖励或处分”是指学校可以根据国家有关学生奖励、处分的规定，结合本校的实际，制定具体的奖励与处分办法并实

---

① 刘元峰．对学校“开除学籍、勒令退学”处分的相关法律问题探讨[J]．第五届中国律师论坛，2015：778－779．

② 戴国立，马和民．普通高中开除学籍的乱象与法律规制[J]．中国教育学刊，2016(10)：62．

③ 杨颖秀．教育法学[M]．北京：中国人民大学出版社，2019：183．

施相应的奖励或处分。《中华人民共和国教育法》作为规范我国教育事业的“母法”，该法第二十九条是对学校学籍管理权的概括授权，但权限大小、权限的程序需要相应的配套法律或法规加以明确。作为系统规定中小学生学籍管理的专项文件，《中小学生学籍管理办法》(教基一〔2013〕7号)对中小学生学籍的建立、变动、管理和保障等进行了规定，但并未提及开除学生学籍相关内容。《中华人民共和国义务教育法》就是根据《中华人民共和国宪法》和《中华人民共和国教育法》制定的保障适龄儿童、少年接受义务教育的权利和义务教育的实施专门性法律，《中华人民共和国义务教育法》第二十七条明确规定了义务教育阶段不得开除学生。综合以上立法规定，义务教育阶段不得开除学生学籍，普通高中阶段能否开除学生学籍并无明确法律规定。《中华人民共和国未成年人保护法》第十八条规定，学校不得违反法律和国家规定开除未成年学生。而普通高中阶段的学生一般处于未成年阶段，那么根据《中华人民共和国未成年人保护法》的规定，是否意味着普通高中阶段开除学生学籍必须有法律和国家明确规定才可以做出相关行为?

国家部委和地方规范性文件明确赋权普通高中可以做出开除学生学籍处分。《教育部关于高中建立学生档案的暂行规定》([84]教中字002号)是确认普通高中可以做出开除学籍处分的教育部规范性文件，其第六条规定:“应当归入学生档案的‘处分’系指校级记过以上的各种处分，包括记过、留校察看、开除学籍等。”地方省市规范性文件对于普通高中开除学生学籍进行了明确赋权性规定。如:《北京市中小学学生奖励和处分办法》(京教基一〔2018〕2号)明确规定了可以开除高中学生学籍的情形和处分程序。该办法第十八条、第十九条分别指出，可以给予高中学生开除学籍处分情形包括:(一)触犯国家法律，构成刑事犯罪的;(二)违反治安管理规定受到处罚，性质恶劣的;(三)犯有《预防未成年人犯罪法》所列九种严重不良行为的;(四)在省级及以上考试中，由他人代替或替他人参加考试、组织作弊、使用通信设备作弊及其他严重作弊行为，造成恶劣影响的;(五)蓄意或恶意通过肢体、语言及网络等手段，实施欺负、侮辱他人造成严重伤害或影响恶劣的;(六)其他严重违反学校规章制度，造成严重后果的。程序层面，开除学籍处分决定应当由学校校长办公会研究讨论决定，报学校所在区教委备案，记入学生档案。此外，2019 年教育部发布的《中小学教师实施教育惩戒规则(征求意见稿)》第八条第二款也提到，对违规违纪情节严重，或者经教育惩戒仍不改正的高中阶段学生，可以给予勒令退学或者开除学籍的纪律处分。

我们认为，问题的关键在于如何界定普通高中开除学生学籍行为的法律性质。如果将该行为界定为学校基于办学自主权而做出的内部管理行为，则该行为本质上属于民法上的公益性法人主体做出的民事法律行为，对该行为的合法性界定应当适用“法无禁止即自由”，既只要法律没有明确禁止，普通高中学校按照规定程序和要求开除学生学籍的行为就是合法的。反之，如果认为该行为是对学生作为公民应当享有的受教育权的直接处分，则该行为本质上应属于行政处分行为，其合法性界定应当适用“法无授权不可为”，既只要法律没有明确赋权，普通高中学校就不能开除学生，如果学校做出了开除决定，该行为属于违法行为，应当承担法律责任。

三、学生伤害事故纠纷

对于学生伤害事故的概念，本书采取法律文本解释的方法，参照《学生伤害事故处理办法》第二条的规定，将其界定为：中小学学生伤害事故是指在中小学实施的教育教学活动或者学校组织的校外活动中，以及在学校负有管理责任的校舍、场地、其他教育教学设施、生活设施内发生的，造成在校学生人身损害后果的事故。学生伤害事故应当具备主体、客体、时间和空间四个要件。第一，主体要件是指发生人身损害的受害学生应当是已经取得学校正式学籍，在校就读的学生。第二，客体要件是指在校学生遭受的损害是人身伤害，在校学生遭受的财产损失不属于学生伤害事故。第三，时间要件是指发生在校学生人身损害事故的时间应当是学校对学生负有教育、管理、保护职责期间。如学校正常教学期间的上下课期间、学校组织的学生群体性校外活动(如学生社会实践、集体娱乐庆祝活动等)期间。“学生自行上下学途中、寒暑假离校和返校途中，放学后、节假日学生自行滞留在校期间或自行到学校活动期间发生的学生人身损害是否可以认定为学生伤害事故，则视学校是否尽到应尽义务而定，不能一概而论。”[①]第四，空间要件是指在校学生人身损害的行为或结果发生在学校负有管理责任的校舍、场地、其他教育教学设施、生活设施内。

根据造成侵权损害的主体不同，学生伤害事故可以分为学校直接侵权事故、教职工职务侵权事故、校内学生侵权事故、校外第三人侵权事故等。根据伤害事故的起因不同，学生伤害事故可以分为学生之间致害行为所致事故，学校场地、设施设备瑕疵或学校管理疏漏所致事故，体育教学及竞技性体育活动所致事故，学生自伤自杀等自身原因所致事故，教师履职不当所致事故，校外第三人所致事故等。学生伤害事故的发生具有偶发性和破坏性，偶发性是指学生伤害事故通常是突然发生或者因不可预见的原因偶发的，破坏性是指学生伤害事故不仅会影响受伤学生的身心健康和家庭生活，还会在一定程度上影响到学校的教育管理秩序和良好的教育关系。学生伤害事故的处置具有敏感性和潜在对抗性。敏感性是指如果学校对学生伤害事故处置不当，可能会造成对学生、学校等主体的声誉和教育关系的“二次伤害”，如果在舆情的推动下出现个案社会化现象，还可能引发学生、家长乃至社会对学校、对教育行政管理部门的信任危机，对社会关系的和谐稳定产生不利影响。潜在对抗性主要表现在学生伤害事故相关利益主体往往会在事故的起因和归责问题上产生分析，受害学生及其家长往往会认为学校教育管理职责履行不当导致事故发生，学校往往会将事故发生的主要原因归咎于受伤害学生的主观过错、自身体质或第三人致害等，社会舆论往往认为学生和家长处于伤害事故处置中的“弱势一方”，基于同情弱者的从众心理倾向而将关注焦点聚焦在学校是否承担责任以及承担多少赔偿责任等问题上。[②]

严某与某小学学生伤害事故纠纷案[③]

严某于2001年6月20日出生，系某小学的在校学生。2010年10月14

① 邢冰. 学生伤害事故法律责任分析及相关制度设计[J]. 法学论坛，2014(1)：101.

② 李进付. 教育法治化与大学生伤害事故处置[M]. 北京：社会科学文献出版社，2017：65—67.

③ 张长青. 上海市松江区人民法院精品案例选(2010～2012年)[M]. 北京：法律出版社，2013.

日，在体育课期间，由于天气原因，体育老师安排全班学生在室内自由活动。严某在玩跳鞍马过程中摔伤，体育老师将其送至医院，经医院诊断原告左肱骨髁上骨折，严某治疗花费医药费 8591 元。严某家长认为严某在学校上课期间，因老师未尽到管理义务，使严某在玩跳鞍马过程中摔伤。严某认为自己是无民事行为能力人①，在校学习、生活期间受到人身损害的，学校应当对严某的经济损失以及精神痛苦承担赔偿责任。故严某起诉至法院，要求学校赔偿严某各项损失共计人民币 3 万余元。

法院司法观点：

本案的争议焦点在于学校是否对严某尽到了教育、管理的职责，是否达到了承担民事责任的标准。根据《中华人民共和国侵权责任法》第三十八条的规定："无民事行为能力人在幼儿园、学校或者其他教育机构学习、生活期间受到人身损害的，幼儿园、学校或者其他教育机构应当承担责任，但能够证明尽到教育、管理职责的，不承担责任。"无民事行为能力人在学校发生伤害事故的，确定学校侵权责任的归责原则实行过错推定原则，即只要学校不能证明自己尽到了教育、管理职责的，即推定其有过错并应承担民事责任。

本案发生在体育课期间，对学校而言，在组织进行体育活动时，其承担的教育职责应包括安全教育和管理责任。就安全教育而言，包括对儿童在体育活动场所的安全教育和使用运动器械的安全教育；就管理职责而言，包括对体育活动进行合理组织、提供符合安全要求的场所和设施、消除安全隐患、采取适当的预防和保护措施等。本案中学校虽然提供了基础教案和活动计划，但并不足以证明其在教学活动中已进行了合理的组织，采取了必要的安全教育和防护措施。退一步来说，即便严某是擅自脱离指定场所去跳鞍马，学校也应在场所的安排、体育活动的组织管理中针对儿童安全采取必要措施，尽其注意义务。因此，本案中严某受伤与学校未尽教育、管理职责之间存在因果关系，

---

① 2017 年颁布实施的《中华人民共和国民法总则》对无民事行为能力人的年龄进行了调整，根据该法第十九条、第二十条的规定，不满八周岁的未成年人为无民事行为能力人，八周岁以上的未成年人为限制民事行为能力人。

应当由该小学对严某的损失承担赔偿责任。但是，从原因力作用来看，无论是学校安排自由活动还是严某擅离指定场所自由活动，好动本身是男童的天性，严某受伤是在短暂而突然的情况下发生的，在学校有限的教职人员管理众多学生的情况下，对其管理职责应限定在合理的、可预见的范围之内，鉴于本案学校存在的是一般过失，可以酌情减轻学校的责任。最后，法院判决学校对严某的损失承担80%的赔偿责任。

为了充分了解学生伤害事故诉讼纠纷案件情况，我们在“威科先行”法律信息库中检索2014年1月1日至2016年9月1日天津市中小学校学生伤害事故诉讼纠纷，分别以“小学＋学生”“中学＋学生”为检索关键词，共检索到相关诉讼判决书50份，其中小学涉诉纠纷26件，中学涉诉纠纷24件。通过对以上案件进行二次分析[①]，最终保留未成年学生伤害事故诉讼纠纷判决书33份(包括一份学校撤诉裁定书)[②]，其中，小学涉诉纠纷18件，中学涉诉纠纷15件。

第一，关于学生伤害事故的主要类型、易发时间与地点。

根据事故发生的原因和产生致害行为的主体不同，学生伤害事故可以分为同学致害事故、学校责任事故、校外第三人致害事故、学生自身原因致伤事故和其他原因致害事故。其中，68.8%的学生伤害事故为同学致伤事故，其次为学校责任事故。学生伤害事故发生地点主要为操场、教室、走廊过道以及其他地点等。其中，学生伤害事故多发生在操场，占46.8%。学生伤害事故发生时间主要是休息时间、上课时间、学校组织活动、放学后期间。其中，上课时间多为体育课上课期间，放学后时间主要是学校放学后学生正处于离校过程中的一个合理时间段，学校组织活动期间主要是学校组织学生进行大扫除活动，或者学校组织学生进行大课间体育运动期间。详见表2—1。

---

① 二次分析主要包括两项内容，一是筛除非因学生伤害事故引起的中小学和学生诉讼纠纷案件；二是对同一学生伤害事故案件的一审、二审以及再审情况进行整合，并保留最终生效判决的审判结果。

② 其中一份撤诉裁定，该裁定中没有列明相关信息，本表格案例共32件，后续判例分析表格中也存在共有32份判决的情况。

表2—1　学生伤害事故诉讼案件基本情况统计分析表

类目	学生伤害事故类型						事故发生地点				事故发生时间			
	同学致害事故	学校责任事故	校外第三人致害事故	教师致害事故	学生自身原因致伤事故	其他原因致害事故	操场	教室	走廊过道	其他地点	休息时间	上课时间	学校组织活动	放学后
案件数量（件）	22	6	1	1	1	1	15	6	5	6	13	9	6	4
比例	68.8%	18.8%	3.1%	3.1%	3.1%	3.1%	46.8%	18.8%	15.6%	18.8%	40.6%	28.1%	18.8%	12.5%

第二，关于学生伤害事故诉讼中各方主体的诉讼地位。

超过90%的学生伤害事故诉讼案件由受害学生一方主动向法院提起，即绝大部分学生伤害事故诉讼案件中学生作为原告或上诉人，学校作为被告或被上诉人。如表2—2所示，在检索的33起学生伤害事故诉讼案件中，仅有3起案件是学校作为原告或上诉人主动提起诉讼。造成这一现象的原因是多方面和多层次的，现仅从主体实现利益诉求的情理角度进行简要分析。一方面，对于受害学生及其家长而言，往往认为学生受到人身损害是由于学校在教学和管理工作方面存在疏漏造成，如果要追究事故的责任主体，学校是最为明确、直接、首当其冲的选择。另一方面，对于学校而言，学生伤害事故的发生在一定程度上说明学校安全管理存在问题，不论学校对于学生伤害事故的发生是否存在过错，学校往往基于维护教育教学秩序、最大程度抚慰受害学生及其家长、维护和谐的家校关系、降低对学校不利甚至误导公众的不当舆论等多种因素的考虑，在学生伤害事故处置过程中经常处于被动状态。

表 2—2 学生伤害事故诉讼中学校的诉讼地位、过错认定与责任承担情况

类目	学校诉讼地位		学校是否有过错		学校是否承担赔偿责任		案件审判结果	
	原告	被告	有	无	是	否	胜诉①	败诉
案件数量(件)	3	30	28	4	30	2	5	27
百分比	9.1%	90.9%	87.5%	12.5%	93.8%	6.2%	15.6%	84.4%

第三,关于学校承担侵权赔偿责任的比重。

其一,93.8%的学生伤害事故诉讼案件中学校要承担侵权损害赔偿责任。在学生伤害事故诉讼案件中,学校的胜诉率偏低,仅为 15.6%左右,其中,学校作为原告时的胜诉率为 50%,学校作为被告时的胜诉率仅为 12.3%。在学生伤害事故诉讼中,大部分案件是根据学校对于学生伤害事故的发生是否存在过错来确定学校是否承担赔偿责任。结合表 2—2 中的数据来看,法院认定学校没有过错的案件比例为 12.5%,但判决学校不承担赔偿责任的案件比例却低于该数据,仅为 6.2%。之所以会出现此种情况,是因为法院在审理过程中,往往会考虑学生伤害事故中学生受伤的程度、事故发生的原因、场所和时间等因素,即使法院经过审理认为学校对于学生伤害事故的发生没有过错,也会基于公平责任原则判决学校承担赔偿责任。

其二,学生伤害事故诉讼案件中,小学承担损害赔偿责任的案件数量和责任比例均高于中学。根据学生致害主体的不同,诉讼中主要存在学校作为单一被告和共同被告两种情形,前者主要是学校单独致学生人身伤害的案件,后者则是学校作为多方致害主体之一的诉讼案件。如表 2—3 所示,在 18 个小学涉诉案件中,学校承担主要赔偿责任的 9 件,不承担赔偿责任的 0 件。在 14 个中学涉诉案件中,学校承担主要赔偿责任的为 3 件,不承担损害赔偿责任的 2 件。在学生伤害事故诉讼案件中,一方面,判决学校承担主要赔偿责任

① 结合判决书表述的审判情况,本表中的胜诉是指学校完全胜诉或者法院支持了学校的诉讼主张或答辩意见;败诉是指学校完全败诉或法院没有支持学校的诉讼主张或答辩意见。

的案件主要是小学涉诉案件，且小学涉诉案件学校均要承担不同比例的损害赔偿责任。另一方面，判决学校不承担赔偿责任的主要是中学涉诉案件，在中学涉诉案件中学校承担次要赔偿责任的情况相对较多。

表2—3　不同学段学校承担侵权赔偿责任的比例和案件数量

案件类型	学校是单独被告			学校是共同被告			合计（件）
学校承担赔偿责任情况	主要责任	次要责任	不承担责任	主要责任	次要责任	不承担责任	
小学案件（件）	4	1	0	5	8	0	18
中学案件（件）	3	2	2	0	7	0	14
合计（件）	7	3	2	5	15	0	32
同类百分比	58.3%	25.0%	16.7%	25.0%	75.0%	0.0%	

其三，关于学校承担损害赔偿责任的具体比例，在学校承担次要赔偿责任的18个案件中，学校作为单独被告时多是承担40%的赔偿责任，受害学生及其家长承担60%的责任；学校作为共同被告时则多是承担20%的赔偿责任，其余部分由致害第三人和受害学生根据过错程度分别承担。在学校承担主要赔偿责任的12个案件中，学校作为单独被告时基本上要承担超过80%～100%的赔偿责任，学校作为共同被告时主要承担60%～80%的损害赔偿责任。

第二节　中小学学生伤害事故纠纷的法律焦点

中小学学生伤害事故诉讼纠纷通常属于民事诉讼中的侵权损害赔偿纠纷，其法律焦点主要包括：一是根据受害学生的民事行为能力确定不同的侵权责任归责原则及举证责任主体，二是根据客观过错标准，确定学校是否尽到教育管理职责，三是结合事故发生情节以及致害方过错程度等，确定不同主体的侵权损害赔偿责任。此外，充分发挥诉讼化解教育纠纷功能的前提是学校能够理性认识教育诉讼及其作用，这是实践中影响教育诉讼及其解纷成效的主体因素。

一、学生伤害事故中的侵权责任归责原则

“归责原则是侵权行为法的核心问题。明确的归责原则是妥善处理错综复杂的学生伤害事故诉讼纠纷的法律依据和标准。”[①]侵权责任归责原则主要包括过错责任原则、过错推定责任原则、无过错责任原则，不同归责原则各自调整不同的侵权行为。[②] 根据《中华人民共和国侵权责任法》第六条、第三十八条、第三十九条、第四十条的规定，学生的民事行为能力状况是确定和区分中小学学生伤害事故中侵权责任归责原则的基础。具体来说，中小学学生伤害事故中侵权责任的归责原则主要有过错责任原则和过错推定责任原则，其中具备完全民事行为能力的学生、限制民事行为能力的学生遭受校园伤害事故的，其侵权责任归责原则是过错责任原则；无民事行为能力的学生受到校园伤害事故的，侵权责任归责原则为过错推定责任原则，不同归责原则下的承担举证责任的主体不同。在由校外第三人导致未成年学生人身损害的学生伤害事故中，由该校外第三人承担侵权责任，学校仅就其过错程度承担相应的补充责任。详见表 2—4。

表 2—4　学生伤害事故中学校侵权责任的归责原则与举证责任分配

学校的侵权责任		归责原则	举证主体	证明要点
学校直接侵权	受害学生是无民事行为能力人(8周岁以下)	过错推定责任	学校	学校尽到教育管理职责，无过错
	受害学生是限制民事行为能力人(8～18周岁)	过错责任原则	受害学生	学校未尽到教育管理职责，有过错
	受害学生是完全民事行为能力人(18周岁以上)			
校外第三人侵权	学校未尽到管理职责存在过错的，承担相应的补充责任。 对于学校是否承担侵权责任的归责原则与举证责任，与学校直接侵权情形的适用一致。			

① 郝淑华.《中华人民共和国侵权责任法》实施背景下的教师证据意识探究[J].思想理论教育，2011(4):28.

② 杨立新.侵权责任法[M].北京:法律出版社，2012:65—67.

(一)中小学生民事行为能力的划分标准

行为能力是指法律关系主体能够通过自己的行为实际行使权利和履行义务的能力,确定公民有无行为能力的标准有二:一是其能够认识自己行为的性质、意义和后果,二是其能够控制自己的行为并对自己的行为负责。因此,公民达到一定年龄、心智正常,就成为公民具有行为能力的标志。① 根据《中华人民共和国民法总则》的规定,判断普通中小学校的学生是否具备民事行为能力的标准主要是学生的年龄情况。根据《中华人民共和国民法总则》第十八条、第十九条和第二十条的规定,8周岁以下(学生年龄<8周岁)的学生为无民事行为能力人,8周岁以上18周岁以下(8周岁≤学生年龄<18周岁)的学生为限制民事行为能力人,18周岁以上(学生年龄≥18周岁)的学生为完全民事行为能力人。

结合我国当前基础教育阶段学生入学年龄的相关规定和实际情况,无民事行为能力的学生主要集中在小学学段,其中小学阶段一年级、二年级的学生一般是无民事行为能力人;限制民事行为能力的学生主要集中在小学高年级、初中和高中学段,其中小学三年级以上至高中二年级的大多数学生属于限制民事行为能力人;完全民事行为的学生主要集中在高中三年级阶段。

(二)过错责任原则

过错责任原则是指除非法律另有规定,任何人在且仅在过错(故意或过失)侵害他人权益时,才应当承担侵权损害赔偿责任。② 根据过错责任原则,侵权行为人或加害人应就其故意或过失负责,加害人的过失应由被害人负举证责任。③《中华人民共和国侵权责任法》第六条对过错责任原则进行了基本规定,该条第一款明确:“行为人因过错侵害他人民事权益,应当承担侵权责任。”该规定适用于具备完全民事行为能力的学生受到校园伤害事故的情况。关于过错责任原则在学生伤害事故中校方侵权责任的适用,《中华人民共和国

① 张文显.法理学[M].北京:高等教育出版社,2018:157.

② 程啸.侵权责任法[M].北京:法律出版社,2015:90.

③ 王泽鉴.损害赔偿[M].北京:北京大学出版社,2018:43.

侵权责任法》第三十九条进一步规定："限制民事行为能力人在学校或者其他教育机构学习、生活期间受到人身损害的，学校或者其他教育机构未尽到教育、管理职责的，应当承担责任。"该条规定适用于限制民事行为能力的学生遭受校园伤害事故的情形，由于限制民事行为能力的学生广泛分布在小学、初中和高中阶段学校，该条规定通常是法院审理中小学学生伤害事故诉讼案件的主要法律依据。此类诉讼中，受到伤害的学生是承担举证责任的主体，只有学生一方能够举证证明学校对于学生伤害事故损害事实的发生存在过错，即学校未完全尽到教育、管理职责，学校才会承担与其过错程度相对应的侵权责任。

（三）过错推定责任原则

过错推定责任，是指损害发生后，基于某种客观事实或条件而推定行为人具有过错，如果行为人不能推翻该过错之推定即证明自己没有过错，则需承担侵权责任。[①] 王泽鉴先生认为过错推定并非一种独立的归责原则，而是"法律为保护被害人而设立的举证责任倒置的规定，使较接近证据者，负举证责任"[②]。过错推定责任原则相较于一般的过错责任原则，区别在于举证责任的归属。在一般的过错责任原则下，由受害方举证证明行为人对损害的发生存在过错，否则行为人不承担责任；在过错推定责任原则下，出于保护受害方利益的考虑将举证责任倒置，即首先推定行为人主观上对于侵权损害事实的发生存在过错，若行为人不能提出合理的抗辩事由，则行为人需承担责任。不论是过错责任原则还是过错推定责任原则，都以行为人主观上存有过错作为其承担赔偿责任的必要前提。

关于过错推定原则在中小学生伤害事故中的适用，《中华人民共和国侵权责任法》第三十八条规定："无民事行为能力人在幼儿园、学校或者其他教育机构学习、生活期间受到人身损害的，幼儿园、学校或者其他教育机构应当承担责任，但能够证明尽到教育、管理职责的，不承担责任。"根据该规定，无民事行为能力

---

① 程啸．侵权责任法[M]．北京：法律出版社，2015：96．

② 王泽鉴．损害赔偿[M]．北京：北京大学出版社，2018：43．

的学生发生学生伤害事故的，确定学校侵权责任时应当适用过错推定责任原则。实践中，该条规定主要适用于确定幼儿园、小学在学生伤害事故中的侵权责任。在此类诉讼中，学校是承担举证责任的主体，只有学校举证证明自身对于学生受到人身伤害的损害事实没有过错，即已经尽到法律规定的教育管理职责才能免责，否则就要承担与其过错程度相对应的损害赔偿责任。

二、学校过错程度的界定标准

中小学校在学生伤害事故中的过错程度与学校尽到注意义务的程度相对应，其界定标准以法定标准为主，善良管理人标准为辅。

一般侵权行为的构成要件包括客观要件和主观要件两类，客观要件包括加害行为、损害事实、加害事实与损害事实之间存在因果关系，主观要件是指行为人对于损害事实的发生存在主观过错。考察一般侵权行为的构成要件，应当遵循从客观要件到主观要件的过程，在客观构成要件均满足后，才应当考察行为人是否存在过错。如果行为人没有过错，除非是用无过错责任，否则即便客观上侵害了他人的民事权益、存在因果关系，也不产生侵权责任。[①] 在学生伤害事故中，司法机关据以判定学校应当承担侵权责任的关键标准就在于学校存在过错，这里的过错概言之就是“未尽到教育、管理职责”。由于《中华人民共和国侵权责任法》仅仅规定了学校等教育机构对未成年学生的教育、管理职责，而并未对教育、管理职责的内涵加以具体说明，因此，如何认定学校是否对学生尽到了教育、管理职责就成为学生伤害事故纠纷案件司法审理的难点。

学生伤害事故中学校的教育管理职责主要体现在事前预防事故发生、事中及时发现并防止事故伤害扩大，事后及时救护学生并依法处置等环节，判定学校对于学生伤害事故是否尽到教育管理职责依次包括两项标准：一是法定标准，指法律法规以及规范性文件等明确规定的学校在教学、管理活动中应当履行的职责和义务；二是善良管理人标准，即如果没有法律法规的明确规定，

---

① 程啸. 侵权责任法[M]. 北京：法律出版社，2015：208－209.

学校应当对保障未成年学生的人身、财产安全负有积极作为的义务，承担善良管理人的注意义务。此种注意义务在程度上高于普通人的注意义务，应与处理自己事务的注意程度相当。学校的善良管理人义务主要包括：(1)消除危险，使之不能发生；(2)使未成年人与该危险隔绝，使其无法接触这个危险；(3)采取其他措施，保障不能对未成年人尤其是儿童造成损害。[①] 善良管理人标准是法定标准的重要补充，通常是在无法定标准或法定标准模糊、不清晰的情况下适用。在判定学校对于学生伤害事故的发生是否尽到教育管理职责时，应当首先考察学校是否履行了法定标准中的职责和义务，如未履行或未充分履行，则学校存在过错应当承担侵权责任；如学校已履行法定职责和义务，则学校不存在过错；只有在法定职责义务不明确的情况下，才综合考察学校是否履行了法定标准和善良管理人标准。

三、学校教育、管理职责的基本内容

以法定标准为基础，适当参考善良管理人标准，研究者对于学校在不同情形的学生伤害事故中教育管理职责的内容进行了梳理总结。

第一，学校在由学生之间行为所致校园伤害事故中的教育管理职责。学校在此类学生伤害事故中的教育管理职责贯穿事故发生的事前、事中、事后三个阶段。根据《中华人民共和国义务教育法》《国务院办公厅关于加强中小学幼儿园安全风险防控体系建设的意见》等规定，在学生伤害事故发生前，学校应当将安全教育计划纳入教学计划，在教学实践和学生管理活动中通过多种形式和途径渗透安全教育的内容。在学生伤害事故发生时，学校应当及时发现并阻止事故的继续发展，这就要求学校要强化教师在课上履行教学管理义务，同时健全并执行课间安全巡查和秩序维护等制度。在学生伤害事故发生后，学校应当尽到立即救助和即时通知的义务，学校应当在发现学生伤害事故后的第一时间对学生展开积极、合理的救助措施，并在同一时间穷尽各种方式

---

① 李志国.论未成年人校园体育活动事故校方过错的善良管理人标准[J].中外企业家，2014(5)：265.

联系学生的家长或其他监护人。[①] 此外，学校对于受伤学生的救助应当尽到善良管理人的义务，在学生就医途中最好有校方代表陪同。

第二，学校在体育课或体育活动中学生伤害事故的教育管理职责。学校在此类学生伤害事故中教育管理职责的法定标准主要由《学校体育运动风险防控暂行办法》(教体艺〔2015〕3 号)进行规定，对于学校过错程度的认定，则应当依据学校履行法定职责义务的情况、造成伤害事故的活动性质以及当事人的年龄等综合确定。实践中，学校在体育课、体育活动中未尽到教育管理职责的情形，常见的如没有安排正确适宜的、符合大纲要求的体育和竞赛活动；未告知学生活动要领、规则及禁忌；对体育器材没有正确、适当的摆放与使用；对相关活动未采取必要的保护措施；对明知或应知有特异体质、特殊疾病的学生没有进行特别注意和照顾；教职人员未按规定坚守岗位、监督保护学生；发生学生伤害事故后未及时、有效地进行求助等。

根据《学校体育运动风险防控暂行办法》，学校对于体育运动学生伤害事故的教育管理职责主要有两个层面：一是学校体育安全管理职责层面：(1)学校应当建立校内多部门协调配合、师生员工共同参与的学校体育运动风险防控机制，制订风险防控制度和体育运动伤害事故处理预案，明确教务、后勤、学生管理、体育教学等各职能部门的职责，组织和督促相关部门和人员履行职责，落实要求。(2)学校应当严格按照国家有关产品和质量标准选购体育器材设施，没有国家标准和行业标准的应当要求供应商提供第三方专业机构的安全检测及评估报告。(3)学校应当建立体育器材设施与场地安全台账制度，记录采购负责人、采购时执行的标准、使用年限、安装验收、定期检查及维护情况。(4)学校体育器材设施应当严格按照安装要求，由供应商负责完成安装，安装完成后学校应当进行签收，签收结果记录在体育器材设施与场地安全台账中。(5)学校应当按规定安排学生健康体检，建立学生健康档案，按照《中小学生学籍管理办法》规定，纳入学籍档案管理。对不适合参与体育课或统一规

---

① 方芳.从司法案例大数据反观学校在校园安全事故中的责任与限度[J].现代教育管理，2017(6):60.

定的体育锻炼的学生，学校和教师应当减少或免除其体育活动。(6)学校应当主动公示体育运动风险防控管理制度、体育运动伤害事故处理预案等信息，接受家长和社会的监督。二是学校体育活动和教学常规要求层面：(1)教师在体育课教学、体育活动及体育训练前，应当认真检查体育器材设施及场地；体育课教学、体育活动及体育训练中，应当强化安全防范措施，对技术难度较大的动作应当按教学要求，详细分解、充分热身，并采取正确的保护与帮助。(2)学校组织开展大型体育活动或体育比赛，应当成立安全管理机构；制订安全应急预案；检查体育器材设施及场地，设置相应安全设施及标志；设置现场急救点，安排医务人员现场值守；对学生进行安全教育。(3)组织学生参加跨地区体育活动和体育比赛，应当根据活动或比赛要求向学生及家长提供安全告知书，获得家长书面反馈意见。(4)学校应当根据体育器材设施及场地的安全风险进行分类管理，具有安全风险的体育器材设施应当设立明显警示标志和安全提示。(5)学校应当对体育器材设施及场地的使用安全情况进行巡查，定期进行维护，根据安全需要或相关规定及时更新和报废相应的体育器材设施，及时消除安全隐患。(6)学校应当利用开学教育、校园网络、家长会等进行体育安全宣传教育，普及体育安全知识，宣讲体育运动风险防控要求和措施，引导学生和家长重视理解体育运动风险防范。

第三，学校在校方场地、设施设备瑕疵所致学生伤害事故中的教育管理职责。学校在此类学生伤害事故中的教育管理职责主要集中体现在管理职责方面，学校作为相关场地、设施设备的所有人或维护管理人，其对相关场地、设施设备负有管理责任和安全保障义务，应当确保相关场地、设施设备具备正常的安全使用功能，存在安全隐患的应当及时排除，保证符合国家和地方的安全管理标准。对于学校场所设施设备的安全管理标准，国家层面的安全管理标准规定主要有：教育部组织编制的《中小学体育器材和场地》国家标准(GB/T 19851—2005)、《教学仪器设备安全要求总则》(GB 21746—2008)，住房和城乡建设部和国家市场监督管理总局联合发布的国家标准《中小学校设计规范》(GB 50099—2011)，公安部和教育部共同组织、全国安全防范报警系统标准化技术委员会(SAC/TC100)归口并制定的《中小学、幼儿园安全技术防范系统要求》(GB/T 29315－2012)等。此外,部分地方省市也陆续出台了相关地方标准,如北京市教委和北京市公安局联合发布了《中小学校和幼儿园安全技术防范规范》(DB11/ 528－2008)等。①

第四,学校在学生自身原因导致校园伤害事故中的教育管理职责。学生自身原因引发的学生伤害事故包括学生自杀、自伤行为引发的事故、学生自身危险行为引发的事故和学生自身疾病引发的事故。② 此类学生伤害事故的风险来源主要是学生自己,学校对此类伤害事故的教育管理职责主要体现在尽到善良管理人的义务:一是在事故发生前,学校如果能够预见到学生可能会做出相关危险行为,如学生已经有明显的自杀、自伤征兆或者学生已经向老师或学校明确表示要做出自杀或自伤行为,学校应当及时对学生进行心理疏导、安全教育和人文关怀,采取合理、适当的安全防护措施避免事故的发生;二是在事故发生后,学校应当依照《学生伤害事故处理办法》等法律法规的规定,及时救助学生并第一时间通知学生家长或监护人。

四、学校在学生伤害事故中的侵权责任形态

侵权责任形态是指在侵权法律关系中,根据不同的侵权行为类型的要求,侵权责任在不同的当事人之间进行分配的表现形式。简言之,就是侵权责任由侵权法律关系中的不同当事人按照侵权责任承担规则承担责任的基本形式。侵权责任形态的主要内容包括直接责任形态和替代责任形态、单方责任形态和双方责任态形态、单独责任形态和共同责任形态。其中,直接责任形态是一般侵权行为的法律后果,即侵权行为人应当为自己的行为承担侵权责任;替代责任形态是特殊侵权行为的法律后果,指责任人为他人的行为负责或为自己管理的物件致害负责的责任。单方责任形态分为加害人单方责任和受害人单方责任,双方责任形态就是侵权责任由加害人和受害人双方当事人分担

---

① 齐格奇,田海馨.我国中小学问题活动场所设施设备安全管理标准化的思考[J].中国标准化,2014(9):61.

② 方芳.从司法案例大数据反观学校在校园安全事故中的责任与限度[J].现代教育管理,2017(6):62.

的责任形式。单独责任形态是指单独一个主体作为加害人实施的侵权行为，共同责任形态是侵权行为的加害人是多数的时候侵权责任在数个加害人之间如何分配的责任方式，包括连带责任、补充责任和补偿责任。[①]

(一)学校侵权责任形态辨析

首先，学校直接责任形态与替代责任形态。学校在学生伤害事故中的直接责任形态是学校行为直接导致学生受损，校方应当承担直接侵权责任的一种责任形态，这里的学校行为通常表现不作为，即学校未尽到教育管理职责。如学校提供的体育教学器材不符合国家安全标准导致学生伤害事故的发生，学校应当承担侵权赔偿责任。替代责任形态意指学校承担教职工履行职务行为存在瑕疵导致学生伤害事故的赔偿责任和学校管理物件所致损害产生的赔偿责任。

其次，学校单独责任形态与共同责任形态。学校对于学生伤害事故的单独责任形态，是指只要学校在学生伤害事故中存在过错，不论是单独过错还是双方共同过错，学校都应当根据自身过错情况承担相应的法律责任。如果学生伤害事故的致害方包括学校和其他主体，则属于共同责任形态。

再次，学校单方责任形态与双方责任形态。如果学生伤害事故完全是由于学校单方过错导致，则属于学校单方责任形态；如果学生伤害事故完全是由于受害学生自身过错导致，则属于受害学生单方责任形态；如果学校和受害学生对于伤害事故的发生都存在过错，则属于双方责任形态。

学校在不同类型学生伤害事故中的侵权责任形态具有多元性和交叉性，其中比较常见的是替代责任形态和共同责任形态。

(二)学校替代责任形态

学校在学生伤害事故中的替代责任形态包括学校教职工履行职务行为存在瑕疵导致学生伤害事故的赔偿责任和学校管理物件所致损害产生的赔偿责任，学校应当对此类学生伤害事故承担侵权赔偿责任。

---

① 杨立新.侵权责任形态研究[J].河南省政法管理干部学院学报，2004(1):5－11.

1.学校替代责任形态之教职工履行职务行为致害

学校对于教师职务行为致害承担替代责任属于雇主责任或用人单位责任，该责任的理论基础主要有报偿理论、控制力理论和深口袋理论。报偿理论强调风险与收益共存，用人单位通过适用他人劳动行为而获得了利益，就应当承担由此伴生的相应的风险；控制力理论强调由于用人单位对于被使用人员具有很强的控制力，由用人者对被使用者的侵权行为承担责任有利于促使用人者更好地履行管理、监督被使用者的职责，从而避免损害的发生；深口袋理论的核心要义在于更好地保护被侵权人的合法权益，为了避免或弥补被使用者赔偿不能的情形，有必要由用人者承担侵权赔偿责任。[①] 根据《中华人民共和国侵权责任法》第三十四条："用人单位的工作人员因执行工作任务造成他人损害的，由用人单位承担侵权责任。"学校教职工因履行教育教学和管理职务存在过失导致的学生伤害事故，学校应当承担侵权赔偿责任。

赵某与杨某、某学校教育机构责任纠纷案

赵某是某学校小学部的在校学生，杨某是某学校的英语教师，并担任赵某所在班级的英语科任教师。2018 年 10 月上课期间，杨某抽查赵某背诵英语课文，因赵某不会背，杨某在批评教育时不慎将赵某致伤。经医院诊断，赵某为闭合性颅脑损伤，脑震荡后综合征。后赵某与某学校、杨某就侵权责任赔偿产生纠纷，诉至法院。

法院司法观点：

二审法院审理认为，《中华人民共和国侵权责任法》第三十九条规定，限制民事行为能力人在学校或者其他教育机构学习、生活期间受到人身损害，学校或者其他教育机构未尽到教育、管理职责的，应当承担责任。事故发生时，赵某是某学校的寄宿生，年仅九周岁，系限制民事行为能力人。某学校与赵某系教育关系，学校应对赵某细心呵护和教育。本案中，杨某作为某学校的英语教师，在教学中方法不当不慎将赵某致伤，虽有过错，但系职务行为。根据《中华人民共和国侵权责任法》第三十四条规定，用人单位的工作人员因执行工作任务

---

① 程啸.侵权责任法[M].北京:法律出版社,2015:402－403.

务造成他人损害的，由用人单位承担侵权责任。杨某系某学校的教师，其在执行工作任务过程中存在过错造成赵某受伤，应当由某学校承担侵权责任。

2.学校替代责任形态之学校物件损害

学校管理的物件所致损害赔偿责任可以简称为学校物件损害责任，这里的物件损害责任是指学校所有或管理的建筑物、构筑物、道路、林木等人工物造成他人损害时的侵权责任。《中华人民共和国侵权责任法》第十一章明确规定了“物件损害责任”，根据学生伤害事故致害原因的不同和侵权责任归责原则的差异，学校物件损害导致的学生伤害事故可以分为两大类。第一类，学校建筑物、构筑物或者其他设施倒塌造成学生人身损害的，侵权责任归责原则适用无过错责任原则，学校作为建设单位应当与施工单位承担连带责任。第二类，学校所有或管理的建筑物、构筑物或者其他设施及其搁置物、悬挂物发生脱落、坠落造成学生人身损害的。第三类，学校所有或管理的林木折断造成学生人身损害的，学校堆放物倒塌造成学生人身损害的，这三种情形中侵权责任归则原则适用过错推定责任原则，不论学生的民事行为能力如何，只要学校不能举证证明自己没有过错，学校就应当承担侵权赔偿责任。

张某与某中学、某培训学校人身伤害纠纷案

2014 年 5 月 17 日，张某在某培训学校租用的某中学教室内补课后准备离开，在拉动某中学的铁门时，铁门倒塌将张某砸伤。医院检查结论为：“考虑第 1 骶椎左侧骨折可能性大，并椎体骨髓水肿。右侧髂肌肌肉水肿，并肌肉间隙少量积液。腰 4—5、腰 5—骶 1 椎间盘突出，并椎管轻度狭窄。”张某将某中学、某培训学校起诉至法院，要求二者承担连带赔偿责任。

法院司法观点：

本案的争议焦点在于某中学和某培训学校是否应当对张某承担侵权赔偿责任。本案系物件致人损害。《中华人民共和国侵权责任法》第八十五条规定：“建筑物、构筑物或者其他设施及其搁置物、悬挂物发生脱落、坠落造成他人损害。所有人、管理人或者使用人不能证明自己没有过错的，应当承担侵权责任。所有人、管理人或者使用人赔偿后，有其他责任人的，有权向其他责任人追偿。”致使张某受伤的铁门属于某中学的场地设施，某中学应保证其设施

安全稳固，张某拉动铁门属于使用铁门的正常动作，对此张某无过错，而铁门在此过程中倒塌，说明铁门存在安全隐患，现某中学未能举证证明其没有过错，故应对张某的损失承担赔偿责任。某培训学校租用某中学的教室开展培训业务，涉事铁门是到达某培训学校租用教室的必经通道之一，某培训学校作为承租人亦为大门的使用人，在其不能证明其无过错前提下，也应对张某损害承担赔偿责任。

另外，依据《中华人民共和国侵权责任法》第三十九条："限制民事行为能力人在学校或者其他教育机构学习、生活期间受到人身损害，学校或者其他教育机构未尽到教育、管理职责的，应当承担责任。"张某系限制民事行为能力人，其参加某培训学校补课，某培训学校作为培训举办方应当为其学生提供安全的教学场地、教育教学设施及生活设施，现其为学生提供的教学场所中存在明显不安全因素，致使参加其补课学习的学生张某受伤，属于未尽到管理职责，应对张某的损失承担赔偿责任。最后，关于某中学和某培训学校的责任分担问题，法院综合二者的过错程度，酌定某中学承担70%赔偿责任，某培训学校承担30%赔偿责任。

（三）学校共同责任形态

学校在学生伤害事故侵权责任中的共同责任形态主要体现为按份责任、补充责任和补偿责任。

1. 按份责任

按份责任适用于无意思联络的数人侵权中责任承担问题。《中华人民共和国侵权责任法》第十二条规定："二人以上分别实施侵权行为造成同一损害，能够确定责任大小的，各自承担相应的责任；难以确定责任大小的，平均承担赔偿责任。"根据该条规定，在某个学生伤害事故中除学校外还有其他侵权责任主体，且学校与其他侵权责任主体之间对侵权行为没有意思联络，则侵权主体之间应当承担按份责任。如学生之间行为所致的学生伤害事故中，除直接导致受害学生人身损害的致害学生外，学校也可能因未尽到安全教育义务或安全管理义务而承担侵权责任。司法实践中，法院通常会在综合案件事实的基础上，确定不同侵权行为主体应当承担的侵权责任比例。学理层面，如果能够确定不同侵权行为主体的责任大小，则侵权行为主体各自承担相应的赔偿责任；如果难以确定侵权行为主体各自的责任大小，则平均承担赔偿责任。

苏某与某中学、刘某人身伤害纠纷案

苏某与刘某均是某中学初中一年级学生。2015年11月24日下午课间，刘某在学校操场上追逐苏某跑，当时操场上积有未消除的冰雪，苏某踩在冰雪上摔倒。某中学老师及时通知苏某家长到校，苏某被及时送往医院就诊，经诊断为左胫骨中下段骨折。

法院司法观点：

本案的争议焦点有二：一是某中学是否存在过错，二是刘某是否存在过错。

对于焦点一：《中华人民共和国侵权责任法》第三十九条规定："限制民事行为能力人在学校或者其他教育机构学习、生活期间受到人身损害，学校或者其他教育机构未尽到教育、管理职责的，应当承担责任。"本案中，苏某是在校园积有冰雪的操场上奔跑时受到人身损害的，某中学作为教育机构对自身的教育环境和设施场地负有安全保障义务。操场作为学生重要的活动地点，某中学应当预见到操场上的积雪会对学生的活动造成伤害，却疏于管理，未及时清除积雪导致原告摔倒，存在过错，应当承担赔偿责任。

对于焦点二：本案伤害事故发生时，刘某正在追逐苏某，由于刘某的追逐行为，导致苏某在前方快速奔跑时不能及时注意路面情况，刘某对苏某的摔伤存在过错。依据《中华人民共和国侵权责任法》第三十二条："无民事行为能力人、限制民事行为人造成他人损害的，由监护人承担侵权责任。"鉴于刘某系限制行为能力人，应由其监护人承担赔偿责任。

对于学校与刘某各自承担的赔偿责任比例，法院进一步结合《中华人民共和国侵权责任法》第十二条"二人以上分别实施侵权行为造成同一损害，能够确定责任大小的，各自承担相应的责任；难以确定责任大小的，平均承担赔偿责任"之规定，判决某中学承担80%的赔偿责任，苏某承担20%的赔偿责任。

2.补充责任

“侵权法上的补充责任，是指两个以上的行为人违反法定义务，对一个被侵权人实施加害行为，或者不同的行为人基于不同的行为而致使被侵权人的权利受到同一损害，各个行为人产生同一内容的侵权责任，被侵权人享有的数个请求权有顺序的区别，首先行使顺序在先的请求权，该请求权不能实现或者不能完全实现时，再行使其他请求权的侵权责任形态。”[①]学校在学生伤害事故中补充责任由《中华人民共和国侵权责任法》第四十条予以确定，该条规定：“无民事行为能力人或者限制民事行为能力人在幼儿园、学校或者其他教育机构学习、生活期间，受到幼儿园、学校或者其他教育机构以外的人员人身损害的，由侵权人承担侵权责任；幼儿园、学校或者其他教育机构未尽到管理职责的，承担相应的补充责任。”在校外第三人致害的学生伤害事故中，校外第三人是导致学生人身伤害发生的直接原因，学校未尽到管理职责是损害发生的间接原因，此种情形下，学校应在该校外第三人不能承担或不能完全承担侵权赔偿责任时，承担与学校过错程度相对应的赔偿责任。“学校补充责任是为了更好地弥补受伤学生损失而添加的保险措施，即校外第三人无法或没有能力完全赔偿学生损失时一种代偿措施。”[②]与此同时，在校外第三人没有赔偿能力的情况下，要求学校承担完全补充责任可能导致校方的赔偿责任过重，故《中华人民共和国侵权责任法》第四十条还规定了学校承担与自身过错“相应的补充责任”。

许某与姚某、某中学、某小学人身伤害纠纷案

2013 年 10 月 20 日，某区举行“阳光体育活动”中小学跳绳比赛。某小学体育老师带领许某等学生前往参加比赛，某中学也由教师带领学生姚某等前往参赛。参赛队伍到达参赛场地后，学生可以在比赛准备区内进行比赛前的准备活动。准备活动期间，某中学的学生姚某在赛前练习时，手中的大绳不慎脱手，甩到了某小学学生许某的眼睛上，导致许某左眼受伤。

---

① 杨立新.侵权法论[M].北京：人民法院出版社，2005：643.

② 刘水庆.论学生体育伤害事故中的校方责任及其追究限度[J].中国体育科技，2019(6)：73.

法院司法观点：

关于某中学应承担的责任，根据《最高人民法院关于审理人身损害赔偿案件适用法律若干问题的解释》第七条之规定，对未成年人依法负有教育、管理、保护义务的学校、幼儿园或者其他教育机构，未尽职责范围内的相关义务致使未成年人遭受人身损害，或者未成年人致他人人身损害的，应当承担与其过错相应的赔偿责任。本案中，姚某作为某中学的学生，由该中学教师带队参加比赛。此过程中某中学对姚某仍负有教育、管理的义务。某中学应当尽足够的注意义务，最大限度地保障姚某及其他学生的安全。此种保障包括本校学生不对外部人员造成不法侵害的内容。姚某在训练过程中摇绳脱手击中许某致其受伤，对此某中学具有过错，应当承担与其过错相应的赔偿责任。对于某中学应当承担责任的比例，法院结合事故发生的背景、情况及过程，酌情认定其承担20%的损害赔偿责任。

关于某小学应当承担的责任，根据《中华人民共和国侵权责任法》第四十条之规定，无民事行为能力人或者限制民事行为能力人在幼儿园、学校或者其他教育机构学习、生活期间，受到幼儿园、学校或者其他教育机构以外的人员人身损害的，由侵权人承担侵权责任；幼儿园、学校或者其他教育机构未尽到管理职责的，承担相应的补充责任。本案中，许某作为某小学的学生，在该校教师的带领下参加跳绳比赛，某小学应对许某负有相应的管理的义务。在此过程中，许某受到了来自该校以外的人员所造成的人身损害，某小学亦未尽到管理职责，应当承担相应的补充责任。法院结合事故发生的具体情况，酌情认定某小学承担补充责任，承担20%的损害赔偿责任。

对于姚某的侵权责任及其具体责任承担主体，本案中，事发时姚某为限制民事行为能力人，对于事故的风险和防范缺乏认知。姚某在摇绳时脱手致使许某受伤，是导致许某受伤的直接侵权行为人。根据《中华人民共和国侵权责任法》第三十二条之规定，无民事行为能力人、限制民事行为能力人造成他人损害的，由监护人承担侵权责任。法律规定的监护人责任适用无过错责任原则，姚某作为限制民事行为人，姚某致人损害的侵权赔偿责任由其监护人承担。

3.补偿责任

补偿责任是基于公平责任原则而确定的责任形态。公平责任原则是指当事人双方在对造成损害没有过错的情况下,由人民法院根据公平的观念,在考虑当事人的财产状况及其他情况的基础上,责令加害人对受害人的财产损失给予适当的补偿,以公平合理地分担损失的一种归责原则。[①] 对于因意外事件而导致的学生伤害事故,通常既不是由于学校或教师职务过错所致,也没有直接加害人,此类学生伤害事故的侵权责任往往难以认定,在这种情况下,学生伤害事故双方当事人对造成的损害事实均无过错,法院往往运用公平责任原则[②],判定学校对受害学生给予一定的经济补偿。《中华人民共和国侵权责任法》第二十四条对公平责任原则和补偿责任形态进行了规定,即:受害人和行为人对损害的发生都没有过错的,可以根据实际情况,由双方分担损失。

黄某与某小学责任纠纷案

黄某在某小学就读期间,被选入校足球队。2018 年 5 月 26 日,黄某作为校足球队的一员参与了该校与他校校足球队间的比赛,在比赛中因争抢足球时受伤。黄某受伤后,在医院住院治疗 16 天并支出医疗费 6764.35 元,该医疗费由某小学全额垫付。2018 年 11 月 16 日,黄某伤情经司法鉴定为右胫骨远端骨骺分离骨折,构成十级伤残。就黄某所受损害的赔偿责任,双方成诉。

法院司法观点:

法院审理认为,黄某在足球比赛中受伤,属于意外事件,某小学、黄某双方均无过错。某小学在组织参赛过程中以及黄某受伤后的诊疗过程中,已履行了相应职责,其行为并无不当,对黄某的损害后果的发生无过错。黄某在比赛中没有违背竞技规则的故意行为,对其损害后果的发生亦无过错。

黄某在比赛中受伤并致残,属于偶然发生和不可预见的意外事件,该事件的发生给黄某造成了较大的经济损失,其损失如果完全由黄某承担,有失公允。根据《中华人民共和国侵权责任法》第二十四条:“受害人和行为人对损害

---

① 王利明.侵权行为法研究(上卷)[M].北京:中国人民大学出版社,2004:274.

② 方芳.中小学校园安全风险规制研究[M].北京:中国法制出版社,2019:237.

的发生都没有过错的，可以根据实际情况，由双方分担损失。”对黄某所遭受的损失，应根据公平原则，由双方当事人合理分担。某小学是黄某参赛的组织者以及所得荣誉的享有者，从平衡双方利益的角度考虑，某小学对黄某的经济损失应承担主要责任；黄某作为参赛者，通过参加比赛可锻炼提高自己的运动水平从而获益，也应承担一定责任。结合黄某年龄、伤情状况及双方经济条件等因素，法院酌定某小学除已支付的黄某医疗费6764.35元外，另行补偿黄某经济损失15000元。

五、学校对教育诉讼的理性认知

（一）正确认识教育诉讼

学校应当强化依法处理纠纷的法治意识，正确认识通过民事诉讼处理教育纠纷尤其是学生伤害事故纠纷的必要性和重要性。民事诉讼是“定纷止争”的有效途径之一，相较于协商和解和行政调解等纠纷处理方式而言，民事诉讼具有国家强制力和法定规范性，是国家司法机关通过法定的程序对原被告双方关于诉争事由的权利、义务和责任进行认定的法定机制。对于学校而言，通过民事诉讼处理学生伤害事故纠纷，一是能够合理认定学校在涉诉学生伤害事故中的安全保障义务，进而做好相关教育管理和安全保障工作避免发生同类型的学生伤害事故。二是司法审判结果对于学校良性处置伤害事故具有可参考性，可以为学校合理合法处理学生伤害事故纠纷提供司法借鉴，既要维护受害学生及其家长的合法权益，也要依法应对“校闹”等严重损害学校正常教育教学秩序的不当行为。

（二）提高证据意识

证据是指证明案件真实情况的所有客观事实材料。证据是整个诉讼活动的基础与核心，是法院是否支持诉讼当事人的主张乃至当事人能否胜诉的关键因素。教育主体在依法处置学生伤害事故及可能由此产生的纠纷时，应当重视证据收集与证据提交。

对于学校而言，一是要注重收集证据的层面与类型。证据的收集要做到合法、客观、全面、及时。合法要求证据的来源合法，客观强调证据内容的客观真实性，全面主要体现在证据能够覆盖事故发生的多个环节和相关主体，包括事故的原因、过程和结果。证据的类型主要包括书证、物证、视听资料、证人证言、当事人的陈述、鉴定结论、勘验笔录和现场笔录。“由于鉴定结论、勘验笔录和现场笔录主要由专责机关或专业人员提供，当事人的陈述属于诉讼中的证据。所以，学生伤害事故中涉及学校收集与固化的证据主要有书证、物证、视听资料和证人证言四种。”①其中，书证收集可以围绕学校是否做好安全制度、安全教育和安全措施等展开。二是要收集和固化证明效力高的证据。根据《最高人民法院关于民事诉讼证据的若干规定》第七十七条关于证据证明效力的规定，其一，在书证方面，学校应当留存学校制定的规章制度、安全教育材料等书面材料的原件，在发生事故后及时报案并报告主管教育部门，获取教育、公安等行政部门关于事故发生的原因及事实经过做出的公文书证。其二，物证方面，学校应当及时收集和封存引起学生人身伤害的致害物，如体育课活动致伤的体育器材设施等。其三，视听资料方面，学校应当对学校及时处置和救助受伤学生的相关情况进行视频录制，作为学校尽到通知和救助义务的辅助证据。同时，“可以采用录音的方式对校方与家长的谈话内容进行记录，谈话录音中必须说明谈话的时间、地点、参加人员和主要内容，同时学校还要根据谈话录音形成文字材料，与谈话录音一同形成谈话录音证据”②。

（三）合理确定诉讼策略

“发生学生伤害事故后，学校首先应当明辨谁是伤害事故的责任承担主体，然后判定自身的责任，采取应对策略。”③

首先，经过分析认为学校过错较低或者没有过错的案件，一方面，对于受害学生及其家长提起诉讼的案件，学校应当积极参加庭审。如果学校不参加诉讼也不提供证据，法院可能会完全支持原告的诉讼请求而缺席判决学校承担损害赔偿责任。另一方面，对于受害学生及其家长关于学生伤害事故的赔

---

① 谢朝霞．学生伤害事故中学校证据的收集与固化[J]．中小学管理，2013(4)：28.

② 解立军．在学生伤害事故中学校应当如何收集证据[J]．人民教育，2008(6)：16.

③ 雷思明．推卸责任或大包大揽：学生伤害事故处理大忌[J]．中小学管理，2012(8)：26.

偿事宜远远超过法律规定的额度和学校的承受能力的，或者认为法院判决校方承担损害赔偿的数额畸重等，学校可以积极提起诉讼或上诉。

其次，经过分析认为学校过错较大而可能承担主要赔偿责任的案件，关于损害赔偿金额，学校应当提前根据法律规定确定一个上下浮动的可接受空间。对于学生及其家长提出的合理合法的索赔要求，学校应尽量予以满足，争取与受害学生及其家长达成庭外和解，并就赔偿事宜签订书面的赔偿协议；或者在法院调解阶段与受害学生及其家长达成调解协议，并由法院制作调解书。当事人双方签订的和解协议书（或赔偿协议书）和法院制作的调解书均是对当事人自愿做出的对“私权”的处置约定，其不具有法定公开性和法院审判的参照性。

再次，学校应当通过对事故的发生经过、校方过错和责任承担的分析，确定学校是否聘请律师参加诉讼。对于案情简单，过错认定比较明显的案件，学校可以不聘请律师而由学校工作人员参加诉讼。司法实践中，经授权代表学校参加诉讼的校方工作人员一般是学校校长、主管学校安全的副校长或德育主任等。对于案情相对复杂、学校是否存在过错的认定分歧较大的案件，建议学校聘请律师参加诉讼，以提高校方诉讼应对的专业性。

最后，学校应当及时进行案情总结，反思和完善学校安全保障工作。通过法院关于学生伤害事故中学校是否尽到教育和管理职责的认定，可以为学校做好相关领域安全保障工作提供司法借鉴。对于法院认定学校存在过错，未尽到教育和管理职责的情况，学校应当进一步予以完善，切实保障教师、学生的合法权益。

第三节 学校与学生法律纠纷的法理思辨

学校的法律地位以及学校与学生之间法律关系的性质，是界定学校与学生法律纠纷的请求权基础。学校的法律地位决定了学校的权利能力、行为能力和责任能力的性质和内容，是确定学校对学生教育管理职责内容的基础。

法律关系是在法律规范调整社会关系的过程中所形成的人们之间的权利和义务关系，学校与学生法律关系的性质进一步决定了学校与学生作为法律关系主体所享有的权利和应当履行的义务。

一、公办中小学校的法人地位

学校的法律地位是指学校在法律上的归类和定位，及其相应的权利、责任、能力和无能力①，公办中小学校法律地位的核心内容在于学校法人资格的认定。公办中小学校是否具有法人资格，具有何种法人资格，不仅影响学校参与民事活动的独立性和自主性，还在较大程度上影响到学校与政府、学校与教师以及学生之间的关系。

（一）学校法人资格及其取得的立法规定

《中华人民共和国教育法》第三十二条第一款规定："学校及其他教育机构具备法人条件的，自批准设立或者登记注册之日起取得法人资格。"据此，公办中小学校取得法人资格的程序有二：一是学校依法设立并具备法人条件，二是学校依法批准或登记注册，前者属于实体要件，后者是程序要件，二者共同构成学校取得法人资格的充分必要条件。实体要件方面，《中华人民共和国民法总则》第五十八条对于法人成立的原则、条件和程序做了规定②，法人成立的原则是依法成立，法人成立条件有自己的名称、组织机构、住所、财产或者经费。该条进一步规定了法人成立的程序要求，即"法人成立的具体条件和程序，依照法律、行政法规的规定。设立法人，法律、行政法规规定须经有关机关批准的，依照其规定。"《中华人民共和国教育法》作为教育基本法，该法第二十七条对学校设立的基本条件做了规定："（一）有组织机构和章程；（二）有合格的教师；（三）有符合规定标准的教学场所及设施、设备等；（四）有必备的办学资金和稳定的经费来源。"

根据以上规定，公办中小学校取得法人资格应当具备的实体要件包括：有

① 申素平. 教育法学原理、规范与应用[M]. 北京：教育科学出版社，2009：138.

② 李适时. 中华人民共和国民法总则释义[M]. 北京：法律出版社，2017.

自己的名称，有组织机构和章程，有合格的教师，有符合规定标准的教学场所及设施、设备等，有必备的办学资金和稳定的经费来源。程序要件方面，公办中小学校应当经过主管教育部门和相关行政部门批准设立或登记注册，公办中小学校自批准设立或登记注册之日起取得法人资格。具体来说，“我国只对幼儿园或者实施非学历教育的高等教育机构的设立采取登记注册制度，其余学校都采取批准设立制度”[①]。最后，结合《中华人民共和国民法总则》第八十七条第二款明确规定的非营利法人包括事业单位、社会团体、基金会、社会服务机构等，公办中小学校的法人性质属于非营利性法人中的事业单位法人。

(二)公办中小学校法人资格的思考

虽然立法层面确认了公办中小学校的法人资格，但学界对于公办中小学校是否具备完全的法人资格一直没有形成统一认识，基本上有两类截然不同的学术观点：一类是认可公办中小学校法人资格的“特殊法人说”，一类是不认可公办中小学校的“去法人化说”。

公办中小学校“特殊法人说”观点认为，公办学校是独立的法人机构而非依附于政府的下属机构。从当前社会对公办学校的功能要求及其发挥的实际可能性来看，赋予具备法人条件的公办学校以独立法人资格，有利于明确公办学校的职权职责，更好地提高其在办学方面的积极性。公办学校作为法人依法享有的民事权利不应当损害公办学校的公益性质，为此必须依据公办学校的功能对其法人权利做出必要的限制。由于公办学校是以公权力主体的身份行使权力、履行义务的法人组织，因此应从公法的角度对公办学校法人的法律地位及其权利义务做出明确的规定。公办学校法人在法律上应当单独列为一种法人类型，可称为“公办学校法人”[②]。

公办中小学校“去法人化说”认为，我国公办中小学校享有的自主法人权利是相当不充分的。一是公办中小学校作为公益类事业单位，学校法人财产

---

① 杨颖秀．教育法学[M]．北京：中国人民大学出版社，2014：181.

② 劳凯声．公益性视野下的公办学校定位问题[J]．首都师范大学学报(社会科学版)，2016(6)：127.

权不充分，主要体现在：学校不具备自筹经费和自由支付经费的能力，学校管理、适用的固定自查产权问题和国有资产使用要求等，学校不能以自己的财产独立承担民事责任等方面。二是在全面推进“县管校聘”教师人事管理改革的背景下，公办中小学校法人的人事管理自主权不充分，学校在教师的招录、聘任、使用、考核以及教师退出等方面缺少管理权。[①] 对于公办中小学校的法人地位，“应当根据学校的地位、职能和任务、学校与政府的人事、财政关系，以及学校的民事责任能力等问题进行深入研究后予以确定”[②]。

本书认为，虽然公办中小学校的法人地位存在实践困境，但从法律文本解释层面来看，应当确认公办中小学校的事业单位法人地位。一方面，法律文本解释层面，根据《中华人民共和国民法总则》第五十八条和《中华人民共和国教育法》第二十七条的规定，学校取得法人资格的条件中，既未要求学校必须对其经费或住所享有所有权，也不包括学校必须以自己的财产独立承担民事责任。公办中小学校的经费来源一般是财政拨款，其教育场地、设施通常属于国有资产，学校对其经费和资产的占有、使用和收益的性质类似于物权法上的用益物权，此种法人财产权利具有一定特殊性，此时公办中小学校的法人状态与国有企业的法人状态类似。另一方面，《中华人民共和国民法总则》第五十八条、第六十条突破了《中华人民共和国民法通则》第三十七条对于法人成立条件的规定，《中华人民共和国民法总则》并未将“以自己的全部财产独立承担民事责任”列为法人的成立条件，而是将其作为法人成立后的结果进行规定。《中华人民共和国民法总则》和《中华人民共和国民法通则》两部法律均是由全国人民代表大会审议通过，在二者对于法人成立条件的规定不一致时，根据《中华人民共和国立法法》第九十二条“同一机关制定的法律……新的规定与旧的规定不一致的，适用新的规定”之规定，应当基于“新法优于旧法”的法律适用原则，适用《中华人民共和国民法总则》第五十八条关于法人成立条件的规定。据此，公办中小学校能否独立承担民事责任不是取得法人资格的前提

---

① 黄道主，邓伟．义务教育公立学校的法人困境及建议[J]．教育导刊，2014(10)：30．

② 申素平．教育法学原理、规范与应用[M]．北京：教育科学出版社，2009：145．

条件，在界定公办中小学校是否取得法人资格时不需要考量其能否独立承担民事责任。

二、公办中小学校与学生的法律关系

公办中小学校与学生的法律关系是指按照教育法律法规，在教育活动过程中，学校和学生之间形成的一定的权利义务关系。① 学校与学生之间法律关系的性质是学校与学生侵权损害赔偿的请求权基础，厘清公办中小学校与学生的法律关系，是依法处置学校与学生之间法律纠纷的首要问题。随着现代社会法治不断发展，对公办中小学校与学生法律关系属性的学术界定也经历着一系列的变化和完善过程，其中主要观点包括：

（一）特别权利关系说

特别权力关系理论源于 19 世纪的德国行政法理论，是指在特定行政领域内国家或公共团体等行政主体对于其具有较强依附性的相对人具有概括性命令强制的权力，相对人对此具有服从义务的特殊关系。特别权力关系强调权力主体对相对人权利的“绝对管理”，不仅排除法律保留原则和权利保护原则，还限制甚至剥夺了救济手段。特别权利关系可以分为三类：一是公法之勤务关系，二是公营造物之利用关系，三是公法之监督关系。公办中小学校与学生之间的关系属于第二类。② 特别权力关系意蕴下，权利主体对个人形式的特别的公权力不受“法治原则”的支配与控制，公办中小学校与学生之间形成的是一种“紧密型持续关系”，双方当事人之间具有很强的“绝对管理与绝对依附”关系。学校作为权力主体，可以依据内部管理规则限制学生的自由权利，学校享有对学生进行惩戒的权力；学生作为相对人，其对学校的依附性很强，学生义务具有不确定性，学生个人权利在学校权力面前会有较大程度的限制，学生的权利救济渠道也会受到很大程度的限制。

---

① 余雅风.学生权利概论[M].北京：北京师范大学出版社，2009：34.

② 王成栋，刘雪梅.特别权力管理理论与中国行政法[J].行政法论丛（第 6 卷），北京：法律出版社，2003：108－108.

随着人权观念深入普及并被理论界和司法领域普遍接受，特别权力关系理论得到了新的发展、改变和完善。一是对特别权力关系进行细分，适当引入法律保留原则，扩宽个人权利的司法救济途径。如：将特别权力关系分为重要性关系和非重要性关系，重要性关系（涉及公民基本权利）必须遵循法律保留原则，非重要性关系可由权力主体依据行政权力自主决定；将特别权力关系分为基础关系和管理关系，基础关系（涉及学生身份的取得和消灭）属于可诉行政行为，管理关系（如学生着装、仪表要求、作息时间等）不必遵循法律保留原则，也不列入可诉行政行为，可由学校自行决定。“现代法治社会的基本要求意味着学校的各种行为应当在法治的框架下进行，当学生的权利受到学校侵害时，应当提供合理的救济途径，而不是以学校的内部管理行为规避法律。”[①] 特别权力关系理论不完全符合现代教育法治的基本理念，与建设“依法办学、自主管理、民主监督、社会参与”的现代学校制度目标存在较大距离。

（二）教育监护关系说

教育监护关系说可以细分为监护权转移说和委托监护说。监护权转移说类似于“代理父母地位理论”，认为监护人将未成年学生送入学校，监护责任就从监护人转移到了学校，由学校在其管理范围内，基于服务代理人的地位和代理父母的地位对学生行使监护权和履行监护职责。[②] 委托监护说认为，家长（监护人）将学生送入学校学习，学校接收了学生，应视为监护人与学校之间形成了一种委托关系。在这种特殊的委托关系中，监护人将部分监护职责委托给学校，学校则基于该委托而行使部分监护权利，且需履行一定的监护义务，并在特殊情况下承担监护责任。[③]

教育监护关系说是我国21世纪初探讨学校与未成年学生之间法律关系的主流观点，对于学校在学生伤害事故中责任承担限度的理论基础产生了广泛的影响。正是由于教育监护关系说将监护职责强加于学校，学校不仅要基

---

① 方芳.法治视野下的学校治理与学生权利保护[M].天津：天津教育出版社，2012：13.

② 张维平，马立武.美国教育研究[M].北京：中国法制出版社，2004：216.

③ 郭璐欣.也谈在校学生监护责任的转移[J].人大建设，2004(1)：53.

于监护人责任承担被监护人受害的救济责任，还要基于监护人对被监护人致害行为的“无过错责任原则”，由学校替代侵权学生承担侵权损害赔偿责任，导致学校要对未成年学生在其间受到伤害或者致人伤害承担“无限责任”。监护关系是基于血缘关系而成立的一种私权关系，属于亲权的组成部分，而学校与学生间成立的教育管理关系是基于《中华人民共和国教育法》等有关法律的规定而成立的特殊公权关系。[①] 因此，在《中华人民共和国侵权责任法》中已明确否定了教育监护关系说。

（三）教育服务契约关系说

教育服务契约关系说认为教育是一种供全体社会成员公共消费的产品，受教育属于对教育这一公共产品的消费。教育管理权是一种以提供教育服务为内容的民事权利，学校与学生之间的法律关系具有一部分民法属性，学校与学生双方的主体地位平等，学校接受学生入学意味着学校与受教育者在平等自愿的基础上达成了教育服务合同关系。根据该观点，学生入学接受教育时与学校达成的明示或默示的教育合同的性质属于一般民事合同，学生在学校就读并接受教育是双方教育合同履行的过程。

教育服务契约关系说可以进一步细分为民事合同关系、行政合同关系和教育合同关系三种观点。第一，教育服务契约是民事合同的观点认为，学校与学生之间构成的是一种民法意义上基于教育目的的、契约型的关系，学校教育过程中学生与学校及代表学校的教师之间是平等的权利义务关系，“尽管九年义务教育决定了学校不能拒绝具有合法依据的入学请求，但这种缔约的强制性并不能改变该行为（入学和接受入学）的民事协议属性，也不能改变由协议建立起来的法律关系的性质”[②]。第二，教育服务契约是行政合同的观点认为，推行教育是国家公权力的基本职责和义务，学校与学生之间是以实施教育和接受教育为目的的公法契约关系，国家虽然不是教育契约关系的当事人，但

① 李进付．学校与学生之间的法律关系研究述评及思考[J]．上海教育科研，2016(11)：54．

② 本书课题组．学生校园体育运动伤害事故的社会治理：基于上海的研究[M]．上海：华东师范大学出版社，2017：95—96．

国家对教育主体负有监督管理的责任。第三，教育服务契约是教育合同的观点认为，学校与学生之间的法律关系是教育法上的一种独特的契约关系，学校与学生之间的权利义务关系既不能全部由主体自行约定，也不以等价交换为原则，教育服务契约关系具有契约内容法定性、契约双方主体权利义务不对等、国家干预性等独特性。①

教育服务契约关系说肯定了学校与学生之间法律关系的一部分民事属性，但在特定领域形成的契约关系并不能上升为一种学生与学校之间的普遍法律关系。尤其是在基础教育阶段，学生接受学校的日常教育管理的规定具有法定性，而非由双方自主协商确定。此外，《中华人民共和国义务教育法》第二条第三款明确规定了"实施义务教育，不收学费、杂费"。据此，义务教育阶段学生与学校之间没有形成对价的收费服务契约，故不能形成教育管理上的服务契约关系。②

（四）教育法律关系说

教育法律关系说认为学校与学生的法律关系并不是单一的，而是具有复合性的双重法律关系，双方既有因教育管理行为而产生的具有一定特殊性的教育行政法律关系，还有因作为平等民事主体而形成的民事法律关系。教育行政法律关系中，中小学校是一种履行特定公共职能的人格化的行政主体，依法对学生进行学籍管理、考试评估、奖励处分等教育管理行为，在这些管理活动中学校与学生不具有平等的地位，双方处于管理与被管理、命令与服从的关系，属于理论层面的特殊行政法律关系。教育民事法律关系中，学校与学生基于平等的主体地位形成了民法意义上的财产关系和人身关系，学校基于这种民事法律关系应履行一定的民事义务，如学校提供教育教学师资和设备的义务、学校对学生的安全保障义务等。

本书认为，教育法律关系说基于不同教育管理领域中学校的职责事项性

---

① 罗了一．论教育契约关系[J]．兵团教育学院学报，2002(2)：34．

② 李进付．学校与学生之间的法律关系研究述评及思考[J]．上海教育科研，2016(11)：55．

质及其法律责任，将学校与学生之间的法律关系界定为兼具行政法律关系和民事法律关系的综合性法律关系，不仅有利于清晰界定学校与学生的法律关系属性，也更加符合现代教育规律。该学说不仅得到了学术界的认可，也得到了实务界的认可[①]，如法院确定学校与学生法律纠纷的诉讼案由时，中小学生入学纠纷通常纳入教育行政管理纠纷，属于行政诉讼，此类案件通常以教育行政部门作为诉讼主体，中小学校通常会作为诉讼第三人；中小学生人身伤害事故纠纷则纳入民事诉讼中，其案由一般为教育机构责任纠纷或人身权、财产权纠纷，中小学校一般作为诉讼当事人（一审原告或被告，二审上诉人或被上诉人）参加诉讼。

---

① 李进付.教育法治化与大学生伤害事故处置[M].北京：社会科学文献出版社，2017：82.

第三章 学校与教师法律纠纷

第一节 学校与教师法律纠纷的特征

在当前的法律体系下，公办中小学校的法人性质为事业单位法人，与公办中小学校签订聘用合同的教师属于事业单位工作人员。学校与教师签订聘用合同后按照规定将教师纳入事业单位人事编制后双方之间形成人事法律关系。学校与教师之间的人事争议纠纷的范围比较广泛，主要涉及以下方面：一是学校与教师之间因订立、履行、解除或终止聘用合同产生的纠纷；二是教师薪酬待遇纠纷，这里的薪酬待遇包括教师绩效工资、福利待遇、社保缴纳、住房公积金、退休待遇等；三是教师学术或职业能力评价纠纷，包括教师职务任免、职称评聘、评优评奖等纠纷；四是因学校处分教师产生的纠纷，如学校报请教育行政部门开除教师或将教师除名等。

为了深入剖析和勾勒学校与教师的人事争议纠纷的概况，本书从实证角度对学校与教师人事争议诉讼判例进行系统分析。我们在北大法宝“司法案例”数据库中，通过“高级检索”方式，以2017年1月至2019年10月为时间范围，以“教师”为关键词，以“人事争议”为案由，以“二审”为审判程序，检索出111份学校与教师人事争议诉讼二审裁判文书，最后筛选出学校与教师人事争议诉讼纠纷44件，并对相关的裁判文书文本展开研究。本次检索所称“教师”是指具有事业单位人事编制，在学校从事专门教育教学工作或教育教学辅助工作的人员，具体包括专任教师、学校行政人员和工勤人员。本次检索之所以仅针对学校与教师人事争议诉讼纠纷的二审裁判文书进行研究，主要是考虑到：二审人事争议案件一般需要经历劳动人事争议仲裁和一审诉讼程序，法律关系相对更加复杂，当事人之间的争议更加激烈，当事人对于维护自身权益的诉求更加强烈，能够更加突出地反映出学校与教师之间人事争议纠纷的焦点问题和显著特点，更具有总结、归纳、分析和借鉴的价值。

一、教师进行权利救济的诉求更加强烈

通过分析学校与教师人事争议案件二审诉讼主体情况（详见表3－1）可知，大部分诉讼由教师一方提起，占比为93.18%，说明在学校与教师人事争议纠纷中，教师进行权利救济的诉求更加强烈，这一数据结果符合一般劳动人事争议案件的基本特点。

根据《中华人民共和国教育法》第二十九条、第三十二条的规定，学校作为具有独立法人资格的事业单位，其基于用人单位的自主管理权和人事管理权限等，有权对教师的教育教学、职称评聘、绩效工资等方面进行评价与管理，有权对教师进行奖励和处分。相对于学校而言，教师往往作为被管理者而处于从属地位，面临权利被侵害的可能性相对更高，通过各种法律途径进行权利救济的动机和愿望更加强烈，诉求也更加明显。

表3－1 教师人事争议二审诉讼情况（单位：件）

上诉情况	上诉人		被上诉人	
纠纷主体	数量	百分比	数量	百分比
教师	41	93.18%	2	4.55%
学校	2	4.55%	24	54.54%
教育行政部门	0	0.00%	14	31.82%
学校与教育行政部门	1	2.27%	4	9.09%
合计	44	100%	44	100%

二、教师人事争议纠纷主体更加多元

从表3－1数据可以看出，教师人事争议案件的诉讼主体相对多元，不仅包括中小学校，还存在将学校的主管部门（通常为教育行政部门）列为单独或共同诉讼当事人的情形。教师人事争议纠纷主体多元化的原因在于，基础教育教师管理制度改革进程中，实施了“县聘校用”“县管校聘”等不同的教师管理聘用模式，教师管理主体和聘用主体由学校单一主体发展成由学校管理、教育行政部门聘任等多元主体，教师管理与聘用法律关系主体的增加导致教师人事争议纠纷的主体更加多元。

一方面，我国自2010年颁布《国家中长期教育改革和发展规划纲要（2010－2020年）》后，开始将“国标、省考、县聘、校用”作为教师管理制度的基本原则，“县聘”是指由县级政府部门招聘与管理教师，县级教育行政部门拥有对教师进行职务（职称）评聘、培养培训、流动调配和考核等管理职权；“校用”则是指学校根据本校的岗位要求对教师进行具体聘用并根据县级教育行政部门的委托与教师签订聘任合同，进行日常工作考核和教育教学管理。[①]根据该内容，我国部分省市开始推行“县聘、校用”的中小学教师管理制度改革，教师聘用合同中的用人主体由中小学校变为区、县教育行政部门，学校与教师的聘用法律关系也变更为教育行政部门与教师的人事聘用法律关系，司法实践中开始出现了以教育行政部门为人事争议诉讼主体的民事案件。

另一方面，教育部、财政部、人力资源和社会保障部联合发布的《关于推进县（区）域内义务教育学校校长教师交流轮岗的意见》（教师[2014]4号）明确，全面推进义务教育教师队伍“县管校聘”管理改革，国家层面推动义务教育教师队伍“县管校聘”示范区建设。具体来说，就是县级教育行政部门会同有关部门制定本县（区）域内教师岗位结构比例标准、公开招聘和聘用管理办法、培养培训计划、业绩考核和工资待遇方案，规范人事档案管理和退休管理服务。

---

① 黄道主，邓伟．论义务教育公立学校的法人困境及其出路[J]．南昌师范学院学报（社会科学），2014(5)：110.

学校依法与教师签订聘用合同，负责教师的日常管理。根据该规定，教师聘用合同的聘用主体仍然是中小学校，但学校对于教师的培养培训、业绩考核与工资待遇等均没有最终管理职权，而是由县级教育行政部门负责。基于此，虽然形式上（教师聘用合同的双方主体）是学校与教师形成了人事聘用法律关系，但教育行政部门基于负责管理教师考核、培训与薪资待遇等与教师聘用和教师劳动权益直接相关的工作内容，而在实然层面与教师形成了人事管理法律关系。随着“县管校聘”教师管理改革的推进，在司法实践中开始出现学校与教育行政部门作为共同诉讼当事人的案件。

三、解除人事关系是教师人事争议纠纷产生的主要原因

从表 3—2 的数据可以看出，解除人事关系是教师人事争议纠纷产生的主要原因。当前教师与学校发生争议的主要类型依次是因解除人事关系引发的争议、教师要求提高退休待遇引发的争议、教师要求补发工资引发的争议和因缴纳社会保险引发的争议，占比分别为 70.45%、20.45%、6.82%和 2.28%。由于解除人事关系涉及学校与教师之间法律关系的终止，关系到教师作为劳动者身份的变化，直接影响教师享有权利和履行义务的内容，此类纠纷是教师对于维护自身权益最为关注的情况，实践中教师因解除人事关系而提起劳动人事争议仲裁和民事诉讼的情况最为显著。

表 3—2　学校与教师人事争议诉讼纠纷类型

学　段 纠纷主体		小学	中学	中职	幼儿园	特殊教育学校	合计	
解除人事关系	开除（除名）	4	4				8	31
	辞退、自动离职（离岗）	4	9	1	1		15	
	解除聘用合同	1	4				5	
	辞职	1	2				3	
补发工资		2		1			3	
缴纳社保		1					1	
退休待遇		5	3			1	9	

续表

学段 纠纷主体	小学	中学	中职	幼儿园	特殊教育学校	合计	
合计	18	22	2	1	1	44	

表3—2中学校与教师解除人事关系的典型情形中，学校辞退教师或确认教师自动离职（离岗）的案件数量最多，其后依次为学校开除或除名教师（实践中为教育行政部门做出开除决定）、学校单方解除聘用合同和教师辞职。其中，开除或除名教师、辞退教师、确认教师自动离职（离岗），是学校基于对教师工作能力、工作态度或职业道德等进行“负面评价”后做出的“惩戒性解聘”行为，会对教师的职业声誉、职业发展和经济收入等产生很大程度的负面影响，教师更加希望通过法律途径使相关权益得到救济，由此产生的诉讼行为更为明显，且大多是以教师主动提起诉讼为主。

除了上述教师人事争议纠纷的主要情形外，我们还检索了教师通过起诉行政机关试图解决人事争议纠纷的司法判例，相关争议原因主要包括确认教师评优资格、教师职称职务评定、开除教师、缴纳社会保险、按教师自动离职处理而解除聘任合同等。

第二节　学校与教师人事争议诉讼的法律焦点

通过对学校与教师人事争议诉讼判例的分析，学校与教师人事管理纠纷仲裁与司法审理范围、学校与教师解除人事关系的法律要件和主要形式、学校对教师做出开除处分决定的程序要求、离退休教师因退休待遇问题与学校发生争议是否属于法院审理范围、教师病假医疗期的司法认定、教师加班及加班工资的认定等，是学校与教师人事管理纠纷的焦点问题，值得教师、学校等主体予以关注。

一、司法审查不介入教师人事管理纠纷的事项

对于教师人事管理纠纷人事仲裁和法院的受案范围，国家人事管理法规和司法解释等分别从正反两方面进行了规定。一方面，《劳动人事争议仲裁办案规则(2017)》明确了人事争议仲裁受理学校与教师之间因终止人事关系以及履行聘用合同发生的争议，《最高人民法院关于人民法院审理事业单位人事争议案件若干问题的规定》明确了法院只受理学校与教师之间因辞职、辞退及履行聘用合同所发生的争议。另一方面，2011 年修正的《人事争议处理规定》第三十六条规定，因考核、职务任免、职称评审等发生的人事争议，按照有关规定处理。根据该规定，因教师考核、职务任免和职称评审产生的人事管理纠纷不属于人事仲裁和法院审理范围。

在司法实践中，人事争议仲裁委员会和人民法院通常会对以上人事争议案件受理范围的规定进行严格的文义解释，对于教师缴纳社会保险、缴纳住房公积金、教师退休待遇、补交养老保险、恢复人事关系或人事编制等请求不予受理或者予以驳回。对于这些不属于人事争议仲裁和法院受案范围的争议，教师需要通过行政救济途径进行权利救济，如行政申诉、行政复议或者信访等。

法律焦点：教师考核、职称评审等学校内部管理行为不属于司法审查范围。

张某与某市教育局、某小学人事争议案

张某是某小学正式在编教师。2016 年 11 月，学校通过了《××小学岗位设置方案》，该方案规定了学校进行小教八级教师岗位晋升的条件。此后，在学校教师八级岗位聘用过程中，学校根据《××小学岗位设置方案》认为张某因不符合小教八级教师岗位补岗条件而未予岗位晋升。张某认为自己符合补岗条件而不认可学校的补岗决定，后张某就提升岗位等级及补发相应工资等提起诉讼。

本案的争议焦点在于张某的诉讼请求是否属于人民法院的受案范围。法院审理认为，根据《人事争议处理规定》第三十六条“因考核、职务任免、职称评审等发生的人事争议，按照有关规定处理”的相关规定，因考核、职务任免、职

称评审等发生的人事争议不属于人民法院的受理范围。现张某提出的诉讼请求是因专业技术职称评审及考核发生的争议，不属人民法院受理的人事争议案件范围，故对张某的诉讼请求不予处理。

对于张某进行权利救济的途径，《中华人民共和国教师法》第三十九条规定，教师对学校或者其他教育机构侵犯其合法权益的，或者对学校或者其他教育机构做出的处理不服的，可以向教育行政部门提出申诉，教育行政部门应当在接到申诉的三十日内，做出处理。教师认为当地人民政府有关行政部门侵犯其根据本法规定享有的权利的，可以向同级人民政府或者上一级人民政府有关部门提出申诉，同级人民政府或者上一级人民政府有关部门应当做出处理。《事业单位人事管理条例》第三十八条规定，事业单位工作人员对涉及本人考核结果、处分决定等不服的，可以按照国家有关规定申请复核、提出申诉。本案中学校教师进行小教八级岗位补岗属于某小学对本单位工作人员进行考核、定级、定岗的内部规范管理行为。张某对于该考核结果不服，可以依据以上法律法规规定，向有关部门申请复核，提出申诉。

法律焦点：教师缴纳社会保险、住房公积金等争议不属于司法审查范围。

林某与某中学人事争议案

林某于 2001 年 7 月入职某中学，在教学岗位从事化学教学工作，其聘用合同约定的聘用期间为 2004 年 9 月 1 日至 2007 年 8 月 31 日。2007 年 7 月，在合同未到期时，林某以个人患有疾病为由，先后两次向某中学请假，申请休息至 2008 年 3 月 16 日止。病假届满后林某一直未到校工作，学校自 2009 年 1 月 1 日起未支付林某工资，也未为其缴纳社会保险等费用。2014 年 12 月，某中学登报公告对林某等两位同志的除名程序，后经学校召开行政会讨论投票、向学校主管教育部门报送解聘林某等的书面报告、主管教育部门做出同意解聘通知等程序，主管教育部门明确 2015 年 4 月 20 日起，终止对林某等同志的聘用关系及相关关系，其人身关系、档案按规定移交区人才流动服务中心。

林某于 2016 年 4 月 12 日提起人事争议仲裁，要求某中学补交社会保险（养老保险、生育保险、基本医疗保险、工伤保险、失业保险）及住房公积金，支付未签订聘用合同期间（2008 年 1 月至 2016 年 4 月）的双倍工资和辞退补偿金等。后人事争议仲裁委员会裁定，驳回林某全部仲裁请求，林某遂提起诉讼。

本案的争议焦点有二：一是本案属于人事争议还是劳动争议，二是林某的多项诉讼请求是否成立。

首先，确定本案属于人事争议还是劳动争议的基础在于林某是否具有事业单位人事编制。法院审理认为，《事业单位公开招聘人员暂行规定》第二十五条规定，用人单位法定代表人或者其委托人与受聘人员签订聘用合同，确立人事关系。某中学是依法登记成立并经各级编制部门批准使用事业单位编制的事业单位法人。林某入职某中学并与学校签订聘用合同后，林某就与学校确立了人事关系，属于事业单位编制工作人员。林某与某中学因辞职、辞退及履行聘用合同所发生的争议属于人事争议，应适用《最高人民法院关于人民法院审理事业单位人事争议案件若干问题的规定》的规定进行审理。

其次，根据《最高人民法院关于人民法院审理事业单位人事争议案件若干问题的规定》第一条的规定，法院认为补缴社会保险及住房公积金不属于人民法院人事争议案件受理范围，不予受理。

最后，关于林某提出的未签订聘用合同期间双倍工资和辞退赔偿金问题，法院审理认为，一方面，林某休病假至2008年3月16日后就未回某中学工作，根据《事业单位人事管理条例》第三十七条“事业单位工作人员与所在单位发生人事争议的，依照《中华人民共和国劳动争议调解仲裁法》等有关规定处理”的规定，林某主张某中学未与其签订聘用合同应支付其双倍工资的请求已超过仲裁时效，不予支持；另一方面，某中学解除与林某的聘用合同履行了相应的程序，由于林某长期未到某中学工作是事实，根据《事业单位人事管理条例》第十五条“事业单位工作人员连续旷工超过15个工作日，或者1年内累计旷工超过30个工作日的，事业单位可以解除聘用合同”的规定，某中学解除与林某的聘用合同并不违法，林某要求某中学支付其赔偿金的请求于法无据，不予支持。

法律焦点：教师退休待遇、补交养老保险等纠纷不属于法院审理范围。

汪某与某学校人事争议案

汪某系某学校教师，1984 年 4 月与当时的学区签订期限为五年的停薪留职协议。汪某停薪留职期间自谋生计，每月上缴工资总额的 20 % 作为管理费。2000 年 1 月 11 日，汪某与某镇教育办签订协议，该协议第三条约定："1985 年至 1999 年 12 月 31 日在岗人员正常晋升工资，汪某不予享受，其他按正常对待"。汪某签订上述协议后办理退休手续。后汪某以协议违背其真实意愿且严重影响其退休待遇为由向有关部门反映并要求处理未果情况下，汪某申请劳动人事争议仲裁，某市劳动人事争议仲裁委员会认为汪某的申请不属于劳动人事争议处理范围，不予受理。汪某遂向法院提起诉讼。

本案争议焦点在于教师办理停薪留职后因退休待遇问题产生争议是否属于法院审理范围。法院审理认为，停薪留职是特定历史条件下经济管理体制和劳动、人事制度改革中出现的新情况，具有一定的特殊性。就停薪留职的工资待遇及与停薪留职有关的所有争议由相关政策及规范性文件予以调整。汪某与其主管部门签订停薪留职协议，协议期间的相关待遇纠纷应该按相应的有关停薪留职政策及文件精神解决。汪某的诉求，因属于政策调整范围，不属于人民法院管辖。

法律焦点：教师恢复编制或恢复人事关系等不属于法院审理范围。

管某与某中学等辞退争议纠纷案

管某原系某中学初中部的在编教师。2001 年，管某应当时政策要求，办理停薪留职手续后外出工作，同时，管某向某中学初中部缴纳自 2003 年 2 月至 2006 年 7 月的保职金及停留费。按当时政策规定，停薪留职人员需向原单位缴纳停薪留职费，该费用实际为停薪留职人员的社会保险费用，由单位收取后统一向社会保险部门缴纳。

2013 年 5 月 8 日，某区机关事业单位保险所向管某出具证明，证明管某在广州社保局已缴纳社保，无须重复缴费。2013 年 5 月 30 日，某区教育局计财科向管某出具证明，证明曹某、管某是某中学初中部在编教师，现已停薪留职。管某收到该证明后，未填写《××区教育系统工作人员留职停薪审批表》，亦未向某区教育局提交该表。2013 年 6 月 5 日，某区人社局、某区教育局、某区编办联合在《××日报》发出公告，公告要求包括管某在内的 49 名某区教育局下属单位人员，于 2013 年 6 月 30 日之前回原单位和原单位主管部门某区教育局报到并办理有关手续，否则按有关规定作自动离职处理，予以除名。2014 年 12 月 15 日，某区人社局、某区教育局、某区编办再次联合发出公告，公告内容为：××区教育局下属单位下列教职工擅自离岗连续超过 15 天以上，且限期未归，根据《全民所有制事业单位专业技术人员和管理人员辞职暂行规定》第十三条和国务院公布的《事业单位人事管理条例》第十五条之规定，对管某在内的 33 名教职工按自动离职处理，现予以公告。2015 年 3 月 18 日，管某将其在广州市的基本养老保险关系转移至某区机关事业单位保险所。此后，管某相继提起人事争议仲裁和诉讼，要求恢复教师编制及职务。

本案的争议焦点在于管某要求恢复教师编制的诉讼请求是否属于人民法院的审理范围。法院认为，本案系辞退纠纷，辞退纠纷属人事争议范畴，人事争议包括事业单位工作人员与单位之间因辞职、辞退及履行聘用合同所发生的争议。本案中，某区教育局已对管某按自动离职处理，予以除名并核销其人事编制。由于管某的人事编制已核销，客观上不能恢复其事业单位编制内正式员工的身份，管某要求恢复教师编制与职务应由行政部门统一管理，属于行政管理范畴，不属于法院审理范围。

二、学校与教师解除人事关系的法定要件

根据《事业单位人事管理条例》第十九条和《事业单位工作人员处分暂行办法》第七条的规定，公办中小学校与聘用制教师解除人事关系以双方聘用合同的解除为要件。聘用合同的解除，是指聘用合同有效成立后，当解除的条件具备时，因合同当事人一方或双方的意思表示，使聘用合同向将来消灭的行为。聘用合同的解除可以分为单方解除和双方解除。单方解除是聘用合同一方当事人行使解除权将劳动合同解除的行为，它不必经过对方当事人的同意，只要解除权人将解除合同的意思表示直接通知对方，或经过人民法院或劳动人事争议仲裁委员会做出裁决，即可发生合同解除的效果。双方解除又称协

议解除，是合同当事人双方通过协商同意将聘用合同解除的行为。① 聘用合同的解除意味着学校与教师人事关系的终止，教师将丧失在学校进行教育教学工作的身份，不具有基于在学校从事教师工作而享有的权利。教师作为劳动者一方，其对于学校与教师解除人事关系的法定事由更加关注。

结合司法实践情况，学校与教师解除聘用合同的诉讼争议主要可以分为两类情形，一类是教师单方主动解除与学校的聘用合同，包括教师单方面预告解除聘用合同和教师单方面即时解除聘用合同；另一类是学校单方主动解除聘用合同，主要包括学校单方预告解除聘用合同和学校单方即时解除聘用，实践中主要包括学校开除教师、学校辞退（除名）教师、学校认定教师自动离职、学校解除教师聘用合同等。

（一）教师单方解除聘用合同

1. 教师单方预告解除聘用合同

教师单方面预告解除聘用合同通常表现为教师辞职，此种情形下教师提出辞职应当符合程序、形式、时间等方面的要求，即教师应当提前 30 日书面通知学校有关辞职申请的相关事宜。

对于具有事业单位人事编制的教师，《事业单位人事管理条例》第十七条规定："事业单位工作人员提前 30 日书面通知事业单位，可以解除聘用合同。但是，双方对解除聘用合同另有约定的除外。"《国务院办公厅转发人事部关于在事业单位试行人员聘用制度意见的通知》（国办发〔2002〕35 号）规定，受聘人员提出解除聘用合同未能与聘用单位协商一致的，受聘人员应当坚持正常工作，继续履行聘用合同；6 个月后再次提出解除聘用合同仍未能与聘用单位协商一致的，即可单方面解除聘用合同。《事业单位人事管理条例》第十九条规定了自聘用合同依法解除之日起，学校与教师的人事关系终止。根据以上规定，具有事业单位人事编制的教师欲单方预告解除聘用合同的，教师一般应当提前 30 日以书面形式向学校送达辞职申请或相关辞职通知，经与学校协商一致后，双方可以解除聘用合同，终止人事关系。如果第一次提出解除聘用合

① 林嘉. 劳动法的原理、体系与问题[M]. 北京：法律出版社，2016：204.

同未能与聘用单位协商一致的，受聘人员应当坚持正常工作，继续履行聘用合同；6 个月后再次提出解除聘用合同仍未能与聘用单位协商一致的，即可单方面解除聘用合同，聘用合同依法解除之日起，教师与学校人事关系即告终止。

对于不具有事业单位人事编制的教师，其与学校之间的关系是劳动法律关系，此种情况下教师单方面解除劳动合同应当适用《中华人民共和国劳动法》和《中华人民共和国劳动合同法》的相关规定。《中华人民共和国劳动法》第三十一条规定："劳动者解除劳动合同，应当提前三十日以书面形式通知用人单位。"《中华人民共和国劳动合同法》第三十七条进一步明确："劳动者提前三十日以书面形式通知用人单位，可以解除劳动合同。劳动者在试用期内提前三日通知用人单位，可以解除劳动合同。"

在教师单方面预告解除聘用合同情形下，除了教师提出辞职通知的时间应符合要求以外，司法实践中，如果学校与教师签订的聘用合同（劳动合同）中包含有教师培训和服务期条款，且学校已实际履行了合同约定的相关培训义务的，教师在服务期内单方预告辞职而学校不同意的，法院通常会按照《中华人民共和国劳动合同法》第二十二条的规定判令教师向学校支付违约金。

法律焦点：教师按照聘用合同约定的程序辞职具有法律效力。

某中学与林某劳动合同纠纷案

林某于 2015 年 7 月 16 日入职某中学工作，担任英语教师，双方签订的《聘用合同》中约定合同期限为 2015 年 7 月 16 日至 2018 年 6 月 30 日，该合同第 23 条约定："根据学校工作特点，乙方如欲提前解除聘用合同，应在学期结束前一个月提出，如未能与单位协商一致，又不属于本合同第 22 条规定情形的，乙方应当继续履行聘用合同；乙方可在 6 个月后再次提出解除聘用合同，仍未能与单位协商一致的，可以单方面解除合同。……甲方应当在乙方提出解除聘用合同之日起 20 日内予以答复；未予答复的，视为同意解除聘用合同。"

2017 年 5 月 11 日，林某以"个人原因"为由向某中学提出书面辞职申请，某中学于 27 日书面答复拒绝了林某的辞职申请，之后林某继续在某中学任教。2017 年 11 月 13 日林某再次以书面形式提出辞职，某中学于 2017 年 11

月16日再次书面拒绝林某的辞职申请。林某最后工作至2017年11月17日并于次日离职。2017年11月20日，林某提起劳动人事争议仲裁要求某中学办理退工手续及出具退工单。仲裁委员会裁决要求某中学为林某办理退工手续并出具退工单(退工日期为2017年11月17日)。后某中学不服该仲裁裁决并起诉至法院。

本案的争议焦点在于，林某在学校两次拒绝其辞职申请的情况下，按照《聘用合同》约定程序单方辞职的行为是否产生解除聘用合同的法律后果。《事业单位人事管理条例》第十七条规定："事业单位工作人员提前30日书面通知事业单位，可以解除聘用合同。但是，双方对解除聘用合同另有约定的除外。"《国务院办公厅转发人事部关于在事业单位试行人员聘用制度意见的通知》(国办发〔2002〕35号)规定，除受聘人员可以随时单方面解除聘用合同的四种情形外，受聘人员提出解除聘用合同未能与聘用单位协商一致的，受聘人员应当坚持正常工作，继续履行聘用合同；6个月后再次提出解除聘用合同仍未能与聘用单位协商一致的，即可单方面解除聘用合同。

法院审理认为，某中学与林某签订的《聘用合同》中明确约定了聘用人员提前解除聘用关系的流程，林某依照合同约定的流程提出解除合同的行为并无不当。原因在于，虽然《事业单位人事管理条例》第十七条规定了"双方对解除聘用合同另有约定的除外"，既双方当事人对聘用合同将解除有特别约定的应从其约定，但当事人应当举证证明该特殊约定的存在。本案中，学校与林某签订的《聘用合同》第28条关于服务期和违约金的约定中明确载明："具体由双方签订补充协议另行约定"。学校主张林某辞职行为违反了《聘用合同》关于服务期和违约金条款的约定，认为林某辞职行为不能产生解除双方聘用关系的法律后果，根据"谁主张谁举证"的证据规则，学校应当举证证明双方签订了服务期和违约金条款等补充协议。由于某中学没有证据证明其与林某签订相关补充协议，故法院并未支持学校抗辩意见。

此外，受聘人员离职后原所在单位应当在规定时间出具解除(终止)聘用关系证明、办理转移人事档案和社会保险关系等相关手续。《中华人民共和国劳动合同法》第五十条规定，用人单位应当在解除或者终止劳动合同时出具解除或者终止劳动合同的证明，并在十五日内为劳动者办理档案和社会保险关系转移手续。《国务院办公厅转发人事部关于在事业单位试行人员聘用制度意见的通知》规定，受聘人员与所在聘用单位的聘用关系解除后，聘用单位要按照国家有关规定及时为职工办理社会保险关系调转手续，做好各项社会保险的衔接工作。《苏州市人民政府办公室转发〈关于进一步加强事业单位工作人员聘用合同管理的若干意见〉的通知》（苏府办〔2002〕116号）、《上海市人事局关于实施〈上海市事业单位聘用合同办法〉有关问题的解释》《江苏省人事厅关于印发〈关于省属事业单位贯彻实施江苏省事业单位人员聘用制暂行办法有关问题的解释〉的通知》等地方性文件对以下相关内容进行了规定：聘用关系解除（终止）后，个人应当按照单位规定的时间和要求办理工作移交、财物归还等各种手续；单位应当在规定的时间内（苏州规定为7个工作日）出具解除（终止）聘用关系证明、转移人事档案、办理社会保险转移及其他相关手续。任何一方未按规定办理相关手续给对方造成损害的，应当承担赔偿责任。

2.教师单方即时通告解除聘用合同

根据当前法律规定和事业单位管理实际，具备事业单位人事编制的教师与学校之间的法律关系是人事关系，不具备事业单位人事编制的教师与学校之间的法律关系是劳动关系。因教师与学校之间法律关系的不同，教师单方即时通告解除聘用合同或劳动合同的法定事由并不一致。

一方面，在教师不具备事业单位人事编制的情况下，学校与教师之间的法律关系为劳动关系，教师单方即时通告解除劳动合同的法定事由应当适用《中华人民共和国劳动合同法》第三十八条的规定。根据《中华人民共和国劳动合同法》第三十八条的规定："用人单位有下列情形之一的，劳动者可以解除劳动合同：（一）未按照劳动合同约定提供劳动保护或者劳动条件的；（二）未及时足额支付劳动报酬的；（三）未依法为劳动者缴纳社会保险费的；（四）用人单位的规章制度违反法律、法规的规定，损害劳动者权益的；（五）因本法第二十六条第一款规定的情形致使劳动合同无效的；（六）法律、行政法规规定劳动者可以解除劳动合同的其他情形。"

另一方面，在教师具有事业单位人事编制的情况下，《国务院办公厅转发人事部关于在事业单位试行人员聘用制度意见的通知》（国办发〔2002〕35 号）规定了事业单位受聘人员可以随时单方面解除聘用合同的情形，具体包括："（一）在试用期内的；（二）考入普通高等院校的；（三）被录用或者选调到国家机关工作的；（四）依法服兵役的。"在检索的 44 例学校与教师人事争议诉讼判例中，并没有案件涉及教师单方即时解除聘用合同的问题。那么，除了该通知规定的四种情形外，还有没有其他情形下教师可以行使单方即时通告解除聘用合同的权利呢？教师单方即时通告解除聘用合同应当适用哪些法律规定？基于此，在编教师单方即时通告解除聘用合同事由的法律适用问题就存在探讨的基础和分析的必要。

教师单方即时通告解除聘用合同的行为应属于"辞职"行为，由此产生的争议和纠纷属于劳动人事争议仲裁和人民法院的受理范围。对于《中华人民共和国劳动合同法》第九十六条规定，事业单位与实行聘用制的工作人员订立、履行、变更、解除或者终止劳动合同，法律、行政法规或者国务院另有规定的，依照其规定；未做规定的，依照本法有关规定执行。原人事部办公厅在《对江西省人事厅情况反映的答复意见函》（国人厅函〔2007〕153 号）和《人力资源和社会保障部办公厅关于人事争议仲裁适用有关法律问题的答复意见的函》（人社厅函〔2008〕117 号）中明确提出，《国务院办公厅转发人事部关于在事业单位试行人员聘用制度意见的通知》（国办发〔2002〕35 号）是规范事业单位人员聘用合同的国务院办公厅文件，属于《中华人民共和国劳动合同法》第九十六条中"国务院另有规定"和《劳动争议调解仲裁法》第五十二条中"国务院另有规定"的范畴，有关事业单位人员聘用合同的订立、履行、变更、解除或终止，应当适用该文件的规定，事业单位聘用制人员与单位发生的争议继续由人事争议仲裁委员会受理和处理。

根据以上规定，对于在编教师与具有事业单位法人资格的学校之间因订立、履行、变更、解除或者终止聘用合同而产生的争议，应当优先适用《事业单位人事管理条例》《国务院办公厅转发人事部关于在事业单位试行人员聘用制度意见的通知》（国办发〔2002〕35 号）等的规定；未做规定的，依照《中华人民共和国劳动合同法》有关规定执行。基于文义解释，对于在编教师即时通告解除聘用合同的情形，在当前法律框架下应当限定在《国务院办公厅转发人事部关于在事业单位试行人员聘用制度意见的通知》规定的四种情形之中。

(二)学校单方解除聘用合同

为了防止学校作为用人单位利用其优势或强势地位任意解除合同，国家人事管理法规对用人单位(事业单位)单方解除聘用合同的情形进行了严格限制，只有在法定情形下，才允许事业单位解除聘用合同。学校单方解除聘用时应当符合法定事由并履行法定程序，否则将会由于程序瑕疵而承担责任或影响相关解聘行为的法律效力。

1.学校单方预告解除聘用合同

根据现行规定，学校单方预告解除聘用合同主要是由于出现教师缺乏履行聘用合同的劳动能力或工作能力，导致聘用合同不能正常履行等情形。《事业单位人事管理条例》第十六条规定："事业单位工作人员年度考核不合格且不同意调整工作岗位，或者连续两年年度考核不合格的，事业单位提前30日书面通知，可以解除聘用合同。"《国务院办公厅转发人事部关于在事业单位试行人员聘用制度意见的通知》也规定了事业单位可以单方面预告解除聘用合同的情形，具体规定内容为："受聘人员有下列情形之一的，聘用单位可以单方面解除聘用合同，但是应当提前30日以书面形式通知拟被解聘的受聘人员：(一)受聘人员患病或者非因工负伤，医疗期满后，不能从事原工作也不能从事由聘用单位安排的其他工作的；(二)受聘人员年度考核或者聘期考核不合格，又不同意聘用单位调整其工作岗位的，或者虽同意调整工作岗位，但到新岗位后考核仍不合格的。"

综合以上规定，关于学校单方预告解除聘用合同的情形，程序方面要求是学校单方预告解除聘用合同时应当提前30日以书面形式通知拟解聘教师；实体方面要求是学校只能在以下四种情形下预告解除聘用合同：一是教师连续两年年度考核不合格的，二是教师年度考核不合格且不同意调整工作岗位的，三是教师年度考核不合格，同意调整工作岗位后在新岗位考核仍不合格的，四是教师患病或者非因公负伤，医疗期满后，不能从事原工作也不能从事由学校安排的其他工作的。

司法实践中，学校单方预告解除聘用合同的情形主要包括开除（除名）教师、辞退教师、确认教师自动离职（离岗）、学校主动解除聘任合同等。根据《事业单位人事管理条例》和《事业单位工作人员处分暂行规定》等规定，开除是针对事业单位工作人员进行处分的一种形式，是对事业单位工作人员最为严厉的一种惩戒形式，结合《中小学教师违反职业道德行为处理办法》关于有权做出开除教师决定的主体相关规定，即“公办学校教师由所在学校提出建议，学校主管教育部门决定并报同级人事部门备案。民办学校教师或者未纳入人事编制管理的教师由所在学校决定并解除其聘任合同，报主管教育部门备案。”因此，开除属于对教师进行的一种处分形式，具有内部行政惩戒的性质，开除公办学校教师的决定主体是教育行政主管部门，狭义上的学校单方预告解除聘用合同的情形不包括开除教师。根据《事业单位人事管理条例》第十八条、第十九条的规定，教师受到开除处分的，应当解除聘用合同，自聘用合同依法解除、终止之日起，学校与教师之间的人事关系终止。当然，开除并非是解除聘用合同的法定前置程序，学校也可以在教师缺乏履行聘用合同的劳动能力或工作能力的情况下，按照《事业单位人事管理条例》等的规定，按照法定程序和要求做出单方预告解除聘用合同行为。结合司法判例来看，在学校单方预告解除聘用合同的争议案件中，教师通常会主张学校未能充分履行法律规定或合同约定的通知程序而要求学校承担责任。

法律焦点：学校将教师除名须因法定事由、经法定程序且必须通知本人。

某县教育局、某中学与苏某人事争议案

苏某自1982年起在某中学任教，2003年8月自行前往外省中学任教。某县教育局2004年10月26日做出了对苏某的除名文件，但该文件原件并未送达苏某。苏某认为该除名决定未送达本人不应该发生法律效力，故提起劳动人事争议仲裁。仲裁不予受理后苏某提起民事诉讼。经过诉讼一审、二审程序后，两审法院均判决教育局做出非除名决定未对教师苏某发生法律效力，应认定苏某与某中学校之间仍然存在人事关系。

本案的争议点在于教育局做出的对苏某除名决定是否因未送达苏某本人

而影响该除名决定的法律效力。

法院审理认为，对教师进行除名在性质上属于辞退教师，教师因此与学校或相关教育行政部门产生的争议属于人事争议，此类争议属于人民法院的审理范围。教育主管单位对学校教师做出的除名决定属于对教师最严厉的处分，须因法定事由，经法定程序，且必须通知本人。程序公正才能使实体公正，程序违法属于违反了法律法规的规定。本案中，教育局做出除名决定后，却一直没有书面送达苏某本人，亦未采取法定公告等其他形式送达。根据《人事争议处理规定》第二十三条，用人单位做出解除人事关系和不同意工作人员要求辞职或终止聘任（用）合同引发的人事争议，由用人单位负责举证。某中学未能提供证据证实该决定已由苏某签收、亦未能证实其已及时将除名决定告知苏某或者公示，当事人对自己提出的诉讼请求所依据的事实有责任提供证据加以证明，没有证据或证据不足以证明当事人的事实主张的，由负有举证责任的当事人承担不利后果。故该除名决定未对苏某发生法律效力。此外，某县教育局和某中学也未提供证据证明苏某的人事档案已移送劳动人事部门存放，应认定苏某与某学校之间仍然存在人事关系。

法律焦点：教师被判处拘役缓刑的，学校解除聘用合同与做出开除处分的实体要件和程序要求不同。

邢某与某中学人事争议案件

邢某自 2011 年 8 月起在某中学从事教师工作，双方未签订书面形式的事业单位聘用合同。2012 年 5 月 18 日，邢某因犯传播淫秽物品罪被判处拘役六个月，缓刑六个月。判处刑罚后，某中学仍正常向邢某发放工资，自 2014 年 1 月起，邢某办理长休，某中学只向邢某发放部分工资。2016 年 5 月 16 日，某中学依据《××市事业单位试行人员聘用制实施办法》第三十七条第五项以及《事业单位试行人员聘用制度有关问题的解释》第十四条之规定，经校长办公会决定与邢某解除聘用合同，并报某区教育局备案。其中，《××市事业单位试行人员聘用制实施办法》第三十七条第五项为受聘人员有下列情形之一的，聘用单位可以随时单方面解除聘用合同：被判处有期徒刑以上刑罚收监执行或者被劳动教养的。《事业单位试行人员聘用制度有关问题的解释》第十四条为被人民法院判处拘役、有期徒刑缓刑的，单位可以解除聘用合同。某中学2016年5月16日校长办公会记录中注明出席人杨某某负责工会工作。2016年5月31日，某区教育局对某中学与邢某解除聘用关系进行了备案。2016年6月10日，邢某收到某中学邮寄送达的解除聘用关系通知书。

邢某不认可某中学对其做出的“解除聘用合同决定”，于2016年6月21日提起劳动人事争议仲裁请求撤销该“解除聘用合同决定”，劳动人事争议仲裁委员会受理后做出驳回邢某仲裁请求的裁决书。邢某不服该仲裁裁决并向法院起诉。法院审理后判决驳回邢某诉讼请求。

本案的法律焦点在于某中学做出的解除聘用合同决定是否符合法律的规定以及能否依法产生相应的法律效力。

关于邢某与某中学之间的法律关系。法院审理认为，邢某自2011年8月起在某中学处从事教师工作，双方虽未签订事业单位聘用合同，但应属于事实上的事业单位聘用合同关系。

关于某中学做出解除聘用合同决定是否合法并产生法律效力问题。法院认为，某中学因邢某于2012年被判处拘役六个月，缓刑六个月，依据《××市事业单位试行人员聘用制实施办法》第三十七条第五项和《事业单位试行人员聘用制度有关问题的解释》第十四条之规定决定与邢某解除聘用合同，因拘役属于刑罚的一种方式，拘役缓刑是对犯罪情节较轻人员适用拘役刑罚的一种执行方式，虽处罚较轻，但仍属于拘役，并不是单独的刑种，故某中学适用《事业单位试行人员聘用制度有关问题的解释》第十四条之规定决定与邢某解除聘用合同，并无不当。

其一，解除聘用合同决定符合相关法律的实体性规定。根据法律体系解释方法，《事业单位试行人员聘用制度有关问题的解释》（国人部发〔2003〕61号）第十四条中“被人民法院判处拘役、有期徒刑缓刑的，单位可以解除聘用合同”是对《国务院办公厅转发人事部关于在事业单位试行人员聘用制度意见的通知》（国办发〔2002〕35号）第六项第五款“被判处有期徒刑以上刑罚收监执行的，或者被劳动教养，单位可以随时单方面解除聘用合同”的解释，之所以《事业单位试行人员聘用制度有关问题的解释》（国人部发〔2003〕61号）中要突出强调“有期徒刑缓刑”的表述是针对《国务院办公厅转发人事部关于在事业单位试行人员聘用制度意见的通知》(国办发〔2002〕35 号)中“有期徒刑以上刑罚”的扩充规定,将“有期徒刑缓刑”增加为解除聘用合同的条件,所以必须明确注明是“缓刑”,而“拘役”原并未在《国务院办公厅转发人事部关于在事业单位试行人员聘用制度意见的通知》(国办发〔2002〕35 号)中予以表述,所以无须在《事业单位试行人员聘用制度有关问题的解释》(国人部发〔2003〕61 号)中另注明“拘役缓刑”。

其二,解除聘用合同决定的程序符合相关法律法规的程序性要求。邢某主张某中学在没有事先通知工会的前提下,就做出解聘合同的决定,违反单方面解除聘用合同的法定程序。法院认为,因在某中学校长办公会记录中记载有工会人员出席,说明就解聘事宜已提前通知工会人员,故对于邢某该项主张不予采信。且根据《最高人民法院关于审理劳动争议案件适用法律若干问题的解释(四)》第十二条之规定,未提前通知工会的程序性瑕疵不影响实体上解除劳动合同的合法性。

其三,某中学解除聘用合同的法律适用问题。虽然《事业单位人事管理条例》与《事业单位工作人员处分暂行规定》较《事业单位试行人员聘用制度有关问题的解释》(国人部发〔2003〕61 号)是上位法、是新法,但是《事业单位人事管理条例》及《事业单位工作人员处分暂行规定》是针对事业单位人员受到处分情形时做出的规定,处分是对于事业单位人员违法违纪的内部纪律处分,而解除聘用关系是单位与个人之间法律关系的变更,与内部处分是两个性质的问题,两者发生争议时的权利救济途径亦不相同。所以,《事业单位试行人员聘用制度有关问题的解释》(国人部发〔2003〕61 号)第十四条解除聘用关系的规定与《事业单位人事管理条例》及《事业单位工作人员处分暂行规定》并不冲突,也并不抵触。《事业单位人事管理条例》并没有规定处分是解除聘用关系的前置程序,《事业单位试行人员聘用制度有关问题的解释》(国人部发〔2003〕61 号)作为部门规章仍属现行有效,故某中学依据《事业单位试行人员聘用制度有关问题的解释》(国人部发〔2003〕61 号)对邢某做出解除聘用关系的决定并无不当。

对于不具有事业单位人事编制的教师，学校与之解除聘用合同的法定事由和程序主要有《中华人民共和国劳动法》第二十六条和《中华人民共和国劳动合同法》第四十条等规定。实体要求方面，用人单位单方预告解除劳动合同的法定事由包括：(一)劳动者患病或者非因工负伤，在规定的医疗期满后不能从事原工作，也不能从事由用人单位另行安排的工作的；(二)劳动者不能胜任工作，经过培训或者调整工作岗位，仍不能胜任工作的；(三)劳动合同订立时所依据的客观情况发生重大变化，致使劳动合同无法履行，经用人单位与劳动者协商，未能就变更劳动合同内容达成协议的。程序要求方面，学校作为用人单位应当提前三十日以书面形式通知教师本人或者额外支付劳动者一个月工资后，可以解除劳动合同。根据《中华人民共和国劳动合同法》第四十三条之规定，学校应当事先将解除劳动合同的理由通知工会。

2.学校单方即时解除聘用合同

学校不得超出法定事由和情形单方即时解除聘用合同。《事业单位人事管理条例》第十五条规定，事业单位工作人员连续旷工超过 15 个工作日，或者 1 年内累计旷工超过 30 个工作日的，事业单位可以解除聘用合同。《国务院办公厅转发人事部关于在事业单位试行人员聘用制度意见的通知》(国办发〔2002〕35 号)的规定，事业单位受聘人员有下列情形之一的，聘用单位可以随时单方面解除聘用合同：(一)连续旷工超过 10 个工作日或者 1 年内累计旷工超过 20 个工作日的；(二)未经聘用单位同意，擅自出国或者出国逾期不归的；(三)违反工作规定或者操作规程，发生责任事故，或者失职、渎职，造成严重后果的；(四)严重扰乱工作秩序，致使聘用单位、其他单位工作不能正常进行的；(五)被判处有期徒刑以上刑罚收监执行的，或者被劳动教养的。(六)在试用期内被证明不符合本岗位要求又不同意单位调整其工作岗位的，聘用单位也可以随时单方面解除聘用合同。关于事业单位单方即时解除聘用合同的法定事由，《事业单位人事管理条例》第十五条与《国务院办公厅转发人事部关于在事业单位试行人员聘用制度意见的通知》(国办发〔2002〕35 号)规定的“情形(一)”有冲突，根据上位法优于下位法的法律适用规则，以及保护教师作为劳动者的合法权益、限制用人单位利用强势地位任意解除聘用合同等考量，对于学校因教师旷工而解除聘用合同的情形，应当适用《事业单位人事管理条例》第十五条之规定。

程序要求方面，学校应当按照依法治校的基本要求，在做出单方即时解除聘用合同的决定前，结合解聘的情形、情节、解聘的合法性与合理性等进行充分讨论，由学校章程或规章制度规定决策主体按照相应的程序做出解除聘用合同的决定，学校工会主席或工会代表应当参加讨论解聘相关会议。解聘决定做出后，应当书面告知并送达教师，由教师本人签字确认。此后，按照规定将解除聘用合同报送上级教育主管部门备案，并在规定时间出具解除（终止）聘用关系证明、办理转移人事档案和社会保险关系等相关手续。

法律焦点：教师长期旷工学校可以依法解除聘用合同。

金某与某学校、某教育局人事争议案

金某系某学校教师。2005 年，金某以身体欠佳为由向学校提出申请，要求病休。在病休期间，金某未告知学校，自行办理了出国劳务手续到韩国进行劳务。2006 年年末，某县编制委员会办公室到学校核实编制，查出金某在编不在岗，要求某学校做出相关处理。某学校通过金某家人要求金某递交书面辞职报告。因当时金某在韩国劳务，由其丈夫林某某于 2006 年 11 月 23 日代笔书写辞职报告并交到学校，学校为金某办理了辞职相关手续并停发了金某的工资，但未做出辞退金某的书面决定。2007 年 9 月学校进行人事制度改革，教师采取聘任制并正式签订聘用合同。某学校通知金某让其回国参加招聘，金某回国后了解到签订聘用合同之后不能再出国劳务，在未签订聘用合同的情况下继续出国劳务。2010 年 3 月，某编办联发文件将金某列为在编不在岗人员，属清理对象，学校根据文件要求通知金某回校办理相关手续。2017 年 11 月 6 日，某县教育局和某学校相继做出《关于对金某老师的处理意见》和《解除聘用合同通知书》，金某于 2017 年 11 月 7 签收了这两份文件。后金某不认可处理意见，提起劳动人事争议仲裁，劳动人事争议仲裁委员会裁决驳回金某的全部仲裁请求。金某不服仲裁裁决诉至法院，要求某学校补发工资，并缴纳养老保险、医疗保险等各种社会保险。法院审理后驳回金某诉讼请求。

本案的焦点在于某学校做出的《解除聘用合同通知书》是否合法有效。金某自2005年就以病休为由到韩国进行劳务，长期在编不在岗。在政府主导的其单位的人事制度改革过程中，金某主动放弃应聘，未与学校签订聘用合同，仍继续出国劳务，表明金某无意回到学校工作，事实上也一直未回到学校工作，严重违反了学校的规章制度。基于此，某学校根据《事业单位人事管理条例》第十五条"事业单位工作人员连续旷工超过15个工作日，或者1年内累计旷工超过30个工作日的，事业单位可以解除聘用合同"、《中华人民共和国劳动法》第三十九条"严重违反用人单位规章制度的，用人单位可以解除劳动合同"、《国务院办公厅转发人事部关于在事业单位试行人员聘用制度意见的通知》（国办发〔2002〕35号）第六条第二款第（二）项关于未经聘用单位同意，擅自出国或者出国逾期不归的受聘人员，聘用单位可以随时单方面解除聘用合同之规定，做出《解除聘用合同通知书》，并于2017年11月7日向金某本人送达，某学校解除与金某聘用合同关系，事实根据和法律依据充分，应属合法有效的解除聘用合同行为。

关于金某提出的补发工资、补缴社会保险等要求。金某自2005年起长期在编不在岗。对于国家机关、事业单位的长期在编不在岗、吃空饷和违规长期借调等财政供养人员在被清理前所取得的财政工资、津贴、社保保险等待遇应否计发，及如何补发、如何清退、补缴等问题，应按中央及地方党委政府的有关文件及政策精神进行处理。故金某关于补发其被清退前的工资、补缴其被清退前的社会保险的诉讼请求，并不属于法律规定的人民法院审理的人事争议案件的受理范围，依法应不予受理。

三、学校与教师解除聘用合同的经济补偿金问题

经济补偿金是用人单位依据国家有关规定或劳动合同约定，在同员工解除劳动合同时以货币形式直接支付给劳动者的一次性经济补助。关于学校解除聘用合同应当支付经济补偿金的法定情形，《中华人民共和国劳动合同法》第四十六条规定的范围远大于《国务院办公厅转发人事部关于在事业单位试行人员聘用制度意见的通知》（国办发〔2002〕35号）的规定。司法实践中，对于具有事业单位人事编制的教师支付经济补偿金的请求，法院通常会优先适

用《国务院办公厅转发人事部关于在事业单位试行人员聘用制度意见的通知》和事业单位聘用制地方性法规等人事管理规定；对于不具有事业单位人事编制的教师，则依法适用《中华人民共和国劳动合同法》第四十六条的规定。因教师是否具有事业单位人事编制导致法律适用"二元化"，《中华人民共和国劳动合同法》是调整劳动合同法律关系的国家基本法，事业单位人事聘用制规定具有专门性和特殊性，本书在此重点讨论学校与在编教师解除聘用合同时支付经济补偿金的情形及其计算标准。

学校应当支付经济补偿金的情形主要有三种，根据《国务院办公厅转发人事部关于在事业单位试行人员聘用制度意见的通知》规定，一是学校提出解除聘用合同，教师同意的，学校应支付经济补偿。协商解除聘用合同学校需要支付经济补偿金的前提条件是，解除聘用合同的动议或主张是学校主动提出的。如果解除聘用合同的主张是教师主动提出，即教师主动要求辞职，此种情况下学校与教师协商解除劳动合同的，学校可以不支付经济补偿。二是教师患病或者非因工负伤，在规定的医疗期满后不能从事原工作，也不能从事由学校另行安排的其他工作，学校单方面解除聘用合同的。三是教师年度考核不合格或者聘期考核不合格，又不同意聘用单位调整其工作岗位的，或者虽同意调整工作岗位，但到新岗位后考核仍不合格，学校单方面解除聘用合同的。四是学校分立、合并、撤销后不能安置教师到相应单位就业而解除聘用合同的。

关于经济补偿金的计算标准，《国务院办公厅转发人事部关于在事业单位试行人员聘用制度意见的通知》规定，经济补偿金标准为被解聘教师在学校每工作一年支付其本人一个月的上年月平均工资标准。参照《中华人民共和国劳动合同法》的相关规定，对于工作满六个月以上不满一年的，按一年计算；不满六个月的，向劳动者支付半个月工资的经济补偿。针对高工资收入者的计算封顶限额。教师月工资高于用人单位所在直辖市、区的市级人民政府公布的本地区上年度职工月平均工资三倍及以上的，向其支付经济补偿的标准按职工月平均工资三倍的数额支付。

关于经济补偿金的支付时间，《国务院办公厅转发人事部关于在事业单位试行人员聘用制度意见的通知》暂无明确规定，参照《中华人民共和国劳动合同法》第五十二条第二款规定，劳动者应当按照双方约定，办理工作交接。用人单位依照本法有关规定应当向劳动者支付经济补偿的，在办结工作交接时支付。因此，学校与教师解除聘用合同需支付经济补偿金的，应当在教师办理工作交接时支付经济补偿金。此外，《中华人民共和国劳动合同法》第八十五条规定，对于用人单位逾期不支付经济补偿的，由劳动行政部门责令用人单位按应付金额50%以上100%以下的标准向劳动者加付赔偿金。

法律焦点：学校单方预告解除聘用合同应当支付经济补偿金。

王某与某中学人事争议案

王某于1998年8月通过某市教育局行政分配方式进入某中学从事化学教育工作。2012年8月底，经某中学批准，王某请假随丈夫去美国探亲，后因特殊原因，多次经某中学批准续假至2014年8月底。后某中学不同意王某续假，某中学向王某之父出具了解除聘用合同证明书，证明书签署日期为2014年8月31日。此后，王某与某中学多次协商未予发放的工资及解除合同的经济补偿问题，一直未果。王某遂提起劳动人事仲裁，后不认可仲裁裁决，遂就双方解除聘用合同时间、经济补偿金、转接社会保险和住房公积金封存等提起诉讼。

本案的争议焦点有二：一是某中学是否应支付王某2014年3月至2014年12月的工资，二是某中学是否应支付王某经济补偿金。

其一，对于工资支付问题。在王某与某中学建立聘用合同关系期间，双方均应按照合同约定履行各自义务。王某自2014年3月至2014年8月双方聘用合同关系解除前，王某并未提供实际劳动，对此期间的工资某中学可不予发放；2014年9月至2014年12月，双方已不存在聘用合同关系，王某主张此期间工资无法律依据，不予支持。其二，关于经济补偿金，根据《国务院办公厅转发人事部关于在事业单位试行人员聘用制度意见的通知》和《××省事业单位人员聘用制暂行办法》第三十八条、第三十九条之规定，某中学应当按照王某的工作年限每满一年支付一个月的经济补偿金，自王某进入某中学单位至其解除合同关系起计16年零1个月，某中学应当支付其17个月的经济补偿金66709.36元(3924.08×17)。其三，关于王某主张的档案资料转移诉请，双方聘用合同关系解除后，为劳动者办理档案资料的转移是用人单位的法定义务。关于王某主张的社会保险转接、住房公积金封存手续，因该两项诉请涉及国家行政机关的政策性规定，不属于法院的受案范围，故不予理涉。

四、学校未签订书面聘用合同的二倍工资问题

司法实践中，学校与事业编制教师之间因辞职、辞退和履行聘用合同产生的争议被界定为“人事争议”，学校与不具备事业编制的教师因订立、履行、变更、解除或者终止劳动合同而产生的争议被界定为“劳动争议”。对于未签订书面劳动合同支付二倍工资问题，因诉争双方争议案由的不同，法院一般会给出不同的司法审判结果。

对于与学校建立劳动关系的无事业编制教师而言，根据《中华人民共和国劳动合同法》第十条第一款、第二款的规定，“建立劳动关系，应当订立书面劳动合同。用人单位自用工之日起超过一个月不满一年未与劳动者订立书面劳动合同的，应当向劳动者每月支付二倍的工资”。对于学校而言，学校招聘教师后，不论教师是否符合所提供岗位的任职条件（如未取得教师资格证），都不能以此为理由免除学校与作为劳动者一方的教师签订书面劳动合同的义务。根据《中华人民共和国劳动合同法》第八十二条和第十四条第三款的规定，如果学校自用工之日起超过一个月不满一年未与劳动者订立书面劳动合同的，应当向劳动者每月支付二倍的工资；如果学校自用工之日起满一年不与劳动者订立书面劳动合同的，视为用人单位与劳动者已订立无固定期限劳动合同。此外，关于用人单位因未与劳动者签订书面劳动合同而向劳动者支付二倍工资的性质，其中的一倍属劳动报酬，另一倍是基于用人单位的违法行为，属于惩罚性赔偿金，但其计算基数应按照劳动者实际获得的劳动报酬确定。

对于与学校建立人事关系的具备事业编制的教师而言，如果教师主张学校未与其签订书面劳动合同的双倍工资，法院通常会根据《最高人民法院关于人民法院审理事业单位人事争议案件若干问题的规定》第三条“人民法院受理的人事争议案件是指事业单位与其工作人员之间因辞职、辞退及履行聘用合同所发生的争议”之规定，认定教师此项主张不属于事业单位与其工作人员之

间因辞职、辞退及履行聘用合同所发生的争议，不属于人民法院受理人事争议案件的范围，不支持教师此项主张，进而驳回教师诉请。

第三节　教师权益保障薄弱环节调查

一、中小学教师权益保障现状

（一）调查情况

学校与教师人事管理纠纷易发点主要集中在教师权益保障薄弱环节，为了厘清当前中小学教师权益保障的现状与不足，为完善学校人事管理制度和理念提供实践参考，我们以某市小学、初中、高中在岗教职工为调查对象，对公立中小学校教职工的健康状况和权益实现情况进行调查研究。调查研究采取问卷调查和半结构化访谈的形式，调查问卷共发放 5456 份，涉及 157 所样本学校，其中高中 42 所、初中 54 所、小学 61 所，回收有效问卷 5227 份，有效回收率为 95.8%；访谈分四次进行，共有 65 人参加，访谈人员包括区县、学校领导 13 人，一线教师（包含小学、初中、高中三个学段的专任教师和班主任）52 人。研究过程中综合使用 EXCEL、SPSS 软件进行统计分析，样本教师的人口学特征结构统计结果如表 3—3 所示：

表 3—3 样本教师的人口学特征结构统计表

项目	项目值	频率	百分比(%)
学校区位	城市	2274	43.5
	县镇	1569	30.0
	农村	1384	26.5
所属学段	小学	2495	47.7
	初中	1782	34.1
	高中	950	18.2
工作岗位	党政人员	176	3.4
	专任教师	4829	92.4
	教辅人员	118	2.2
	工勤人员	47	0.9
	其他	57	1.1
职称级别	高级职称	1068	20.4
	中级职称	3391	64.9
	初级职称	657	12.6
	未评职称	111	2.1
教龄工龄	2 年以内	223	4.3
	3—5 年	301	5.8
	6—10 年	700	13.4
	11—20 年	1934	37.0
	21—30 年	1688	32.3
	31 年以上	381	7.2
月均收入	2000 元以下	92	1.8
	2001—3000 元	735	14.0
	3001—4000 元	2381	45.6
	4001—5000 元	1637	31.3
	5001—6000 元	276	5.3
	6000 元以上	29	0.5
	空	77	1.5

续表

项目	项目值	频率	百分比(%)
最高学历	研究生	276	5.3
	本科	4012	76.8
	大专	650	12.4
	中专中师	132	2.5
	高中	30	0.6
	高中以下	10	0.2
	空	117	2.2
年龄	25岁及以下	127	2.4
	26—30岁	630	12.0
	31—35岁	1082	20.7
	36—40岁	1155	22.1
	41—45岁	1307	25
	46—50岁	516	9.9
	51—55岁	308	5.9
	56—60岁	102	2.0
性别	男	1150	22
	女	4077	78

(二)中小学教师健康权益保障概况

中小学教师健康权益保障情况包括教师身体健康情况和教师心理健康情况。

一方面,教师身体健康权是中小学教师权益保障的薄弱环节。调查结果显示,中小学教师身体健康平均指数为0.58,教师自我报告身体健康指数为0.49,低于教师身体健康指数的平均值。其一,中小学教师身体健康得分基本呈正态分布,近半数中小学教师身体健康状况低于教师平均健康水平。48.6%的教师身体健康状况得分低于均值24.59分(51.4%的教师在均值以上),有32.3%的教师身体健康状况得分在24～26之间。其二,中小学教师对自身身体健康状况的认知和评价普遍不高。2.5%的教师表示自己身体健康状况"非常好",18.9%的教师表示自己身体健康状况"较好",53.7%的教师表示自己的身体健康状况“一般”，24.9%的教师表示身体健康状况不佳（较差或非常差）。因此，当前中小教师身体健康状况不容乐观，是中小学教师权益保障的薄弱环节。

另一方面，中小学教师心理健康状况总体相对较好。中小学教师心理健康平均指数为0.67，教师自我报告心理健康指数为0.65，略低于教师心理健康指数的平均值。具体来说，有54.5%的教师心理健康状况在均值36.78分以上，54.5%的教师心理健康状况得分在34～40之间，有28.6%的教师心理健康状况得分在36～38之间。从教师心理健康指数看，心理健康指数在0.6以上的教师占调查教师总数的76.9%，心理健康指数在0.7以上的教师占44.7%，心理健康指数在0.8以上的教师占17.6%，心理健康指数在0.9以上的占5.7%。同时，教师对自我心理健康状况的综合评价较好。认为自己心理健康状况“非常好”的教师比重占10.4%，认为自己心理健康状况“较好”的教师比重占39.1%，说明心理健康状况良好的共占教师比重49.5%。此外，表示自己心理健康状况“一般”的占38.9%，表示心理健康状况不佳的共占11.8%。

虽然中小学教师对自我心理健康状况的综合评价总体较好，但“教师性格品质的重要性随着儿童受教育的年龄增长而减弱，也就是说，越是低年级的儿童，越是要求教师具备优良的个性心理品质”[①]。教师的心理状况还会直接或间接地影响学生或其他教师。学校更应该关注自我心理健康状况评价不佳的那部分教师，做到防患于未然。

二、中小学教师权益保障的薄弱环节

（一）教师工作时长远多于法定工作时间

工作时间是指法律规定的劳动者从事生产或者工作的时间，通常包括工作日和工作周，工作日是劳动者工作时间的主要表现形式。根据《国务院关于

① 张清，陈立春.小学教师心理健康状况的调查研究[J].现代中小学教育，2005(11):47.

职工工作时间的规定》第三条的规定，职工法定工作时间为每日工作 8 小时，每周工作 40 小时。实践中，教师的工作时间远远超过国家法定工作时间。世界经济合作与发展组织将教师工作时间界定为教师花费在学校中的工作时间，包括教学时间和非教学时间。具体来说，教师工作时间包括备课、上课、教研科研、辅导学生、批改作业、参加工作培训、联系家长等与工作有关的所有活动所占用的时间。①

中小学教师人均每天工作时间近 10 小时。对调查结果进行量化估算后得出结果显示，在 8 小时法定工作时间之外，教师人均还要额外花费 2 小时的时间用于处理教育教学事务，如备课、批改作业、家访、业务学习等。调查结果显示，28.43％的教师表示要花费 2～4 小时，13.16％的教师表示会花费 4 小时以上的时间。

教师额外工作时间对比分析结果显示，城市教师、高中教师、语数外学科教师、班主任教师、低年龄教师、低教龄教师额外工作时间相对更长，但教师额外工作时间长度的性别差异不明显。(1)不同地域教师额外工作时间对比，城市学校教师人均额外工作时间最长。具体来说，城市学校教师人均额外工作时间为 2.15 小时，县镇学校教师人均额外工作时间为 2.13 小时，农村学校教师额外工作时间为 1.95 小时。(2)不同学段教师人均额外工作时间对比，高中教师人均额外工作时间最长。高中教师额外工作时间为 2.58 小时，初中教师额外工作时间为 2.09 小时，小学教师额外工作时间为 1.91 小时。(3)不同学科教师人均额外工作时间对比，小学阶段教师额外工作时间较长的前五门学科依次是语文、外语、数学、科学、劳动，初中阶段教师额外工作时间较长的前五门学科依次是语文、数学、外语、物理、化学。高中阶段教师额外工作时间较长的前五门学科依次是数学、物理、外语、语文、思想政治。在高中，基本上所有高考考试科目任课教师人均额外付出时间都超过了 2.5 小时。(4)不同教学岗位教师额外工作时间对比，班主任教师比非班主任专任教师付出时间

---

① 郅庭瑾，马云，雷秀峰，等. 教师专业心态的当下特征及政策启示——基于上海的调查研究[J]. 教育研究，2014，(2).

更多，人均每天多付出 15 分钟；专任教师比党政人员付出的额外时间更多，前者为人均 2.12 小时，后者为人均 2 个小时。(5)不同年龄、教龄教师额外工作时间对比分析，越年轻的教师其额外工作时间越长，25 岁以下青年教师额外工作时间则超过了 2.5 小时，40 岁以下教师额外工作时间超过 2 小时；工龄 20 年以内教师额外工作用时超过 2 个小时，付出时间最多的分组是工龄 6～10 年之内的教师。(6)教师额外工作时间长度的性别差异并不明显，男性教师人均额外工作时间为 2.0 小时，女性教师额外工作时间为 2.1 小时。

(二)教师教育教学工作量大

首先，中小学教师平均教育教学工作量情况对比分析。调查结果显示，在一个学期中，中小学教师平均承担 1.48 门课程，为 2.66 个班授课，每周课时数 11.92 节。教师每学期教学工作量方面，约 27%的教师每学期需要为 3～8 个班进行授课，约 30%的教师每学期需承担 2 门以上课程、为 3 个以上班级授课。教师每周教学工作量方面，60%以上的教师周课时数在 12 节以上，20%的教师周课时在 8 节以下，10%的教师周课时在 18 节以上。

其次，不同学段、区域、年龄、性别教师工作量对比分析。(1)不同学段教师工作量对比，小学教师承担的课程数量最多，人均约 2 门课程；初中教师授课班级最多，为 2.8 个班；人均周课时数小学、初中、高中教师依次减少，分别为 13.36 节、10.62 节、10.48 节。(2)不同区位教师工作量对比，县镇和农村学校教师承担课程最多，平均承担 1.59 门课程和 1.54 门课程；城市和县镇学校教师授课班级最多，平均授课班级数为 2.77 个班级和 2.67 个班级；县镇和农村学校教师周课时数最多，分别为 12.31 节和 12.17 节。(3)不同年龄分组教师工作量比较分析，36～45 岁教师承担课程数量最多，平均为 1.54 门；36～40 岁教师周课时数最多，平均为 12.46 节。综合来看，36～40 岁教师教学任务量最重。(4)从性别分组比较分析，女性教师承担课程和周课时数多于男性教师，而男性教师则为更多班级授课。

(三)中小学教师劳动报酬权益状况一般

1.教师劳动报酬的范围

教师劳动报酬权益实现情况主要体现为教师工资和相关福利待遇,劳动报酬是教师作为劳动者通过付出劳动而获得的经济收益,是维持教师基本生活的经济基础和重要依据。《中华人民共和国教师法》第七条关于教师权利的规定中明确,教师享有"按时获取工资报酬,享受国家规定的福利待遇以及寒暑假期的带薪休假"等权利,《中华人民共和国教师法》第二十五条和第二十六条还规定,教师的平均工资水平应当不低于或者高于国家公务员的平均工资水平,中小学教师和职业学校教师享受教龄津贴和其他津贴。

对于教师工资范围,根据原劳动部《关于贯彻执行〈中华人民共和国劳动法〉若干问题的意见》和国家统计局《关于工资总额组成的规定》,职工工资总额包括计时工资、计件工资、奖金、津贴和补贴、加班加点工资、特殊情况下支付的工资等六部分;职工工资总额中不包括有关劳动保险和职工福利方面的各项费用等费用。对于职工福利费用的范围,根据财政部《关于企业加强职工福利费用财务管理的通知》,职工福利费用不包括按月按标准发放或支付的企业为职工提供的交通或车改补贴、住房补贴、通讯补贴、未统一供餐而按月发放的午餐费补贴等,这些补贴费用均应纳入职工工资总额。综上所述,中小学教师的"工资一般包括基础工资、职务工资、课时报酬、奖金、教龄津贴、班主任津贴及其他各种津贴等工资性收入;福利待遇主要包括教师的医疗、住房、退休等方面的待遇和优惠,以及寒暑假期的带薪休假"①。

2.教师对绩效工资满意度一般

《国务院办公厅转发人力资源和社会保障部、财政部、教育部关于义务教育学校实施绩效工资指导意见的通知》(国办发〔2008〕133号)发布后,义务教育学校自2009年1月1日开始推进实施教师绩效工资改革。调查发现,中小学教师工作劳动报酬权益实现情况一般,教师劳动报酬还有待进一步提高。(1)关于教师绩效工资实施情况满意度的调查结果显示,表示满意的教师比例

① 褚宏启,江雪梅等.学校法律问题分析[M].北京:教育科学出版社,2018:151.

为 18.06％，表示“一般”的占 51.54％；表示不满意的占 30.40％。(2)小学、初中、高中三个学段的教师对绩效工资的满意程度依次降低，即使是满意程度高的小学组，在其分组内表示满意的比例只有 20.7％，52.9％的小学教师表示“一般”，26.4％的小学教师表示不满意。(3)不同区域、岗位、职称、年龄、性别等教师对绩效工资的满意度差异情况。第一，不同区域中，城市学校教师的满意程度高于县镇和农村学校教师；第二，不同的工作岗位中，党政人员的满意程度最高，其后依次是工勤人员、其他岗位人员、教辅人员、专任教师。专任教师对绩效工资政策的实施最为不满。第三，不同职称中，未评职称、初级职称、中级职称、高级职称四个分组的满意程度逐渐降低。第四，不同年龄中，41～45 岁年龄段满意度最低，年龄减小和增长两个方向的分组内教师的满意度分别不断提升，形成“V”字形分布规律。第六，按性别进行分组分析，女性教师对绩效工资的满意度比男性教师满意度要高。最后，按月均收入进行分组分析，满意程度最高的是月收入在 6000 元以上，在 2000 元以上的收入群体中，收入越高，其满意程度越高。经过进一步分析，收入在 2000 元以下的教师群体中，以未评职称的、工作时长为 2 年以内的专任教师为主，其大部分为新入职教师，该群体对绩效工资的满意程度尚好。

(四)教师职业病现象普遍

“教师作为一个特殊行业，由于每天靠声音和粉笔跟学生打交道，长时间坐着批改作业和备课，加之工作压力较大，容易患上职业病。”[①]表 3－4 关于教师职业病和其他病症的调查统计表显示，当前中小学教师职业病现象较为普遍。中小学教师职业病症中出现最多的症状是“咽喉炎”，占 81.69％；其次是“颈肩腰疾病”，占 75.51％；再次是“头痛失眠”，占 51.77％，“干眼症”，占 49.53％。

① 郭海燕.教师常见职业病及其预防措施[J].甘肃教育，2016(22)：37.

表 3—4　关于教师职业病和其他病症情况的调查统计表

问题 1:您出现过以下哪些教师职业病的症状?									
选项	咽喉炎	干眼症	静脉曲张	头痛失眠	慢性胃炎	颈肩腰疾病	高血压、心脏病	妇科病	其他病症
小计	4270	2589	1127	2706	1453	3947	1406	1235	201
比例	81.69%	49.53%	21.56%	51.77%	27.80%	75.51%	26.90%	30.29%[1]	3.85%

问题 2:出现过的疾病症状种类。[2]					
转换项	0～1 种	2～3 种	4～5 种	6～7 种	8～9 种
小计	126	769	1699	1841	792
转换项	0～1 种	2～3 种	4～5 种	6～7 种	8～9 种
比例	2.40%	14.70%	32.50%	35.20%	15.20%

[1]在女性教师中的比例;[2]由问题 1 数据转化。

教师自我报告的其他疾病症状中最集中的有:糖尿病、鼻炎、肾炎、甲亢、关节炎、耳鸣、抑郁症、失眠、疲劳。此外还有:视网膜脱落、飞蚊症、声带小结息肉、中耳炎、腰腿疼痛浮肿、风湿、类风湿关节炎、腰椎间盘突出、脑梗死、脑血管痉挛、中风、头痛、高血糖、高血脂、心悸、低血压、贫血、急性甲状腺炎、甲减、甲状腺癌、肝病、慢性结肠炎、阑尾炎、胆结石、结石、乳腺增生、牙痛、皮肤过敏、皮肤湿疹、荨麻疹、胸闷、免疫力低下、免疫力亢进、神经衰弱、健忘、焦虑、脾气暴躁等。

值得关注的是,在被调查的 5227 名教师中,仅有 49 人明确报告没有任何疾病症状,仅占 0.94%。

第四节 学校与教师法律纠纷的法理思辨

随着依法治校理念不断深入地融入学校的办学实践和教育教学管理之中，学校人事制度改革依法推进，学校与教师之间法律关系的变迁和现状日益引起重视。一方面，学校对教师任用形式的不同关系到双方主体之间法律关系性质的不同，进而调整双方法律关系的法律依据也会不同。另一方面，学校与教师法律关系的性质直接影响学校和教师作为法律关系主体的法律地位，进而决定了二者权利义务的内容及其法律救济机制的适用。

一、公办中小学校教师人事制度改革历程

根据学校对教师的任用形式的不同，我国教师人事管理制度的发展变迁主要经历了行政任命制、职务聘任制、教师聘任制等三个阶段。

(一)中华人民共和国成立后至20世纪70年代末，教师行政任命制的确立与实施

中华人民共和国成立后，国家通过行政任命的方式，将教师等事业单位工作人员与政府部门工作人员一并都定位为国家干部，国家对教师与政府部门工作人员的管理形式基本相同，是由国家人事部门按照国家干部的身份进行统一的干部人事管理，在人事任用、职称职务晋升、工资福利、人员奖惩、退休管理等方面适用国家干部管理的一系列政策法规。

根据1957年10月批准发布的《国务院关于国家行政机关工作人员的奖惩暂行规定》(2006年1月1日由《公务员法》废止)第十五条的规定，中小学教师作为事业单位工作人员，比照机关工作人员划分行政级别，确定工资福利

待遇，其奖惩亦参照行政机关工作人员的有关规定。[①] 此后，国务院于1978年1月批转了教育部《关于加强中小学教师队伍管理工作的意见》，该意见明确"中小学公办教师的管理、调配工作，应由县以上各级教育行政部门负责。高师、中师毕业生的分配计划，由省、自治区、直辖市教育部门会同计划部门、人事部门共同制定，派遣工作由教育部门负责"。据此，我国中小学教师在国家身份制体系中属于"干部编制人员"，教师编制的核定由人事行政部门负责，而新教师的派遣和在职教师调配则由教育行政部门负责。从这个角度来说，教师行政任命制就是指教育行政部门根据教育教学工作的需要，有计划地向学校派遣教师的制度。

在教师任命制阶段，"学校行使的是法律授权或教育行政机关委托对教师行使管理的职能，是接受国家的授权来运行教育的具体单位，必须接受国家派任的人员，没有选择的自由，教职工与学校之间的劳动工作关系主要靠行政手段用计划调配的方式建立，无论是确立工作关系、调动工作岗位还是解除工作关系，都由国家决定，与国家工作人员一样基本上适用同一类人事管理的政策和制度，是一种计划录用、行政任命和调配相结合的教师任用制度"[②]。

(二)20世纪80年代初至20世纪80年代末：教师职务聘任制探索阶段

20世纪80年代初，我国开始进入了由计划经济体制向市场经济体制的社会转型进程，教育体制也由此发生了相应的改革和调整，逐步开始了教师职务聘任制度的探索和实践。1985年，《中共中央关于教育体制改革的决定》提出："改革管理体制，在加强宏观管理的同时，坚决实行简政放权，扩大学校的办学自主权；调整教育结构，相应地改革劳动人事制度。"自此，学校教师人事制度改革拉开序幕，并以教师职务聘任制的形式开启了我国教师聘任制探索和初建阶段。

中小学教师职务聘任制度的法治探索方面，1986年国家颁布《中华人民

---

① 陈韶峰.中小学教师的任用及其纠纷的处理[M].北京：教育科学出版社，2009：30.

② 丁文珍.我国学校教师聘任制研究[J].中国教育法制评论，2003：84.

共和国义务教育法》，明确“国家建立教师资格考试制度”，其中并未涉及教育人事管理体制等问题。同年，中央职称改革工作领导小组发布了《关于转发国家教育委员会中、小学教师职务试行条例等文件的通知》（职改字〔1986〕第112号）。该通知明确，中小学教师职务是根据学校的教育教学工作需要设置的工作岗位，中小学教师职务试行聘任或任命制。同时，该通知进一步规定了聘任或任命教师职务的条件、程序和任期要求。中小学教师职务设置情况为：中学教师职务设中学高级教师、中学一级教师、中学二级教师、中学三级教师；中学高级教师为高级职务，中学一级教师为中级职务，中学二级教师和中学三级教师为初级职务。小学教师职务设小学高级教师、小学一级教师、小学二级教师、小学三级教师；小学高级教师为高级职务，小学一级教师为中级职务，小学二级教师和小学三级教师为初级职务。1987 年，为了提高中小学教师职务聘任制相关工作的实践操作性，国务院批准并发布了《国务院工资制度改革小组、劳动人事部关于中小学教师职务工资标准问题的通知》（劳人薪〔1988〕8号），进一步深入推进中小学教师职务聘任制的有效实施。总体来说，《中学教师职务试行条例》《小学教师职务试行条例》《关于中小学教师职务试行条例的实施意见》的相继颁布实施，初步建立了我国中小学教师职务聘任制的基本内容，为推进我国中小学教师聘任制的建立和发展奠定了基础。

（三）20 世纪 90 年代初至 20 世纪 90 年代末：教师聘任制实施与发展阶段

进入 20 世纪 90 年代后，随着我国学校人事制度改革的深入开展，国家先后出台了一系列法律法规和政策文件用以规范和指导教师聘任制的落地执行。教师聘任制作为学校人事改革的核心，是指“学校与教师之间在遵循公开招聘、平等竞争、意思自治、正当程序、择优录取的原则下，在双方法律地位平等的基础上签订聘任合同，就任职期限、任职条件以及双方的权利义务和责任达成协议，依据该协议而形成特殊的教师任用制度”①。

1992 年，党的十四大提出建立机关、企业和事业单位分类管理的人事制

① 祁占勇.中国高校教师聘任制：过去、现在与未来[J].中国教育法制评论，2009：161.

度。“学校开始进行人事制度改革，引入聘用方式，试图打破终身制的国家干部身份，并在部分学校积极进行内部管理体制改革”①。根据以上文件内容，一些公立高等学校逐步进行了教师聘任制的实践探索。1993 年 2 月，中共中央、国务院发布了《中国教育改革和发展纲要》，首次在国家层面提出了“教师聘任制”的说法，具体要求是“积极推进以人事制度和分配制度改革为重点的学校内部管理体制改革。在合理定编的基础上，对教职工实行岗位责任制和聘任制，在分配上按照工作实绩拉开差距”。1993 年 10 月，《中华人民共和国教师法》首次以法律的形式确立了教师聘任制度，提出学校要全面推行教师聘任制并签订具有民事合同性质的聘任合同。《中华人民共和国教师法》第十七条规定：“学校和其他教育机构应当逐步实行教师聘任制。教师的聘任应当遵循双方地位平等的原则，由学校和教师签订聘任合同，明确规定双方的权利、义务和责任。”1995 年 10 月《中华人民共和国教育法》生效实施，其第三十四条进一步明确国家实行教师聘任制度，并赋予学校聘任教师和学校职工的权利。《中华人民共和国教师法》和《中华人民共和国教育法》作为我国教育领域的两大基本法，其确立的教师聘任制从聘任主体、聘任形式、用人合同的性质、双方法律关系等方面均不同于以往的教师任命制度，我国教师聘任制的实施有了明确的法律依据。

为了提高教师聘任制的可操作性和实践性，进一步深化教育人事制度改革，1998 年 12 月，教育部发布《 面向 21 世纪教育振兴行动计划》并得到国务院批转，该文件进一步提出各级各类学校要“实行教师聘任制和全员聘任制”。1999 年 6 月，中共中央、国务院发布了《关于深化教育改革全面推进素质教育的决定》（中发〔1999〕9 号），该决定提出了中小学校教师职务聘任制的基本实施形式，具体为“中小学根据学校编制聘用教师，可面向社会公开招聘，经县以上教育行政部门审批”。

① 李连宁，孙霄兵.《中华人民共和国教师法》条文简释：三[J]. 中国民族教育，1994(3)：18－21.

(四)21世纪初至今:教师聘任制与劳动关系的融合发展阶段

进入21世纪后,事业单位人事制度改革已经取得较大进展,以公开招聘制度、聘用合同制度和岗位管理制度为主要内容的人事管理制度基本建立,学校教师聘任制改革实施进入了新的阶段。

2000年7月,《中共中央组织部、人事部关于加快推进事业单位人事制度改革的意见》(人发〔2000〕78号)(现已失效,于2016年被《人力资源社会保障部关于第二批宣布失效和废止文件的通知》废止)提出,在事业单位全面建立和推行聘用制度,破除干部身份终身制,把聘用制度作为事业单位一项基本的用人制度。通过签订聘用合同,确定单位和个人的人事关系,明确单位和个人的义务和权利。实现事业单位人事管理由身份管理向岗位管理转变,由单纯行政管理向法制管理转变,由行政依附关系向平等人事主体转变,由国家用人向单位用人转变。

2002年7月,《国务院办公厅转发人事部关于在事业单位试行人员聘用制度意见的通知》(国办发〔2002〕35号)颁布实施,该通知要求除按照国家公务员制度进行人事管理的以及转制为企业的事业单位以外,都要逐步试行人员聘用制度,通过签订聘用合同,明确聘用单位和受聘人员与工作有关的权利和义务,并提出了人事争议仲裁作为事业单位人员聘用纠纷的法律解决途径。除规范事业单位人员聘用制度各个环节的程序要求和法定条件外,该文件还提出,受聘人员与聘用单位之间在公开招聘、聘用程序、聘用合同期限、定期或者聘期考核、解聘辞聘、未聘安置等问题上发生争议的,当事人可以申请当地人事争议仲裁委员会仲裁,仲裁结果对争议双方具有约束力。根据该文件,学校教师聘用制度主要包括公开招聘、签订聘用合同、定期考核、解聘辞聘等制度。

在确定人事争议仲裁作为事业单位人事管理争议的法律解决途径的基础上,为了进一步明确事业单位人事争议纠纷的司法审查和法律适用,最高人民法院分别于2003年和2004年发布了《最高人民法院关于人民法院审理事业单位人事争议案件若干问题的规定》(法释〔2003〕13号)和《最高人民法院关于事业单位人事争议案件适用法律等问题的答复》(法函〔2004〕30号),根据以上两部司法文件的规定，事业单位与其工作人员之间因辞职、辞退及履行聘用合同所发生的争议，适用《劳动法》的规定处理。最高人民法院发布的以上两个司法文件，实现了在司法层面事业单位人事关系与劳动关系的融合审理。

为了进一步加强事业单位人事管理，2011 年 3 月，《中共中央、国务院关于分类推进事业单位改革的指导意见》颁布实施，进一步将义务教育与高等教育在公益事业单位中的定位进行细分，明确将公办义务教育学校划归为公益一类事业单位。此后，为明确事业单位工作人员的行为规范和处分制度，2012 年 8 月人力资源和社会保障部等部门发布了《事业单位工作人员处分暂行规定》，从规范工作纪律的角度规定了事业单位工作人员违法违纪承担纪律责任的形式、程序等。具体包括事业单位工作人员处分的种类和适用条件、处分的权限和程序、处分的解除以及当事人对处分行为的救济途径等。此后，国务院于 2014 年 4 月颁布了《事业单位人事管理条例》，该条例对事业单位人事管理的各个环节和内容进行了规定，具体包括事业单位岗位设置、公开招聘程序和要求、聘用合同的签订、履行和解除、工作人员考核与培训、奖励和处分、工资福利和社会保险、人事争议处理等。根据以上规定，对于事业单位人事争议处理来说，事业单位人事争议与劳动争议既有相同之处，也有不同之处。一方面，事业单位工作人员与所在单位作为平等主体发生的争议，与劳动争议性质相同，可以适用劳动争议调解仲裁法的规定。据此，学校与教师发生人事争议的，可依照《劳动争议调解仲裁法》等有关规定处理。另一方面，与劳动争议不同的是，事业单位人事争议还包括工作人员对考核结果、处分决定等不服发生的争议，这类争议不属于平等主体之间的争议，不适用仲裁、诉讼程序。为此，教师对于考核结果、处分决定等不服的，可以申请复核、提出申诉。

为了推进劳动人事争议获得公正、及时处理，规范仲裁办案程序，人力资源和社会保障部于 2017 年 5 月发布了《劳动人事争议仲裁办案规则》。该规则明确其适用范围包括“事业单位与其建立人事关系的工作人员之间因终止人事关系以及履行聘用合同发生的争议”，从而为更高效、更规范地处理学校与教师之间人事争议纠纷提供了依据。根据该规则，学校与其聘任教师之间的人事争议纠纷，申请仲裁的时效期间为一年，仲裁时效期间从当事人知道或者应当知道其权利被侵害之日起计算。

随着教师聘任制改革实践的深入开展，现实中仍存在一些问题，如：学校教师能进能出、能上能下的用人机制尚未真正建立；教师聘用合同的订立、履行、解除、终止，各地做法不统一；教师奖惩等激励保障机制不够健全；学校与教师人事争议处理依据不够明确。对此，有学者认为，“聘任制问题并非教育体制改革所独有，而是国家事业单位人事管理体制改革的产物。教师聘任制改革一旦在学校内部展开，就形成了学校内部管理制度改革的一项重要内容。学校教师人事制度改革的发展方向，最终会形成怎样的面貌，在很大程度上将取决于我国事业单位人事制度改革的走向”①。

二、公办中小学校与教师的法律地位

法律地位是对法律上的人格属性的描述，其与特定法律关系中的权利、义务相对应，是确定某一法律主体是否具备成为某一法律关系的主体的适格性基础。只有具备某一法律主体地位，才能与其他法律主体因一定的法律行为而形成相应的法律关系。与之相应的，只有在一定的法律关系中，才能体现出法律关系主体相应的法律地位，从而形成主体享有权利和承担义务的具体内容。据此，关于学校与教师的法律地位的分析和界定是探讨二者之间法律关系的法理基础。

（一）公办中小学校的法律地位

学界关于学校法律地位的概念界定主要分为三种观点：一种观点是从学校构成法律关系主体的资格角度，将学校法律地位界定为学校作为教育教学活动的社会组织和机构在法律上所享有的权利能力、行为能力和责任能力。②第二种观点借鉴了《牛津法律大辞典》和我国《法律大辞典》关于法律地位的解释，认为学校法律地位是指学校作为法人或者法律主体的地位，是学校的权利

① 劳凯声.教师法律地位的历史沿革及改革走向[J].中国教育学刊，2009(9):25.

② 褚宏启.中小学法律问题分析(理论篇)[M].北京：红旗出版社，2003:37.

和责任的统一体。[①] 第三种观点参照了美国《布莱克法律辞典》关于“地位”的解释，认为学校法律地位是指个体属于某类的权利、责任、能力和无能力，具体来说就是研究学校属于某类，以及属于此类的权利、责任、能力和无能力是什么。[②] 综合分析以上观点和定义，有研究认为，区分“学校法律地位”与“学校法人地位”的意义已经不大，用“学校法人地位”取代“学校法律地位”更符合学校法人化趋势。[③] 因此，学校法律地位是对学校法律上的人格属性的描述，与学校法人地位含义趋同，并包含学校法人属性的基本内涵。

关于公办中小学校的法人地位和法人属性，本书已在第二章第三节中做了论述，此处进一步从学校组织人事管理和学校办学实践中的法人特征等实然层面展开分析。

由于《中华人民共和国义务教育法》经过两次修法(2006 年、2015 年)均未明确公办义务教育学校的法人资格，学界关于公办中小学校是否具备独立法人地位的讨论一直没有间断。近年来，认为公立义务教育学校不具有独立法人地位的理论探讨越来越多。原因在于“《中华人民共和国义务教育法》规定的国家责任已经从法律上剥夺了义务教育学校作为法人应具有的权利，义务教育学校实际上已不再具备法人的成立要件”[④]，“学校自筹资金的渠道逐渐被行政手段切断。免费义务教育确立了由各级财政负担的经费制度，形成了‘中央领导、省级统筹、县级管理’的管理机制。绩效工资施行后，学校办学经费与教职工的薪资待遇基本上与学校自身的统筹能力脱钩”[⑤]。

根据《中华人民共和国民法总则》第五十八条的规定，事业单位法人成立的具体条件和程序，可以依据《事业单位登记管理暂行条例》等确定。我国《事

① 黄葳.教育法学[M].广州：广东高等教育出版社，2002：149.

② 劳凯声.变革社会中的教育权与受教育权：教育法学基本问题研究[M].北京：教育科学出版社，2003：241.

③ 石正义.高等学校法律地位研究述评[J].中国教育法制评论，2006：132.

④ 劳凯声，蔡金花.教师法律地位的历史沿革及改革走向[J].中国教育学刊，2009(9)：22.

⑤ 黄道主，邓伟.义务教育学校的法人困境及建议[J].教育导刊，2014(10)：30.

业单位登记管理暂行条例》明确了事业单位的范围及事业单位法人的登记要件。根据该条例，其一，事业单位是指国家为了社会公益目的，由国家机关举办或者其他组织利用国有资产举办的，从事教育、科技、文化、卫生等活动的社会服务组织。公办基础教育学校的举办者通常是主管教育行政部门，符合该条例关于事业单位举办者和行业范围的规定，应属于事业单位。其二，《事业单位登记管理暂行条例》第六条关于事业单位法人登记的条件包括："（一）经审批机关批准设立；（二）有自己的名称、组织机构和场所；（三）有与其业务活动相适应的从业人员；（四）有与其业务活动相适应的经费来源；（五）能够独立承担民事责任。"对比以上事业单位法人登记条件要素逐一分析可以发现，公办中小学校是经审批机关批准设立，有自己的名称、组织机构、场所，有从事教育教学活动所需的教职工，其经费来源主要是财政拨款，能够以自身名义独立承担民事责任。此外，实践中公办中小学校基本都持有事业单位法人登记证。综上所述，应确定并保持公办中小学校事业单位法人地位，从而为推进依法治校、完善学校法人治理结构以及建设现代学校制度奠定法理基础。

（二）教师的法律地位

探讨教师的法律地位，应当综合考虑教师的任用主体和教师的任用形式。结合不同国家的教师任用机制，教师任用主体一般分为学校和政府，教师的任用形式一般分为任命制和雇用制。根据教师任用主体和教师任用形式的不同组合，各国对教师法律地位的界定可以分为公务员、公务雇员和雇员三类。第一类，由政府任命教师，其法律地位为公务员。在这种关系下，教师的主要职责是完成国家交付的教学任务，教师的这一职务行为具有浓厚的公法色彩，并且由于国家对教育仍实施严格的管理，国家与教师的关系应属于国家公职关系，教师具有类似公务员的法律地位。德国、日本等大陆法系国家一般将公办学校教师的法律地位界定为公务员或教育公务员。在德国，大学中的正式教授具有国家公务员身份，而科学顾问、编外教授和兼职教授则属于大学的雇员。第二类，由政府雇佣教师，教师的法律地位是公务雇员。在这种关系下，教师兼具公务员和雇员的双重身份，在英国、美国等英美法系国家，学校的教师一般是由地方政府任命，并且双方通过签订合同的方式明确约定教师在教学过程中的权利和义务，教师在依照合同履行教育教学职责的过程中享有某些公务员的权利并履行相应的义务。当教师认为自身的权利受到侵害时，教师既可以选择根据合同产生的契约关系向法院提起诉讼，也可以选择适用公务员的权利救济途径而提起行政申诉。[①] 第三类，由学校雇佣教师，教师的法律地位是学校雇员。在这种关系下，学校与教师通过签订聘用合同的形式确定教师的权利、义务和工作职责，学校和教师双方的权利义务由双方签订的合同予以确定。“欧洲部分国家将义务教育阶段教师定位为雇员，由学校校长雇佣，但由政府支付教师工资。学校在其权限范围内可以决定教师的雇佣和解雇，向教师布置任务、监督和评价教师的工作。教师在雇用期限内享有教育自由权以及作为公民应享有的其他权利，并在某些方面享有较公务员和公务雇员更多的权利，如争议权、罢工权受到限制的程度较低。”[②]

当前，我国现行法律法规并没有明确规定教师的法律地位，仅通过《中华人民共和国教师法》第三条的规定列明了教师的身份属性，即“教师是履行教育教学职责的专业人员”。结合前文关于学校法律地位的表述，学校属于事业单位法人，根据《事业单位人事管理条例》的规定，学校作为事业单位，在用人方式上应当采用聘用制形式，通过与工作人员签订聘用合同确立人事关系。而教师作为学校的工作人员，其任用形式即为聘用制。因此，我国学校教师任用机制的基本形态就是以学校聘用教师，双方签订聘用合同的形式呈现。从这个角度讲，我国教师的法律地位应界定为学校雇员。结合前文所述，当前教师权利救济途径并不畅通。对于学校做出的处分决定、考核结果、职称评定存在异议或者认为损害自身权利的，教师往往只能通过复核、申诉等途径进行救济，而不能获得仲裁、诉讼救济。因此，教师在权利救济途径方面不同于一般

---

① 劳凯声，郑新蓉. 规矩方圆——教育管理与法律[M]. 北京：中国铁道出版社，1999：254.

② 劳凯声，蔡金花. 教师法律地位的历史沿革及改革走向[J]. 中国教育学刊，2009(9)：23.

劳动者或者雇员，具有“准公务雇员”或者“教育公务员”[1]的性质。

三、公办中小学校与教师的法律关系

学校与教师的法律关系，从法学角度看主要是“学校与教师之间因一定的法律行为而产生的彼此之间具有约束力的权利和义务关系”[2]。公办中小学教师聘任制下，学校与教师通过签订聘用合同确定双方的法律关系。《中华人民共和国教师法》第十七条规定，“学校和其他教育机构应当逐步实行教师聘任制。教师的聘任应当遵循双方地位平等的原则，由学校和教师签订聘任合同，明确规定双方的权利、义务和责任”。据此，教师聘任制下，学校与教师之间的人事关系体现了法律地位平等、协商、合意等特征。

(一)民事法律关系兼具行政法律关系

结合《国务院办公厅转发人事部关于在事业单位试行人员聘用制度意见的通知》的规定，教师聘任制下学校与教师之间的人事关系在成文法中的应然状态包括以下特征：一是法定性，是指学校对教师的聘任和管理是我国教育法律法规明确规定的，学校对教师的人事管理由单纯的行政管理向法治管理转变。二是管理性，是指学校享有按照章程自主管理以及按照国家有关规定进行人事管理的权利，教师有义务配合学校的人事管理制度和行为，并服从学校按照合法程序做出的奖励和处分决定。三是平等性，是指教师聘任制强调聘任双方以平等的身份订立聘用合同，双方可以根据自己的真实意思，选择自己中意的相对方，自愿采纳合同的内容 ，任何一方不得将自己的意思强加于对方。四是程序性，是指重视保障教师合法权益，学校不得随意解聘教师，而是必须履行严格明确法定的解聘程序。但是，实践中学校与教师之间的法律关系与法律规定的应然状态存在很大差距。一是法律对于学校与教师双方权利义务的规定不对等，具有行政关系的色彩；二是教师聘任制与教师资格制度、

---

① 谷昆鹏，秦惠民. 基础教育与高等教育公立学校教师法律地位辨析[J]. 中国人民大学教育学刊，2015(1)：122.

② 韦保宁. 公立高等学校和教师法律关系的重构[J]. 中国教育法制评论，2009：18.

教师职务制度关联在一起，在教师的资格认定和职称授予的过程中，聘任教师的学校具有决定性的影响力[①]，这一点在高等学校与教师之间体现得尤为明显。根据以上规定，教师聘任制下公办中小学校与教师之间的法律关系是兼顾行政法律关系和民事劳动法律关系的特殊教育法律关系。

(二)民事法律关系比重多于行政法律关系

界定学校与教师法律关系的性质，还应当与聘用制下学校对于教师的人事管理、资格认定等环节相结合。根据现行法律法规的规定，学校对于教师的人事管理、职业要求和资格认定主要涉及教师职业资格、职称制度、职务制度等方面。

第一，关于教师职业资格，《中华人民共和国教师法》第十条、第十一条和第十三条分别规定了教师资格制度，并列明了取得教师资格的学历要求、教师资格的认定主体和基本程序等内容，《教师资格条例》进一步规定了中小学教师资格和高等学校教师资格的认定主体。该条例第十三条规定，小学和初级中学教师资格的认定主体是教师户籍所在地或者教师任教学校所在地的县级人民政府教育行政部门；高级中学教师资格则是由教师户籍所在地或者教师任教学校所在地的县级人民政府教育行政部门审查后，报上一级教育行政部门认定。第二，关于教师的职称制度，2017 年发布的《中共中央办公厅、国务院办公厅关于深化职称制度改革的意见》提出了教师职称制度改革的方向和总体要求，在此基础上，教育部、人力资源和社会保障部联合发布了《关于做好 2017 年度中小学教师职称评审工作的通知》，明确中小学教师职称评定工作的基本程序是“个人申报、学校考核推荐、专家评审、人力资源和社会保障部门审核确认、学校聘用”，高等学校教师职称评审权则直接下放至高校，主体责任由高校承担。第三，关于教师职务制度，《中华人民共和国教师法》第十六条规定：“国家实行教师职务制度”，《中华人民共和国教育法》第三十五 40. 条规定：“国家实行教师资格、职务、聘任制度，通过考核、奖励、培养和培训，提高教师素质，加强教师队伍建设。”在此基础上，关于中小学教师职务制度，《中学教

① 周光礼. 教育与法律[M]. 北京：社会科学文献出版社，2005：114.

师职务试行条例》第十七条规定，中学教师职务的评审工作，由省、地、县三级教育行政部门领导，并分别设立中学教师职务评审委员会。各级评审委员会由同级教育主管部门批准。学校设立评审小组，由县级教育行政部门批准。《小学教师职务试行条例》第十五条规定，小学教师职务的评审工作，由省、地、县三级教育行政部门分级领导，并在地、县两级分别设立小学教师职务评审委员会。各级评审委员会，由同级教育主管部门批准。学校或学区设立评审小组，由县级教育行政部门批准。

从《行政许可法》的视角，教师资格认定、教师职称评定和教师职务评审制度均属于行政行为。由于中小学校不是教师资格认定、职称和职务评审的主体，中小学校与其聘用的教师之间不能因以上行政行为而形成直接的行政法律关系，二者基于双方的法律地位和聘用合同内容更多地体现为民事劳动关系的特征。

第四章　权利保障视角下学校教育纠纷校内预防机制

第一节　依法治校 建章立制

学校是教育事业最基本的组织机构，依法治校是在教育领域践行全面依法治国基本方略的重要环节，是依法治教的重要组成部分。《教育部关于加强依法治校工作的若干意见》(教政法〔2003〕3号)提出，依法治教是深化教育发展改革和推动教育发展的重要内容，依法治校是依法治教的重要组成部分。《全面推进依法治校实施纲要》(教政法〔2012〕9号)进一步对依法治校的内涵和外延进行了归纳，提出学校要建立公正合法、系统完善的制度与程序，以提高学校章程及制度建设质量、规范和制约管理权力运行、推动基层民主建设、健全权利保障和救济机制为着力点，落实和规范学校办学自主权，切实落实师生主体地位，依法落实和保障师生的知情权、参与权、表达权和监督权，增强运用法治思维和法律手段解决学校改革发展中突出矛盾和问题的能力，全面提高学校依法管理的能力和水平。《依法治教实施纲要(2016－2020年)》要求，到2020年形成系统完备、层次合理、科学规范、运行有效的教育法律制度体系，形成政府依法行政、学校依法办学、教师依法执教、社会依法评价、支持和监督教育发展的教育法治实施机制和监督体系。

一、中小学章程建设的逻辑遵循

章程建设是中小学依法治校的制度基础。基础教育学校在组织结构、发展水平和利益相关主体的个性化诉求等方面具有一定差异，学校不仅应当遵守宪法法律等规定，还应当根据上位法（包括宪法、法律和地方行政规范性文件等）要求并结合学校办学实际情况，制定学校章程和各项校内规章制度作为学校治理的内部依据。

章程是学校基于法定的权限和职责，就学校重大问题做出规定的纲领性文件，是学校依法自主办学和实施管理的基本准则，也是“政府、社会对学校进行管理和监督的依据”[①]。《全面推进依法治校实施纲要》（教政法〔2012〕9 号）规定，到 2015 年，我国高等学校、普通中小学、幼儿园、中等职业院校要全面形成一校一章程的格局。实践中，我国各省市主要采取“先高校后中小学”的章程建设路径，部属高等学校和地方高等学校章程建设工作于 2015 年年底基本完成，各省市推进中小学章程建设的进度和力度存在一定差别。通过在教育部网站和地方教育行政部门网站查询了解到，浙江、河北、广东、山东、陕西、上海、成都、青岛、天津等省市分别于 2015 年、2016 年相继出台了关于中小学章程建设的规范文件，为本地区中小学章程建设提供了政策指导。

中小学校推进依法治校需要解决三个层面的问题：一是“有法可依”，二是所依之法为“良法”，三是学校依法“善治”。其中，“有法可依”是依法治校的前提，所依之法为“良法”是依法治校的根本原则，学校依法“善治”是依法治校的目的和最终追求。

首先，章程为中小学依法治校提供“可依之法”。中小学依法治校的“可依之法”包括两个层面的内容：一是国家层面的“法”，即教育类法律法规；二是学校层面的“校内法”，即学校制定的校内规范体系，包括学校章程和以章程为核心的各项规章制度。对于中小学而言，积极进行章程建设能够为学校依法治

① 王海崴，张秋芽. 章程建设助推中小学向现代学校转型[J]. 福建教育，2015(12)：24.

校工作提供“校内法”依据，进而明确学校依法治校工作如何开展，从何处着手、有哪些重点工作等，为中小学依法治校提供依据和抓手。

其次，有“良法”才能“善治”。“良法”在规范结构方面标准包括“立法过程的民主化、立法表达的规范化、立法体系的科学化”①。一部具备“良法”属性的章程应当具备以下特点，一是章程制定程序民主化、公开化；二是章程内容合法，表述规范；三是章程文本要素完备，通过制度创新构建和完善学校内部治理机制；四是章程有效实施的保障和监督机制建立健全。中小学校应当以章程建设为契机，进一步理顺学校管理体制和决策机制，推动学校内涵式发展，从“学校管理”内生为“学校治理”，全面提升学校办学水平和学校品质。

最后，依法治校的最终目标是实现学校依法“善治”。章程通过明晰学校内部决策机制、管理体制和教育教学秩序，确定举办者、学校、校长、教师、学生等各个主体的权利(力)义务关系，理顺中小学治理过程中不同校内机构的“权力”分配，实现学校治理过程中“权利”对“权力”的监督和约束，以及“权力”之间的相互制衡，形成学校依法办学、规范管理、自主发展、民主监督、社会参与的良性治理机制，并建立起现代学校制度。

二、中小学章程的制定程序

在章程制定过程中，中小学应当遵循民主、公开的原则，广泛听取学校教师和学生代表、组织机构、教育行政部门和社会的意见建议，使学校章程制定过程成为学校总结办学经验、探索办学规律、凝聚主体共识的过程。

学校章程起草组织应当具备合法性权威。中小学章程的制定程序可以细分为章程的前期调研、起草、讨论、定稿、学校审议通过、主管教育行政部门审核、生效等环节。在章程制定的实践环节，中小学应当成立由学校主要领导牵头的章程制定工作小组，工作组主要负责章程的调研、起草、讨论和修改等工作。章程起草工作组的合法性权威是章程文本合法规范的“物质保障”。

章程起草工作组应具备合法性权威包括两个层面，一是提升章程起草工

---

① 李龙，王进元．良法标准初探[J]．浙江大学学报(人文社会科学版)，2001(3)：5.

作组织的合法权威，二是提升章程起草工作组织的合格权威。[1] 前者指章程起草工作组织的成员构成、工作程序要符合法律法规的规定；后者指章程起草工作组织的成员应当具备章程制定相应的专业知识，了解章程建设有关的法规和政策要求，掌握地方和本校章程建设的现状和问题。本书认为，中小学章程起草工作组应当由校长牵头，成员包括党组织书记、副校长、人事和教学部门中层干部、法治或德育教师等构成。工作组在章程制定过程中，应当广泛听取教师代表、学生代表、家长代表、社区代表、教育专家、法学专家和教育行政部门代表的意见和建议，对于已经聘任法律顾问的中小学，可以根据学校法律顾问合同的规定，让学校法律顾问参与和指导学校做好建章立制工作。

章程制定程序应当依法民主公开。首先，在章程制定过程中，中小学校应当确保本校的师资、人员处于主导和主体地位，而不是将章程制定工作全权委托校外第三方进行。学校章程制定成员应当覆盖学校管理、教学、行政等不同工作领域，并挖掘学校各方面的人力资源，适当吸纳具有法学类专业背景的教师、校外专家学者等。其次，章程制定过程中应当充分听取教代会、家长委员会、学生会以及校友会等校内外团体的意见和建议，在保证章程起草符合民主参与要求的基础上，由章程起草小组对各方意见进行集中和分析，拟定出内容全面、实践性强、合法规范的章程草案，进而按照法定程序审议和实施。再次，章程制定过程中要构建多方位、多角度的意见传递机制，不仅畅通“自上而下”“从内到外”的意思传递渠道，还要构建“自下而上”“从外到内”的意见表达和民意反馈机制，让利益相关者能够表达意见，且意见能够获得章程制定主体的有效反馈。最后，中小学利益相关主体参与学校章程制定的过程，既有利于其加深对章程的认识，也为章程的有效实施和监督提供人文基础。

---

① 周晨琛.我国中小学教师轮岗政策的合法性分析[J].教育发展研究.2015(8):65.

三、中小学章程文本的核心要素

(一)学校章程文本应当合法、规范并凸显特色

首先,章程是为规范学校办学行为、保证学校正常运性的全局性、纲领性文件,不得与法律、法规、规章以及其他具有法律效力的规范性文件相抵触,不能超越本校职权或法律、法规的授权范围。

其次,章程应当具备“法言法语”的基本特性,其语言和行文“应力求明确、规范、朴实,避免使用含义不清、不规范、口语化的语句,并且章程的条文应以完整的陈述句表述”①。章程文本用语、行文的专业性和规范化是保证章程实施效力和权威性的应然要求。实践中,章程结构设计不合理、语句不够精简和表达不规范等问题,大大降低了学校章程的质量和章程作为学校“最基本的纲领性文件”应有的严肃性和权威性。

再次,中小学章程应当具有校际差异,要体现学校特色和改革精神,能够凸显学校自身的办学特色。在法律、政策的框架内,学校仍有许多可以自主决策和创新的空间。“学校改革探索中形成的有自身特色的做法、规则,内部通过民主程序形成的制度、共识等,都可以通过章程予以确认,形成具有学校自身特色的制度文化。”②中小学章程应在深入挖掘学校的办学历史和文化传统的基础上,着眼学校未来的使命和理想,凝练出全校师生有共识的自身独特的办学理念和内涵。结合实践来看,学校办学特色一般在中小学章程的办学宗旨、教学理念、学校管理权力分配、章程结构、语言应用等方面得以体现。

(二)学校章程文本的七项核心内容

中小学校应当根据教育法律法规的规定,结合学校教育教学实际,在学校章程中明确规定学校办学理念和宗旨、权力划分和决策机制、组织机构和管理体制、经费使用和资产管理、人事制度、师生权利义务及其保障措施、纠纷解决机制等学校重大基本问题。中小学章程的主要内容可分为七部分。

---

① 刘然.关于我国中小学法人章程建设的思考[J].学子,2015(1):13.

② 王大泉.学校章程助力中小学建设现代学校制度[J].辽宁教育,2016(3):22.

一是学校的基本信息。包括学校的名称、简称、英文译名等，学校的法定住所地和办学地点，学校的机构性质和隶属关系，学校的招生对象、办学层次与规模，学校的办学宗旨、发展目标、办学特色等，学校校歌、校训、校徽、校旗、纪念日等学校标识。二是学校的治理结构。包括学校的组织机构和管理体制、民主参与和决策机制。章程应当明确学校的领导体制，基层党组织的政治核心作用，校长权限和责任，校务会议的工作机制，校务委员会的性质和职能、学校领导干部的产生与任命机制，教职工代表大会(教职工大会)的职责和工作程序，内设机构的组成、职责、管理体制，教育教学管理体制机制，家长委员会的产生方式和主要职能、信息公开制度，校内主体权利保障与救济机制等。三是学生权利义务与管理评价机制。包括学生的范围和界定，学生的权利与义务，学生权利救济机制，学校对学生实施学籍管理，学生评价体系，学生资助等。四是教师的权利义务与聘任考核机制。包括教师的范围和界定，教师的权利和义务，教师权利救济机制，教师聘任制度和考核机制，教职工福利待遇等。五是学校资产与经费管理。包括学校的经费来源和财产属性，经费使用原则，财务管理制度，接受捐赠的规则与办法等。六是学校与家庭、社会关系。根据《教育部关于建立中小学幼儿园家长委员会的指导意见》的规定，鼓励中小学建立家长委员会制度。此外，中小学校可结合办学实际，在章程中明确社区参与办学、对外交流合作以及学生会、校友会等各类组织机构的地位、宗旨以及基本的组织和议事规则。七是章程的实施要求和监督机制、修订程序、解释权归属和实施日期等内容。实践中也有部分中小学校将学校标识的相关内容在该部分表述。

(三)学校章程文本制定的几个关键问题

一是学校基本信息应与学校《事业单位法人登记证书》中的内容一致。章程中学校基本信息部分关于学校名称、住所地、办学宗旨、法定代表人、经费来源、举办者或举办单位等的规定应当与学校《事业单位法人登记证书》中载明的事项保持一致。对于具有一定社会美誉度和公众认可度的中小学“名校”而言，在章程中明确学校的名称、简称、校训、校歌、校风等学校标识，有利于避免和应对可能发生的中小学标识相关的商标纠纷。

二是学校校长职权应当结合学校办学实际并符合现行政策法规的规定。首先，现行法律法规中关于中小学校长职权内容的规定可以在宏观上为章程相关规定指引一定的“立法方向”。《中华人民共和国教育法》第三十条规定“学校的教学及其他行政管理，由校长负责”。《国务院关于加强教师队伍建设的意见》(国发〔2012〕41号)提出了“完善中小学学校管理制度，发挥好党组织的领导核心和政治核心作用，健全校长负责制，实行校务会议等制度，完善教职工参与的科学民主决策机制。”其次，教育部发布的关于中小学校长专业标准和工作要求的相关规定，可以为中小学章程中关于校长职权的内容提供一定的“立法依据”。教育部2013年发布的《义务教育学校校长专业标准》提出义务教育学校校长的6项专业职责为“规划学校发展、营造育人文化、领导课程教学、引领教师成长、优化内部管理、调适外部环境”。最后，地方省市发布的关于校长负责制和校长工作相关的专项规范文件对于中小学章程中校长职权的规定具有一定的“立法参照”价值。如：上海市2010年发布的《上海市中小学校长工作意见》提出了中小学校长依法享有的7项职权，包括：(1)对学校教育教学和行政管理的决策和指挥权；(2)决定学校内部机构和岗位设置，聘任中层干部；(3)制订并实施学校内部劳动、人事管理和分配制度改革方案；(4)制订学校的课程方案和教学计划，组织教学活动；(5)依法合理安排和使用学校资产；(6)对教师和学生进行考核评价，按照规定对教职工进行奖惩；(7)法律法规和规章授予的其他职权。

三是明确校务委员会的性质和职能。《全面推进依法治校实施纲要》提出中小学要“建立有教师、学生及家长代表参加的校务委员会，完善民主决策程序”。据此，中小学校务委员会的性质应当是学校决策机制中的“咨询、协商、审议与监督机构”，其成员包括但不限于教师、学生和家长代表。部分省市关于中小学校务委员会的专项规定是对《全面推进依法治校实施纲要》的有效补充。宁波市2014年发布的《关于推进建立健全中小学校校务委员会制度的意见》将校务委员会界定为学校的议事监督机构，是对“校长负责制”的补充和完善，并提出中小学校务委员会的4项职能，一是提出有关学校管理、师生发展和涉及家长切身利益的相关事项的意见和建议；二是对学校发展规划、年度工作计划、重大改革项目、重要管理规章等重大事项的审议决定权；三是沟通协调功能，争取社会各界对学校办学的关心和支持，整合各种教育资源；四是对学校办学行为、教师教学行为和学校管理水平进行监督评价提高学校规范管理水平。此外，关于中小学校务委员会的职能和定性问题，还可以参照教育部2014年颁布的《普通高等学校理事会规程(试行)》的相关规定。

四、学校章程运行实施的监督与保障机制

制定章程的目的在于实施章程，中小学章程建设的核心和落脚点是章程的有效实施。章程的有效实施比章程制定更为复杂和困难，需要教育主管部门、中小学校的校长、教师、学生、学生家长以及社区等多个主体的积极参与。

(一)章程有效实施的保障措施

首先，学校章程难以发挥实效的原因之一是中小学自主管理和办学自主权难以落实。对此，地方政府尤其是教育行政部门应当进一步转变职能，明确权力清单，在法律的框架下把应当属于学校的权力归还学校，让学校章程真正成为保障和实现中小学自主管理的"基本法"。其次，章程经核准机关核准后，学校应当面向教师、学生和家长做好章程宣传教育和章程实施培训工作，并根据《事业单位登记管理暂行条例》及其实施细则的规定，将核准后的章程报机构编制部门办理登记手续。最后，在章程发布后，中小学校应当以章程规定为依据，做好校内各项制度的"立、改、废"工作，及时废止或修订与现行政策法规不相吻合的制度，补充完善现代学校制度建设所必需的制度，形成以章程为核心的学校管理制度体系，并让静态的制度规范"动起来"，实现以制度管人、管事，让依章办学常态化。

(二)章程有效实施的多元动态监督机制

构建全面、动态和多元化的章程实施监督机制是推动中小学章程的有效实施的必备条件。根据监督阶段的不同，中小学章程实施的监督机制包括章程实施前的"控制性监督"和章程实施的"过程监督"。根据监督主体的不同，章程实施的"过程监督"又包括校内监督和校外监督。

首先，章程实施前的"控制性监督"主要体现在章程制定环节中，通过章程

制定主体的多元构成和民主参与实现对章程制定的事中监督，保证章程的“良法”属性，为章程有效实施奠定基础保障。其次，校内监督方面，中小学校应当依托教代会、学代会(高中)等机构和相关制度，对章程和校内规章的实施进行动态监督，明确章程实施的监督主体、监督程序和违规处置机制等。学校章程实施的监督机构应当依据章程审查学校内部规章制度，受理对违反章程的管理行为、办学活动的举报和投诉。最后，校外监督方面，一是加大章程的公开力度和宣传范围，重视家长委员会、理事会等对学校章程实施的监督与意见反馈；二是充分发挥教育督导对中小学章程实施和依章办学的督导力度，中小学章程实施情况应当作为对学校绩效考核和学校领导任用考察的重要内容。

第二节　多元治理 职责清单

“以自主发展为核心的学校改革提倡教育管理要从行政‘外控形态’到校本‘内控形态’转变，其核心思想是把学校作为决策的主体，运用分权、授权、协作和重心下移等形式构筑学校与外部(上级主管部门、社区等)及学校内部(校长、教师、学生等)的新型关系。”[①]基于此，中小学办学过程中需要重点调整好三方面的关系：一是政府与学校的关系，要合理划分政校权责，强化政府的宏观统筹与教育服务功能，加强校本管理的进度和实施；二是学校内部关系，包括决策机构、民主参与主体、多元监督主体等多元主体在学校治理过程中的关系，构架起“权力制衡权力、权利约束权力、权利监督权利”的三维治理机制；三是学校与家长、社会的关系，促进家长、社会参与学校管理，构建“学校—家庭—社会”多方互动的社会联动体系。

中小学多元治理体系的构建，其结构性的制度基础是建立健全中小学职

---

① 殷建义，冯健. 理事会：现代学校制度创新的一种模式选择[J]. 江苏教育，2009(9)：36.

责清单制度，通过明确学校及其内部职能部门和内部机构的职责权限，确定学校管理权力的运行路径和行使边界，推动学校管理权力的依法、规范和公开运行。具体来说，学校职责清单就是学校根据法律法规、学校章程和校内制度性文件的规定，依法科学规范地界定学校和校内职能部门的职责，并以清单的形式列明主要职责和具体职责事项，以及具体职责事项的法定依据、实施部门、实施流程、运行要件、责任事项和监督方式等。中小学校职责清单制度通过依法界定学校及校内职能部门的职责权限、职责实施要件和实施要求等基本内容，有利于形成决策、执行、监督相互协调、相互制约的现代学校治理体系，为维护广大师生合法权益、推动学校依法自主办学、提升学校治理能力提供了保障。

一、中小学职责清单制度的基本原则

（一）合法性与规范性原则

合法性与规范性原则强调学校职责事项要有法定依据和明确的“出处”。一方面，学校职责清单事项的实施主体、内容和实施程序等应当符合现行法律、法规、规章和规范性文件的规定。另一方面，列入学校职责清单的每一个职责事项都要有学校章程规定或者相应的学校制度性文件作为校内法定依据。学校制度性文件是指中小学校根据国家和地方法律法规以及学校章程的规定制定，并以学校名义成文公布的规范性管理制度。学校制度性文件是学校职责清单的“校内法渊源”[①]和制度基础。中小学校在确定和编制学校职责清单之前，应当根据法律法规和学校章程的规定，对学校制度性文件进行系统梳理和整合，并及时开展学校制度性文件“立、改、废”系列工作，从而为学校职责清单的合法性与规范性奠定基础。

（二）法定职责必须为原则

“法定职责必须为”是基于行政职责的强制性而确定的依法行政原则。行

① 法的渊源的基本含义主要是指法的来源或法之栖身之所，也有著述称法的渊源主要指法之产生的原因或途径，故法的渊源亦可简称法源。周旺生，朱苏力．北京大学法学百科全书：法理学·立法学·法律社会学[M]．北京：北京大学出版社，2010：212．

政职责的强制性或者说法定行政职责必须为要求“行政主体及其行政人在行政管理中必须履行行政职责，否则会被强制要求承担行政责任”①。之所以强调中小学校尤其是公立中小学校“法定职责必须为”，一方面，中小学校是实施国家基础教育的社会组织，中小学校承担的教育职能具有强制性(义务教育阶段)、公益性、普遍性等基本特点，学校教育职责的覆盖范围较广，中小学是否依法履行职责往往关系到广大适龄学生群体及其家庭的切身利益。另一方面，在中小学校与主管教育行政部门之间的“外部行政关系方面，学校一直是政府部门的下属机构。学校法人化虽然削弱了学校隶属于政府的纵向关系，但并没有改变其教育行政部门的委托机构的地位”②。正是基于以上两方面原因，中小学校的法定职责必须依法依规及时履行。

(三)科学性与实践性原则

中小学职责清单制度的基本内容和结构设置应当具有科学性和实践性。一方面，中小学校应当结合办学实际，根据法律、法规、规章、规范性文件和学校章程的规定系统全面地梳理学校职责事项，科学设置列入清单管理的学校事项，对于有关职责需细化的，可分类细化为若干子项。在此基础上，中小学校应当逐项梳理法定依据、工作流程和运行要件，明确办理机构和职责。另一方面，中小学职责清单的制定逻辑应当兼具科学性与实践性，从权源上依法核定职责、从边界上依法界定职责主体、从流程上依法规范运行三个方式着手，实现职责合法、权限明晰、运行规范、责任到位。③

二、中小学职责清单的基本内容

根据《中华人民共和国教育法》《中华人民共和国义务教育法》《义务教育学校管理标准》等法律法规、规章和规范性文件的规定，结合中小学依法治校的实践情况，中小学校主要职责包括五个方面：一是组织实施教育教学活动，

---

① 胡建淼.行政法学[M].北京：法律出版社，2016：529.

② 黄道主，邓伟.义务教育公立学校的法人困境及建议[J].教育导刊，2014(11)：29.

③ 邱曼丽.职责法定化是制定权力清单的前提[J].中国党政干部论坛，2015(4)：77.

二是规范学生管理，三是教职工依法管理，四是财务、资产和后勤管理，五是学校其他管理职责。

（一）组织实施教育教学活动职责

学校组织实施教育教学活动职责可以分为七项具体职责事项：一是落实国家课程方案和课程标准，根据《义务教育学校管理标准》第四十八项，小学和初中学校应当落实国家义务教育课程方案和课程标准，严格遵守国家关于教材、教辅管理的相关规定，确保国家课程全面实施。二是开设地方课程或校本课程，根据《义务教育学校管理标准》第四十九项，小学和初中学校应当根据学生发展需要和各方面的资源条件，科学规范地开设、实施和管理地方课程和校本课程。三是学校教学质量检测与保障，根据《义务教育学校管理标准》第五十三项，小学和初中学校应当定期开展教学质量分析，建立基于过程的学校教学质量保障机制。四是评估校内教学成果，根据《中华人民共和国教育法》《全民推进依法治校实施纲要》和《依法治教实施纲要（2016－2020 年）》关于规范和保障学校办学自主权的规定，中小学校可以根据法律法规和学校章程的规定自主评估校内教学成果。五是开展教育教学科研，根据《义务教育学校管理标准》第四十六项，小学和初中学校应当促进教研、科研与培训有机结合，发挥校本研修基础作用。六是配备教学资源和设施设备，根据《义务教育学校管理标准》第五十九项，小学和初中学校应当按照规定配置教学资源和设施设备，指定专人负责，建立资产台账，定期维护保养。七是对外交流与合作，根据《国家中长期教育改革与发展规划纲要（2010－2020 年）》第五十项，加强中小学对外交流与合作是扩大教育开放的基本要求。

（二）规范学生管理职责

学校规范学生管理职责包括八项具体职责事项：一是学生招录。二是学生学籍管理。三是学生奖励及评优。四是学生处分。根据《中华人民共和国教育法》第二十九条，中小学校有权招收学生或其他受教育者，对受教育者进行学籍管理，对受教育者实施奖励和处分。此外，根据《中小学德育工作规定》第二十七条，中小学校对严重违犯学校纪律，屡教不改的学生应当根据其所犯错误的程度给予批评教育或者纪律处分，并将处分情况通知学生家长。受处分学生已改正错误的,要及时撤销其处分。五是学生综合素质评价,根据《义务教育学校管理标准》第五十七项,小学和初中学校应当实施综合素质评价,并建立学生综合素质档案,学校综合素质评价的主要内容包括学生的思想品德、学业水平、身心健康、艺术素养、社会实践等方面的发展情况。六是学生资助,根据《社会救助暂行办法》第六章,符合教育救助条件的中小学生有权按照规定条件向学校申请教育救助,教育救助根据不同教育阶段需求,采取减免相关费用、发放助学金、给予生活补助、安排勤工助学等方式实施。七是学生组织管理,根据《全面推进依法治校实施纲要》第十项和《义务教育学校管理标准》第八十四项,中小学校应当积极扩展学生参与学校民主管理的渠道,发挥少先队、共青团、学生会、学生社团的作用,引导学生自我管理或参与学校治理。八是颁发毕业证书,根据《中华人民共和国教育法》第二十九条,中小学校有权对受教育者颁发相应的学业证书。

(三)教职工依法管理职责

学校教职工依法管理职责包括九项具体职责事项:一是教职工聘任,根据《中华人民共和国教育法》第二十九条,中小学校有权聘任教师和其他职工。二是教师岗位设置。三是教师职称评聘。四是教师考核评价。五是教职工待遇保障,根据《义务教育学校管理标准》第三十七项,小学和初中学校应当建立健全教师管理制度,完善教师岗位设置、职称评聘、考核评价和待遇保障机制。六是教师培训,根据《义务教育学校管理标准》第四十四项,小学和初中学校应当完善教师培训制度,如制定教师培训规划,指导教师制定专业发展计划,建立教师专业发展档案等。七是教师奖励。八是教师处分。根据《中华人民共和国教育法》第二十九条,中小学校有权对聘任的教职工实施奖励和处分。九是教职工代表大会的产生。根据《学校教职工代表大会规定》第三条,中小学校应当建立和完善教职工代表大会制度。

(四)财务、资产和后勤管理职责

学校财务、资产和后勤管理职责包括五项具体职责事项:一是学校经费收支管理。二是学校资产管理,根据《中小学财务制度》和《国务院办公厅转发人力资源社会保障部财政部教育部关于义务教育学校实施绩效工资指导意见的通知》的规定，中小学应当建立健全财务管理和监督制度，加强资产管理，合理配置和有效利用资产，防止资产流失。三是学校物资采购。四是学校基建项目招标与施工管理，对于公立中小学而言，应当根据《政府采购货物和服务招标投标管理办法》的规定，依法依规进行物资采购和基建项目招标与施工。五是学校安全管理，根据《中小学幼儿园安全管理办法》第十五条，中小学应当建立健全校内各项安全管理制度和安全应急机制，及时消除隐患，预防安全事故发生。

(五)学校其他管理职责

学校其他管理职责主要包括三方面，一是学校章程及规章制度的制定及实施，根据《全面推进依法治校实施纲要》的规定，中小学校应当依法制定具有自身特色的学校章程，建立健全学校依法办学自主管理的制度体系。二是制定学校发展规划及实施方案，根据《义务教育学校管理标准》第七十六项，小学和初中学校应当制定学校发展规划，确定年度实施方案，客观评估办学绩效。三是学校依法应当履行的其他职责事项。

三、中小学职责清单制定与实施要求

(一)学校职责清单的构成要素要求

中小学职责清单的基本框架包括职责目录和职责事项信息表两方面内容。一方面，职责目录包括主要职责和具体职责事项两部分内容，主要职责是对学校根据法律法规和学校章程应当承担职责的综合性和概括性的表述，具体职责事项是学校主要职责进行细化、明确后应当履行的具体工作任务。另一方面，职责事项信息表由职责事项序号、职责事项名称、法定依据、实施机构、运行流程、运行要件、责任事项和监督方式等要素构成。

学校职责事项信息表中列明了学校的法定职责，按照“法定职责必须为”的原则要求，中小学校应当按照职责信息表中各要素的规定履行职责。具体来说，其一，职责事项名称是对学校职责事项内容的简明扼要的概括。其二，法定依据是学校职责事项的设定依据，包括现行国家和地方层面的法律、法规、规章、规范性文件和学校内部制度性文件等，法定依据的填写应当准确、规范和完整，列明法规文件名称、发文字号或发文时间、具体条款和内容等。其三，实施机构是学校具体承办职责事项的校内职能部门或校内机构。其四，运行流程是学校职责事项运行过程中的各个主要环节。其五，运行要件是学校职责事项运行过程中需要职责实施机构或者履职对象提供的各类文件、证明、证件等材料要件。其六，职责事项是职责实施机构在职责事项运行过程中应当在事前、事中、事后履行的责任和义务。一般情况下，如果学校职责法定依据的文件中明确规定了实施机构的责任和义务，学校及校内实施机构应当依法承担相应的责任，如果相关文件中没有对此做出规定或要求，学校可以按照科学、合理、高效、便捷的原则，结合学校实际履职情况确定责任事项。其七，监督方式主要是学校职责事项履职事前、事中、事后的外部监督方式，包括学校接受监督和咨询的电话、电子邮箱和来信来访地址等信息要素。

（二）学校职责清单的制定程序要求

一方面，学校职责清单的制定应当体现民主性要求。学校职责清单中职责事项的实施主体覆盖学校教学和管理的各个部门，学校具体的职责事项和职责内容也关系到教师、学生以及学生家长、教育行政部门和社会公众的权益。“教育政策内容要尽可能充分、真实地反映和表达社会大众的教育利益需求，就必须做好两项基本工作：其一，赋予利益主体表达自身需要、参与决策、进行监督的权利和机会，以保证社会大众能够真正表达自身的教育利益需求；其二，通过科学设置一定的程序与过程，从社会个体千差万别的教育利益中总结与归纳出公共教育利益内容。”[①]因此，学校职责清单的制定程序应当突出学校内部职能部门的主导地位，广泛征求学校教职工、学生和家长等利益相关者的意见，充分听取学校教职工代表大会、家长委员会、学生会（中学）等校内外团体的建议和要求，并及时对各方意见进行集中、分析和梳理，从而拟订出内容合法、职责明确、体系规范的学校职责事项清单。

另一方面，学校职责清单的制定应当体现专业性要求。学校职责清单是在现行法律法规框架下对学校法定职责的系统性和科学化梳理，是学校依法

① 刘世清.教育政策伦理[M].上海：上海教育出版社，2010：89.

履行教育教学和管理职责的基本依据。学校职责清单制定工作的有序开展不仅要求清单制定主体具备教育学、管理学等专业常识，还需要其具备法学和法律专业基础。因此，中小学校在制定学校职责清单的过程中，应当将合法性审查环节确定为学校职责清单制定的基本环节之一，充分听取校内法律事务办公室、学校法律顾问或者本校具有法学专业背景教师的法律意见。

（三）学校职责清单的履行程序要求

一方面，学校职责清单应当依法公开并接受监督。学校职责清单制度涉及的法律关系既包括中小学校作为民事主体而与其他社会主体形成的民事法律关系，也包括中小学校作为“类行政主体”而与学校的主管教育行政部门形成的“行政依附式”法律关系。可以说，学校职责清单制度的法理意蕴兼顾了“法不禁止即可为”的私法自治性需求和“法无授权不可为”的公法谦抑性要求。“制度的公开是以制度的方式要求权力的公开，是防止权力越界的最有力的措施之一”①，学校职责清单的公开发布是中小学校作为承担基础教育职责的教育组织进行信息公开的基本内容。因此，学校职责清单制定完成后，中小学校应当在学校网站、校内公告栏的适当位置，将学校职责清单向学校教职工、学生、学生家长和社会公众公布。学校职责清单依法公布，有利于保障学校办学的利益相关者对于学校依法治校和管理权限的知情权和监督权的有效行使。

另一方面，学校应当确立职责清单动态调整机制。学校职责清单制定后，中小学校应当根据法律法规、学校章程等法定依据的变化，学校内部机构调整情况或者学校内部机构职能调整情况，及时调整职责清单，并按照规定向社会公布，从而确立起学校职责清单的动态调整与长效管理机制。

---

① 倪愫襄．制度伦理研究[M]．北京：人民出版社，2008：233．

第三节　教育筑基 保障学生权益

中小学安全与法治教育有助于提高中小学生安全防范意识和自我救护能力，增强学生的法律意识和法治素养，保障学生的参与权、知情权以及基本人身安全等权益，是中小学校园安全管理和学校安全风险预防体系的重要内容。

一、学生安全教育成效提升

为了解中小学安全教育的现状及其效果，本书作者于2016年对天津市中小学校（管理人员）和中小学生分别进行了问卷调查。其中，学校问卷共发放84份，收回有效问卷84份，问卷有效率100％；学生问卷共发放2750份，收回有效问卷2701份，问卷有效率98.2％。学校问卷的调查结果主要作为学生问卷调查结果的佐证数据、验证材料和补充信息使用。

（一）中小学生安全教育基本现状

1.学生安全教育内容相对丰富

学生问卷和学校问卷的调查结果综合对比分析结果显示，中小学安全教育的内容总体上可以分为社会安全、公共卫生、意外伤害、网络信息安全、自然灾害以及影响学生安全的其他事件等六个方面的内容。

学生问卷中，96.9％的学生认为学校已开展社会安全教育，包括预防违法犯罪教育、禁毒教育、交通安全和消防安全教育；93.8％的学生认为学校已开展了公共安全教育，内容包括食品卫生安全、传染病预防教育、禁烟教育等；90.3％的学生认为学校已开展意外伤害教育，内容包括用电安全教育、溺水预防教育、煤气中毒预防教育、高空坠落预防教育等；84.7％的学生认为学校已开展网络信息安全教育，内容包括如何正确上网、如何保护自己的个人信息安全等；83.0％的学生认为学校已开展自然灾害安全教育，如台风、地震、洪水、雷电、泥石流等自然灾害中的自我保护和救助教育。在影响学生安全的其他事件教育方面，86.6％的学生认为学校专门针对楼梯拥挤踩踏以及如何正确安全上下楼梯进行了安全教育，另有 2%的学生认为学校安全教育还涉及法制安全教育、学生心理健康教育、性教育等内容。

学校问卷中，全部学校均认为本校已开展不同程度和不同内容的安全教育。具体来说，100%的学校认为本校已开展社会安全教育和公共卫生教育，94.1%的学校认为本校已开展意外伤害教育和自然灾害教育，92.9%的学校认为本校已开展预防楼梯拥挤踩踏相关教育，89.3%的学校认为本校已开展网络信息安全教育，另有 8.3%的学校列举了学校开设的实验课和体育课安全教育、防鞭炮炸伤教育、防硫化氢教育、心理健康教育、防火与火警逃生教育、反恐防暴教育等。

2.学生安全教育形式相对多样

学生问卷和学校问卷的调查结果综合对比分析结果显示，中小学安全教育的形式相对丰富多样，主要包括课堂教学、专题安全讲座、安全演练、实践参观、新媒体宣传教育和其他安全教育宣传形式等六种类型。

首先，学生问卷调查结果中，中小学安全教育的形式主要包括利用班团会、升旗仪式等宣传，教师课上讲课，组织应急演练，利用墙报、板报宣传教育，聘请校外专业人员专题讲座，组织参观消防队、公安局等实践基地等，所占比例依次是 86.8%、86.2%、85.8% 、85.1%、79.5%、47.2%。学校问卷调查结果中，以上安全教育形式所占比例依次为 100%、90.5%、97.6%、97.6%、91.7%、52.4%。此外，另有 0.2%的学生认为学校安全教育的形式还包括校园广播宣传、网络教育、与法治教育有机结合等途径，7.1%的学校认为学校安全教育的形式还包括家长会、安全知识竞赛、致家长一封安全教育的信、观看安全教育片、军事训练课堂、安全主题教育活动。

其次，应急安全演练作为中小学安全教育的主要形式之一，其以教育形式的生动性和直观性、教育内容的明确性和教育主体的直接参与执行性，大大提高了学校安全教育的实效。学生问卷调查结果显示，95.7%的中小学校能做到至少每学期开展一次应急安全演练。其中，13.1%的学校每半个月开展一次安全应急演练，43.0%的学校每月开展一次应急安全演练，39.6%的学校每学期开展一次应急安全演练。这说明大部分中小学校开展应急安全演练或紧急疏散演练的情况能够基本达到《中小学幼儿园安全管理办法》和《中小学幼儿园应急疏散演练指南》的规定和要求，但仍存在少数中小学校未能依法依规开足安全演练教育的情况。

再次，实践调研中发现，天津市部分区已探索尝试建立校际共享安全教育体验场馆，内设交通安全体验馆、消防体验馆等，通过声、光、电等现代科技模拟交通事故现场和火灾现场，并配备缓降逃生、全息投影逃生等功能区，以实景展现、培训模拟、游戏互动、知识问答等多种体验环节，让中小学生身临其境地学习安全知识，提高安全责任意识。

3. 学生安全教育时间相对分散

学生问卷和学校问卷调查结果综合分析显示，中小学安全教育的时间主要集中在开学初、学期中、放假前、开展集体活动或者体育活动时和其他时间（如班会、校会、发生特殊安全事件或事故时、新生入学时）等。其中，开学初、放假前和开展集体活动或体育活动时开展安全教育次数最多。如图 4－1 所示，学生问卷中在以上各项时间开展中小学安全教育活动所占比例分别是 81.8%、73.8%、85.1%、75.7%和 11.0%，学校问卷则分别是 96.4%、78.6%、95.2%、94.1%和 15.5%。

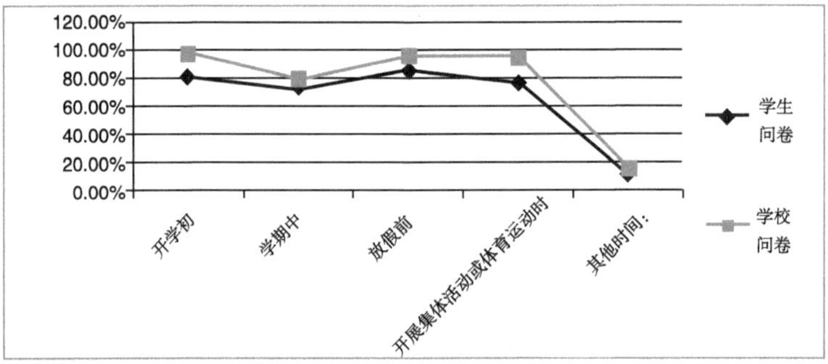

图 4－1　中小学安全教育时间分布示意图

中小学安全教育的时间与当前法律法规中关于学校安全教育的规定息息相关。一方面，《中小学幼儿园安全管理办法》第三十九条明确规定，“学校应当在开学初、放假前，有针对性地对学生集中开展安全教育”。该办法第二十九条、第三十条还规定，学校组织学生参加集体活动和体育活动前，应当有针对性地对学生进行安全教育。另一方面，教育部每年均会在学校开学初、放假前以部门规范性文件等形式发布关于做好学校安全工作的相关通知，将安全教育、安全检查和安全管理列为各级各类学校开学初和放假前的重点工作进行安排部署。同时，自 1996 年国家教育委员会等七部委将每年 3 月份最后一周的星期一确定为"安全教育日"以来，每年春季开学初期各中小学校均开展系列安全教育。因此，开学初、放假前、集体活动或体育活动前通常是中小学校开展安全教育的主要时间。

(二)中小学生安全教育的效果与评价

学生对于学校安全教育的满意度总体趋于良好。其中，87.9%的学生认为学校安全教育的内容很好，89.5%的学生认为学校安全教育的形式很好，87.3%的学生认为学校安全教育效果很好，详见表 4—1。

表 4—1　学生对学校安全教育内容、形式和效果的评价情况

题　　目	学生对学校安全教育内容的评价		学生对学校安全教育形式的评价		学生对学校开展安全教育效果的评价	
选项	频数	百分比	频数	百分比	频数	百分比
A. 很好	2374	87.9%	2417	89.5%	2358	87.3%
B. 还行	312	11.6%	255	9.4%	302	11.2%
C. 不太好	11	0.4%	21	0.8%	31	1.1%
D. 不好	4	0.1%	8	0.3%	10	0.4%
合计	2701	100%	2701	100%	2701	100%

访谈中了解到，中小学校安全教育主要呈现为"课堂教育为主，多种教育形式相结合"的教育模式。一方面，学校充分使用《天津市中小学公共安全教育读本》，积极发挥课堂安全教育主渠道的作用；另一方面，通过班会、团会、校会，升旗仪式和国旗下讲话，组织应急演练，墙报、板报安全知识展示，聘请校外专业人员专题讲座，组织参观消防队、公安局等实践基地，校园广播宣传、网络教育如观看安全教育影片等多种形式，向中小学生普及安全教育知识，使学

生掌握基本的安全自救自护技能，并养成良好的安全行为习惯。结合学生问卷和学校问卷的调查结果，当前天津市大部分中小学安全教育的内容和形式基本符合《中小学公共安全教育指导纲要》的规定和要求，说明中小学校依法依规开展安全教育的总体情况良好。

结合问卷调查结果和访谈情况，实践中仍存在一部分中小学校未开设或未开足安全教育课程、安全教育内容单一或不完全符合《中小学公共安全教育指导纲要》的规定要求，安全教育形式单一或者开展安全演练数量不符合《中小学幼儿园安全管理办法》和《中小学幼儿园应急疏散演练指南》的要求等情形，中小学校安全教育在常态化、系统化、规范化、制度化方面仍有待加强。另外，中小学安全教育的考核体系和师资专业程度也与新形势下对学校安全教育工作的需求存在一定差距。

根据教育部发布的学校安全教育相关规定，中小学安全教育的内容有待进一步丰富和完善。一是根据《中华人民共和国国家安全法》和《中小学德育工作指南》的规定，强化国家安全教育的内容，让学生树立正确的国家观念；二是根据《教育部关于加强中小学网络道德教育抵制网络不良信息的通知》等相关文件的规定，强化网络安全教育；三是根据教育部、公安部、中国共产主义青年团、中华全国妇女联合会联合发布的《关于做好预防少年儿童遭受性侵工作的意见》之规定，积极探索多种途径开展性知识教育和预防性侵犯教育。

(三)中小学生安全教育机制的完善

1. 理顺中小学安全教育的组织体系与工作机制

中小学安全教育机制的优化和完善应当突出“教育为先、预防为主、法治为基、综合施策”的思路和原则。一方面，理顺组织体系，做好区域中小学安全教育体制机制的顶层设计，通过学校安全教育工作相关主管行政部门之间的合作推动，构建起教育行政部门主导，公安、消防、民政、质检、禁毒等部门有机配合的组织工作机制，推动区域中小学安全教育实现制度化、常态化；另一方面，探索制定和出台区域性中小学安全教育专门性指导文件，明确区域中小学安全教育的组织体系、课程设置要求、师资保障措施、督查与考核标准等内容。通过对全国各省市中小学安全教育政策法规的调研和检索，上海市、重庆市、陕西省及山东省青岛市和东营市等地区均出台过中小学安全教育专门性指导文件。规范性制度文件将提高学生安全意识和自我防护能力作为安全教育的重要内容，着力提高学校安全教育的针对性与实效性，为推动区域中小学安全教育提供了法治基础和实践指导。

2.优化中小学安全教育课程设置与教学资源

首先，强化课堂教学作为中小学生安全教育的主渠道功能，鼓励中小学校结合自身办学实际和学校特色，积极开发校本安全教育资源，保障安全教育校本课程的师资、教材和课时要求。根据《关于加强中小学幼儿园安全风险防控体系建设的意见》的要求，探索将安全教育与法治教育有机融合，在法治教育中要适当增加反欺凌、反暴力、反恐怖行为，防范针对未成年人的犯罪行为等内容。同时，进一步强化和丰富国家安全教育、性安全教育、心理健康教育、网络安全教育的比重与内容，把国家安全意识、尊重生命、保障权利和基本安全常识从小根植在学生心中。

其次，中小学校应当把安全教育纳入日常教育教学活动之中，贯穿于学校日常教育各个环节。结合各种教育日、纪念日及开学后、放假前等重点时段，开展有针对性的安全教育，适当增加学期中开展安全教育的次数和比重。如“5.12”防灾减灾教育日活动、“6.26”国际禁毒教育日活动、“11.9”消防教育日活动、“12.2”交通安全教育日活动、“12.4”国家宪法日活动等，还可以与司法部门、律师事务所等展开合作，将法治教育与安全教育有机结合，进一步丰富学校安全教育的内容和形式。

再次，鼓励各种社会组织为中小学开展安全教育提供支持，丰富中小学安全教育共享场所(如区域安全教育体验中心和学校安全教育体验教室)的数量和种类，将学校安全教育的受众由学生扩展至全体教师、学生家长乃至社区居民，提高学校安全教育的辐射范围和教育实效。

3.构建“教师＋家长”安全教育培训体系

首先，重视教师在学校安全教育中的重要作用，将中小学安全教育教师队伍建设纳入学校师资队伍建设规划，积极构建专职教师、兼职教师和社会专家相结合的安全教育师资队伍，中小学校应结合自身办学实际探索建立“双岗双职"复合型安全教育师资队伍。一方面,教育行政部门要将安全知识作为校长、教师培训的必要内容,加大培训力度并组织必要的考核。另一方面,中小学校应当设置科学系统的教师校内安全教育培训体系,在校外或校内聘任专门的安全教育培训人员,对校内教师以及学生家长进行安全教育培训。

其次,积极探索家校联合工作机制,切实提高家长的安全素养。家长的安全意识、安全知识和安全技能等安全素养的提升,会直接影响和提高中小学生的基本安全素养,是对学校安全教育的有效补充。中小学校可以充分发挥家长委员会在构建家校安全教育共同体方面的积极作用,通过多种途径引导和吸收家长参与到学校安全教育工作中。同时,学校要不断强化针对学生家长的安全教育和法律法规知识的宣传,"定期对学生家长发放安全教育知识手册,对家长进行安全技能培训"①,通过多元化的家校合作和家校互助形式提高家长的安全素养。

4.建立系统化的中小学安全教育考核评价与监督机制

建立健全中小学安全教育考核评价机制。一是"把教职工参加安全教育课程落实情况,纳入学校班主任和任课教师考核。中小学分管安全的校长实时了解学校班主任及其他科任教师开课情况、课后测评情况、技能训练情况、活动参加情况等安全教育数据,并以此作为对教师安全教育工作考核的凭据"②。二是制定校内学生安全教育理论与实践考核评价标准,定期评估本校学生安全教育工作的科学性、合理性、针对性和实效性,注重利用信息手段对学生安全教育数据进行统计和分析,进而及时改进安全教育形式与内容,并可以尝试对有关学生进行分类指导。

建立健全中小学安全教育检查督导制度。一方面,教育行政部门应当定期开展中小学安全教育监督检查,将学校安全教育课程的开设情况、专职安全教师执教能力、师生安全知识水平作为对学校安全检查的重要内容,并列入对

---

① 张欢.小学生安全教育现状调查及对策研究[D].锦州:渤海大学,2017,26.

② 戴真.小学生安全教育的现状、问题与对策研究[D].咸阳:西北农林科技大学,2015,36.

学校的年终综合考评。另一方面，将中小学校和教育行政部门开展安全教育工作的情况纳入教育督导事项，加强对中小学校安全教育工作的监督检查。

二、学生法治教育方式优化

中小学开展学生法治教育不仅是实现依法治校的必要途径，更是构建学校安全管理体制和构建预防未成年学生行为失范机制的重要方式和有效措施。

（一）中小学法治教育的积极经验

为了解中小学生法治教育的现状，我们于 2013 年以天津市中小学生为调查对象进行了问卷调查，并根据问卷反映的突出问题编制半结构化访谈提纲，选择城区和郊县的部分小学、初中和高中学生、教师和学校管理人员分别进行访谈。调查问卷采用分层抽样与随机抽样相结合的抽样方法，共发放问卷 300 份，回收有效问卷 296 份，有效回收率为 98.7％（见表 4－2）。调查结束后，综合使用 EXCEL、SPSS 统计软件进行统计分析。

表 4－2　中小学生法治教育调查样本结构统计表

项目	类别	人数	比例(％)
性别	男	90	30.41
	女	206	69.59
学校区域	城市	192	64.86
	县镇	52	17.57
	农村	52	17.57

1. 学生法治教育常规化，教育效果逐步提升

关于学校法治教育开展情况的调查结果显示（见表 4－3），83.45％的学生所在的学校能够定期开展法治教育。关于法治教育效果的调查结果显示，超过 90％的学生认为学校法治教育对其学习和生活是有帮助的；超过 80％的学生能够比较了解自己享有的权利。此外，学生获得法律知识的主要渠道是学校，占 88.51％。

表 4—3　学校法治教育开展情况调查统计表

题　目	选项	频率(人)	百分比(%)
学校是否定期开展法治教育	定期	247	83.45
	不定期	32	10.81
	未开展	3	1.01
	不了解	14	4.73
学校法治教育对自己的学习和生活有帮助	同意	273	92.23
	中立	19	6.42
	不同意	4	1.35
您了解自己作为学生都享有哪些权利吗	了解	248	83.79
	一般	28	9.46
	不了解	20	6.75

2.积极调动法治资源,探索发挥法制副校长的教育作用

根据《天津市法制宣传教育条例》第十四条的规定,天津市各中小学校应当聘请具有一定法律知识和法制工作经验的人员兼任法制副校长。为了落实这一规定,天津市教育系统与司法系统相互配合,借助公检法各部门的法律资源优势,在各中小学设置了法制副校长一职,并以保障兼职法制副校长工作实效为目的定期对中小学兼职法制副校长的人选进行结构性调整。实践中,该市城区多数中小学聘请公安派出所副所长担任学校法制副校长,每学期开展一到两次专题法制讲座。其中,天津市滨海新区中的大港区于2004年对中小学兼职法制副校长进行定期调整,全区95.6%的中小学校配备了由政法部门业务骨干担任的兼职法制副校长。此外,有条件的学校还不定期请法官、检察官或资深法律工作者向青少年学生开展法制讲座或进行法律咨询,介绍新形势下青少年犯罪活动的发展趋势,提高青少年学生的法律意识,避免青少年学生违法犯罪活动的发生。

3.学校充分挖掘自身资源,开展特色法治教育

关于学校开展法治教育形式的调查结果显示(见表4—4),专家讲座和法

治教育课程是学校法治教育的主要形式，分别为 79.05％和 65.54％。在积极开展传统普法活动形式的基础上，中小学校结合自身实际，积极探索学生法治教育的新途径。如举办模拟法庭活动、参观法院等法治教育社会实践活动，二者比例分别为 58.45％和 33.11％。

表 4—4 学校法治教育开展形式调查统计表

题目	选项	频率（人）	百分比（％）
学校开展法治教育的主要形式有哪些	邀请专家进行法制讲座	234	79.05
	举行参观法院、监狱等法制社会实践活动	98	33.11
	举办模拟法庭、知识竞赛等主题活动	173	58.45
	由专门教师讲授法治教育课	194	65.54
	其他	77	26.01

4. 营造多主体、多角度的法治教育氛围，学生法律素养逐步提升

一方面，教育主管部门和学校共同加强对学校校长和教师队伍的普法教育工作，通过多种途径和多种形式宣传学校教育教学活动各个主体相关的法律法规与政策文件，组织学习《中华人民共和国教育法》《中华人民共和国义务教育法》《中华人民共和国教师法》《中华人民共和国预防未成年人犯罪法》《中华人民共和国未成年人保护法》等与学校相关的基本法律，培养校长依法治校、教师依法从教、学校依法办学和依法管理学生的能力。同时，教师法制意识和法律知识储备的提升，更加有利于教师在教育教学实践中发挥法制宣传作用。另一方面，重视法治教育与德育教育相结合，通过校园文化等软实力的构建营造法治教育的良好氛围。

（二）中小学法治教育的不足

根据调查结果统计分析，天津市中小学法治教育在制度规定、法制规制、政策引导和具体实践等方面均有一定实绩和积极经验，但在如何将法治宣传落到实处、如何使学校法治教育发挥实效等方面，仍存在一定的不足。

1. 法制副校长制度运行不畅

首先，法制副校长人员变动频繁，阻碍学校法治教育工作中“校警联动机

制”的高效开展。实践中，中小学校的法制副校长大多由学校所属的管辖派出所副所长担任，而受工作性质的影响，派出所副所长任职人员人事变动较为频繁，由此导致中小学法制副校长经常发生人员上的变动。实践中存在的问题是：学校与法制副校长建立起良好的工作关系需要一定的时间，法制副校长人员变动后，在双方的沟通逐步顺畅时发生人员的调动和改变，必然给学校和法制副校长的沟通和相关工作的开展造成一定的麻烦，一定程度上降低了法制副校长的工作实效。

其次，受客观因素影响，部分学校（尤其是部分郊县的小学）法制副校长工作流于形式。一方面，学校法制副校长即派出所副所长的本职工作非常繁忙，难以抽出整块的时间到学校进行法制讲座，导致学校每学年最多两次的法制讲座难以落实。另一方面，由于交通不便、学生年龄较低，法律认知能力相对不足和派出所人员资源的限制，部分郊县的农村小学的法制副校长几乎成为“摆设”。此外，学校法治教育设施不全、经费保障不足、兼职法制副校长个人素质参差不齐、考核机制尚未有效运行等也是影响中小学兼职法制副校长工作实效的因素。①

2.法治教育课时较少，部分学校法治教育不到位

现行学校教育结构中，学校法治教育多属于学校德育教育体系的组成部分，即“大德育教育”，由分管德育的副校长分管。德育教育具有长期性、反复性、系统性，而法治教育具有一定的可衡量性和阶段性，将法治教育融入德育教育之中，虽然有利于学校教学和管理活动的有序开展，也存在弱化法治教育之嫌。对于没有法治教育专门课时规定的年级阶段，法治教育仅作为专题教育开展，较难在义务教育各阶段较为系统和规模化地开展，这也在一定程度上使得学校忽视法治教育。

3.学校内部专业资源不足，学校外部资源利用不够充分

一方面，在当前的学校法治教育师资配备中，除了学校外部人员（如法制

---

① 肖大兴，吕天甫.中小学法制副校长工作现状及经验探析[J].教学与管理，2014(4):17.

副校长、法制辅导员)外,学校内部缺少专门、专业的法治教育老师。学校法治教育要么以大学科渗透的形式进行,要么以德育教育为主,这些学科的老师均缺少系统的法律基础、法律实践或案例等知识储备,在解决学生的法律咨询或者法律实践问题等方面显得力不从心,在法治教育的方式方法上也缺少研究和探索,使得相关法治教育收效甚微。另一方面,外部法律专业人员宣传力度不足,法制副校长将教育系统和公安系统相结合,但目前也仅有这一职务是充分利用教育系统外部资源,对于其他法律系统的资源利用尚不充分。在法制副校长本职工作过于繁忙时,需要有一个法制宣传机构与之相配合,弥补法制副校长的不足。

4.学校法治教育存在偏颇,“权、义、责”教育失调

“没有无义务的权利,也没有无权利的义务”,权利与义务是辩证统一的关系。权利的保护与义务的履行是并行的,而义务的不履行或者瑕疵履行便产生“责任承担”问题,三者有其内在的逻辑关系。现行学校法治教育中,过分强调学生享有的权利及其权利的保护,有忽视“义务履行”和“责任承担”的倾向。社会的不断进步越来越彰显对人权的保护,权利意识固然是民主社会的表现,但责任的承担与义务的履行更是社会进步的重要推力。学校法治教育中过于专注对权利保护的宣传,会无形中引导学生忽视甚至无视对义务的履行,不能充分考虑到不当甚至不法行为可能产生的不利后果,这些对于学生的社会责任感和公民意识的培养是极为不利的。

(三)中小学法治教育成效提升对策

完善中小学法治教育可以从人员配备、机构设置、丰富形式、家校联动、法制与心理教育有机结合等方面着手和实施。

1.试点设立专职法制副校长,促进警校联动机制进一步发展

鉴于目前法制副校长人员变动频繁造成的不利影响,可以试点设立专职法制副校长,在学校所属辖区的派出所中选任工作变动性不大的人员担任中小学法制副校长,从而保证学校与法制副校长之间的沟通的顺畅和联系的便捷。调查中有72.64%的学生认为需要设立专职人员进行学校法治教育。在此基础上,法制副校长要与学校领导班子一起确定每学期法制副校长的工作

内容、法治教育课时、学校法治教育形式等工作，法制副校长应当对学校自身的法治教育工作给予指导和建议，共同做好学校法治教育工作。

2.设立专门教育系统法治教育机构，提升学校法治教育的专业化水平

为了进一步提升学校法治教育的专业性和实效性，天津市教育行政管理部门可以与司法系统积极配合，成立天津市教育系统市、区两级法制宣传小组，定期进行学校法制宣传讲座或法律咨询工作，对学校法治教育工作提出意见和建议。该机构可由天津市教育委员会和天津市司法局合作设立，各区教育局与司法系统共同配合，由司法系统组织人员，教育局负责具体管理和工作运行，各部门逐步完善机构的人员聘请、奖惩措施、运行机制等内容。机构成员可以包括公检法系统的工作人员、高校法学专家、律师等不同方向的法律工作者，从而丰富讲座的内容，让中小学学生从不同的视角更加深刻地认识我国的法律制度；机构以公益性为主，以赋予成员荣誉性职称为主要补偿形式，在专项经费中拨款给予适当经济补偿。如可以由市教委颁发荣誉证书等形式刺激相关人员的参与积极性，机构具体的运作经费可以在各地教育经费和法制宣传经费中按比例支出。

一方面，如果法制副校长专职人员问题不能解决，仍然由派出所副所长担任中小学法制副校长，那么在法制副校长工作繁忙、无法定期到学校进行法制讲座的情况下，由天津市教育系统法制宣传小组配合法制副校长进行法治教育。另一方面，通过专门人员的介入，可以增强学校法治教育的权威性、丰富学校法治教育的形式和内容，让学生从多角度了解全国和全市法制进程和现状，弥补现行学校法治教育存在的不足。

3.各学校“因地制宜”，推动多形式法治教育“百花齐放”

首先，保证学校法治教育的硬件投入，如教学多媒体设施、校园广播、校园网络、学校计算机房、师资队伍建设等。其次，丰富学校法治教育形式，营造法律氛围浓郁的校园文化。利用校园广播、校园网络、学校板报等传播媒介向师生宣传相关法律。再次，根据中小学教育特点和学生年龄阶段的不同，学校法治教育做到“以课堂教育为主，开展丰富多样的法治教育”，将学校法治教育与国家的经济发展、社会热点话题、司法实践等进行有机结合，变封闭式、灌输

式、认知式的学校法治教育为开放式、导引式、实践式的教育。如中学定期开展社会热点问题讨论，有条件的学校定期组织学生代表参观少管所、参加法院旁听等活动，对偏远地区的中学发放法制教学光盘，定期组织学生观看并进行讨论；针对小学学生一般年龄较小，对法律规定理解水平相对较低，建议各区级教育局统一制作适合小学生的法治教育宣传片，统一制成光盘形式，分发到各个小学，由学校组织学生集体学习，寓教于乐，在相对轻松活泼的环境下让学生学到基本的法律知识。

4.构建家校联动机制，积极发挥家庭在法治教育中的作用

一方面，加强学校与家长的联系与沟通，积极发挥家长委员会、家长学校的作用。相对于家长和学生，学校在法治教育工作中处于主导地位，学校可以定期向家长或学生发放法制宣传材料，如《中华人民共和国预防未成年人犯罪法》《中华人民共和国未成年人保护法》等法律法规部分法条的解读材料、未成年人犯罪案例、未成年人心理特点等材料，提升家长对未成年人保护、预防未成年人违法犯罪等知识的了解与重视，逐步实现学校法治教育与家庭法律教育的有机互动。另一方面，引导和发挥家庭在法治教育中的作用。“学校要对家庭教育进行指导，可以由专人负责家庭教育工作，对家长宣传教育方针、政策，传递正确的教育方法，也可举办家长学校，增设家庭教育辅导站等，以推动学校和家长共同交流教育经验和规律。”①

5.法治教育与学生心理健康教育有机结合，创建未成年人行为失范预防机制

学校的法治教育需与学生心理发育相结合，学生的心理健康教育是法治教育发挥实效的前提和保障。换句话说，在预防未成年人犯罪机制中，“法治教育治标，心理健康教育治本”。结合中小学法治教育的教育特点和法制宣传的受众广泛化的特点，我们认为，当前中小学法治教育的专业人员主要以校外人员为主。这样一来，学校法治教育与学校心理健康教育的有机结合，可以通过学校外部专业人员介入法治教育和学校内部德育教育有效系统化来实现。

---

① 任淼.我国中小学法制教育现状及反思[J].现代教育管理，2014(2)：55.

三、学生法治素养及其培育

2016年7月颁布的《青少年法治教育大纲》(以下简称《大纲》)首次使用了“学生法治素养”这一概念，并提出探索建立综合性的学生法治素养评价机制。目前，无论是在政策范畴还是在学术领域，“学生法治素养”均是一个使用频次较少的政策用语和学术概念。为了丰富“学生法治素养”的学术研究内容和研究角度，为教育政策法规中合理使用“学生法治素养”提供法理依据，同时为探索建立综合性学生法治素养评价机制奠定理论基础，我们认为，对学生法治素养的概念、构成要素及其内容进行充分的论述和解析非常必要。

(一)学生法治素养的概念解析

从理论上辨析学生法治素养的内涵和外延，首先需要厘清法治素养、法制素养和法律素养三者之间的关系。法治素养、法制素养和法律素养三者是递进式的包含与被包含的关系。法律素养强调的是主体所具有的学法、知法、懂法、守法、用法的状态和程度，着眼于公民权利的保障和义务的履行。法制素养是在法律素养的基础上，通过静态和文本层面法律制度体系的完善，凸显主体对法律规定的服从、对法律秩序的维护和对法律权威的认可。法治素养则是在法制素养的基础上，进一步构建动态的、规范化的“法”的运行机制，重视主体作为权利主体对立法、执法、司法活动的民主参与和主动监督，强调宪法的最高权威。

在明晰法治素养与相关概念区别的基础上，结合学生这一主体身份的特殊性，我们认为，学生法治素养是指学生通过学校、家庭和社会的法治教育以及自己在日常生活中的学习和训练，对社会主义法治国家的法律制度、法律规范、法治追求和法治精神的认识和理解，并将其内化为自身的一种自觉行为和尊崇捍卫的状态。具体来说，学生法治素养就是学生了解和掌握个人成长和参与社会生活所必需的法律常识，依法规范自身行为、分辨是非，依法履行自身义务，能够运用法律方法维护自身合法权益，愿意通过法律途径参与国家和社会生活，认同法治的价值追求和道路选择，树立法治观念并形成法治信仰。

(二)学生法治素养的基本要素

“个体的法治素养是通过其掌握、运用法律知识的技能及其法律意识表现出来的，不仅包括法治教育层面的学法、知法、懂法，还包括法治的思维、理念和方式等丰富内涵。”因此，结合学生法治素养的概念，其构成要素主要包括法治认知、法治思维、法治意识、法治行为能力、法治信仰等。

第一，法治认知是学生经过学校、家庭和社会法治教育以及自身的法治理论和实践学习后，所积累和形成的对于法治的认识、感知和理解。法治认知主要包括学生“对国家法治现状的认知、对法治本质的认知、对法治功能的认知”等内容。

第二，法治思维是指学生“运用法律规范、法律原则、法律精神和法律逻辑对所遇到或所要处理的问题进行分析、综合、判断、推理和形成结论、决定的思想认识活动与过程”。学生法治思维主要包括守法思维、用法思维、权利保障思维、程序思维等内容。

第三，法治意识是指在法治认知的基础上形成的对法治的遵守、信任、运用和维护的状态。法治意识强调主体不仅能够“守法、服从法律，而且会以理智的双眸，观察分析法律统治的社会效果，对于危害社会的‘恶法’，会主动依据法定程序，或改进，或废止，促进法与人的和谐相处和发展，在法律之下，为人类谋求更广阔的发展空间”。学生法治意识的核心内容主要有宪法法律权威意识、权利义务对等意识、规则意识、权力制约意识、平等公民意识等。

第四，法治行为能力是主体“基于法治思维所衍生的，平和、理性地解决纠纷、处理问题的行为方式”。学生的法治行为直接受其法治思维和法治意识的影响，主要包括守法行为、依法解决纠纷行为、监督权力行为和依法维权行为等内容。

第五，法治信仰是指主体“通过实践经验和理性判断，因为法治顺应公平、正义、民主、自由等价值期待，法治能够有效合理地满足利益需求、调节冲突和维持秩序，从而对法治形成认可、信任与捍卫的意愿”。学生法治信仰的内容包括对宪法的信仰、对法律的信仰和对法治的信仰。其中，对法治的信仰包括学生对法治保障公民权利和自由的信仰、对法治促进社会公平正义的信仰以及对法治促进国家治理现代化的信仰。

(三)学生法治素养的基本内容

不同阶段的学生对于法治的理解能力、认知能力和实践能力存在差异，与之相应的，各个年龄阶段和学习阶段的学生的法治素养也存在差别。结合学生法治素养的构成要素及《青少年法制教育大纲》关于学生法治教育内容和目标的规定，我们对中小学生法治素养的基本内容进行了简要分析和整合。

小学生法治素养的基本内容。一是法治认知：了解宪法常识，初步感知生活中的法、身边的法。二是法治思维：初步养成遵纪守法思维和程序思维。三是法治意识：初步具有国家观念、规则意识和诚信观念。四是法治行为能力：初步养成遵纪守法的行为习惯。五是法治信仰：具备形成法治观念和法治信仰的基础感性认知。

初中生法治素养的基本内容。一是法治认知：初步了解个人成长和参与社会生活必备的基本法律常识。二是法治思维：程序思维得到强化，初步具备运用法律知识辨别是非的能力。三是法治意识：具备守法意识、公民意识，权利与义务统一观念不断增强。四是法治行为能力：初步具备依法维护自身合法权益、参与社会生活的能力。五是法治信仰：初步形成宪法法律至上等理念。

高中生法治素养的基本内容。一是法治认知：较为全面地了解中国特色社会主义法律体系的基本框架、基本制度以及法律常识。二是法治思维：权利保障思维、程序思维基本形成。三是法治意识：牢固树立权利义务对等意识，法治观念不断增强。四是法治行为能力：初步具备参与法治实践、正确维护自身权利的能力。五是法治信仰：法治认同感、信服感、尊崇感增强。

(四)学生法治素养的学校培育路径

培育和提升学生的法治素养是一项系统工程，学校应该从落实立德树人根本任务的高度，将学生法治素养的培育和提升贯穿学校治理和教育教学的各个环节和程序之中，形成法治素养教育、法治素养实践和法治文化熏陶“三位一体”的有效路径。

1. 创新多元化法治教育形式，夯实学生法治素养的教育基础首先，在法治教育总体规划和课程设置方面，学校应当建立以提升学生法治素养为目标的现代化法治教育体系，确立科学、系统的法治教育课程体系，针对义务教育阶段、高中教育阶段学生的不同特点，分阶段落实《青少年法制教育大纲》中规定的法治教育的教学内容与要求。其次，法治教育形式和教学方式方面，学校既要保证法治教育课堂教学符合有教材、有计划、有课时、有师资“四落实”的要求，还要遵循各年龄阶段学生身心发展规律，采取互动式、体验式等学生参与度高、实践性强的教学方式，结合教学内容综合采取模拟法庭、法治情景剧、志愿法治服务等多种教学和活动形式，引导学生主动学习、体验和感悟社会主义法治，扎实学校法治教育培育与提升学生法治素养的效果。最后，学科教学方面，注重法治教育的学科渗透问题，重视在各学科课程中挖掘法治教育和学生法治素养的相关因素，通过多学科协调互动进一步夯实法治教育的成效。

2.保障学生参与权和获得救济权，构建学生法治素养的实践路径

一方面，规范学校内部治理结构和权力运行规则，拓宽并畅通学生参与学校民主管理和监督的渠道，强化学生权力制约、权力边界、程序正义等法治思维和意识的实践程度。其一，学校应当建立有学生及家长代表参加的校务委员会，完善学校民主决策程序。制定涉及学生利益的管理规定，要通过少先队代表大会(小学)、学生代表大会(中学)、家长委员会等组织，充分征求学生及其家长意见。其二，推进学校信息公开和办事公开机制，建立有效的信息沟通渠道，使学生对学校的意见、建议能够及时有效反馈，既要保证学生对于学校办学事务的知情权，还要保证学生对于学校治理的民主参与权。

另一方面，尊重和保护学生权利，建立健全学生权利救济制度，丰富学生遵规守法、权利平等、依法维权等法治素养的实践路径。一是学校的学生管理制度应当以学生为中心，体现育人为本的教育理念，尊重和保护学生的人格权、人身权、财产权和受教育权等基本权利。在做出对学生的不利处分或管理措施前，必须给予学生陈述、申辩的机会，涉及未成年学生时应当听取其法定监护人的意见，保证学生陈述申辩权利的实施。相关处分决定应当做到事实清楚、定性准确、依据充分、程序正当，并明确处分的期限与后果。二是学校应

当完善学生申诉机制。各级各类学校均应当建立相对独立的学生申诉处理机构，其人员组成、受理及处理规则，应当符合正当程序原则的要求，并允许学生聘请代理人参加申诉。学校处理学生申诉案件或者学生纠纷事件，应当建立并积极运用听证、回避等方式，促进学生依法维权、依规维权、尊重程序、权利平等等法治思维和意识的养成和实践。

3. 重视学校法治文化建设，健全学生法治素养的文化熏陶体系

学校法治文化是学校全体师生对于学校活动所持有的以法治价值观为核心的思维方式和行为方式，具体包括学校制度法治因子、主体观念法治因子和主体行为法治因子。学生是学校依法治校的主体之一，学校法治文化包含了学生的法治观念和法治行为。换句话说，学生法治素养培育和提升本身就是学校法治文化建设的重要组成部分。一方面，学校通过构建内容合法规范、形式科学合理的以学校章程为核心的规章制度体系，确立学校法治文化建设的长效机制，为推动学生知法懂法、敬法用法、守法护法、依法办事、依法维权、崇尚法治等法治素养的形成奠定了制度基础。另一方面，学校积极营造校园法治文化的物质环境和人文环境，充分利用学生社团、校园广播、校园报纸、校园宣传栏以及诸多新兴媒体、媒介等加大法治文化宣传力度，打造形式多样的法治文化主体活动，让学生在学校法治文化环境中体验法治精神、感悟法治价值和提升法治素养。

第四节　规范管理 保障教师权益

学校人事管理包括学校与教师人事关系的确立、存续和结束等不同环节，具体涉及学校与教师聘用合同的订立、履行、变更和解除以及学校对教师的培养、调配、考核、晋升、奖励和惩罚等具体事项。学校人事管理的法治化和规范化要求学校对教师的任用程序和形式符合法律法规的规定、学校与教师聘用合同内容规范并依法履行、学校对教师的人事管理制度合法生效、学校与教师解除人事关系的事由和程序合法规范以及学校依法建构科学规范的人事争议

校内纠纷解决机制。

一、中小学校与教师人事关系的建立

根据当前法律规定，学校与教师人事关系的建立通过双方订立聘任合同而得以实现。根据《中华人民共和国教师法》第十七条的规定，学校和其他教育机构应当逐步实行教师聘任制。教师的聘任应当遵循双方地位平等的原则，由学校和教师签订聘任合同，明确规定双方的权利、义务和责任。关于学校与教师聘任合同的签订条件和程序要求，《国务院办公厅转发人事部关于在事业单位试行人员聘用制度的意见》和《事业单位人事管理条例》等对于教师聘任的程序、聘任合同主要内容、教师考核与培训的基本形式、聘任合同的解除等做出了相对具体和可操作的制度设置。

根据《国务院办公厅转发人事部关于在事业单位试行人员聘用制度意见的通知》关于事业单位工作人员聘用基本程序的规定，中小学校教师聘用的基本程序包括：一是学校对外公布招聘原则、招聘岗位及人数、招聘范围与对象、人员报考条件、工资待遇、招聘办法和流程等内容；二是应聘人员按照招聘要求进行报名并按要求提交个人简历；三是学校聘用工作组织对应聘人员的资格、条件进行审核；四是通过资格审核的应聘人员进行资格面审和考试，具体包括笔试、资格复审、面试、体检、考察等环节，聘用工作组织根据结果择优提出拟聘人员名单并进行公示；五是学校按照干部人事管理权限在公示期结束后定期将招聘人员情况报主管部门审核、备案；六是学校法定代表人（一般为学校校长）与受聘人员签订聘用合同，确定人事关系；七是学校一般对于受聘教师实行试用期制度，试用期一般包括在聘用合同期限内。试用期考核合格的，予以正式聘用；试用期考核不合格的，取消聘用。

虽然中小学校是教师聘用合同中的用人主体，但由于教师的身份赋予权和教师聘用权均由教育行政部门掌握，学校并不能享有完整的用人自主权，教师的聘用程序、教师聘用合同的内容等均由教育行政部门规定。2014 年，教育部、财政部、人力资源和社会保障部联合发布《关于推进县（区）域内义务教育学校校长教师交流轮岗的意见》，提出全面推进义务教育教师队伍“县管校聘”管理改革，国家层面推动义务教育教师队伍“县管校聘”示范区建设。“县管”是指县（区）级教育行政部门按规定履行中小学教师的招聘录用、职务（职称）评聘、培养培训和考核等管理职能；“校聘”是指中小学校根据本校的岗位设置和岗位需求对教师进行具体聘用，并根据县（区）级教育行政部门的委托与教师签订聘用合同，进行日常工作考核和教育教学管理。[①] 此后，教育部分别于 2015 年、2017 年发布了《关于确定首批义务教育教师队伍“县管校聘”管理改革示范区的通知》和《关于公布第二批义务教育教师队伍“县（区）管校聘”管理体制改革示范区的通知》。2018 年，《中共中央国务院关于全面深化新时代教师队伍建设改革的意见》进一步明确提出实行义务教育教师“县管校聘”。根据该文件要求，我国各省市相继开展义务教育教师“县（区）管校聘”改革。

二、中小学校与教师人事关系的内容

根据《事业单位人事管理条例》的相关规定，学校与教师人事关系履行的主要内容包括教师聘用合同的内容及其履行、学校对教师进行考核与培训、教师的职称评定和职务晋升、学校对教师进行奖励和处分、学校支付教师工资福利和缴纳社会保险等内容。

关于教师聘用合同的内容，根据原人事部 2005 年发布的《人事部办公厅关于印发〈事业单位聘用合同（范本）〉的通知》，学校作为事业单位，其与教师签订的聘用合同一般应以《事业单位聘用合同（范本）》作为指导和示范。具体来说，学校与教师聘用合同的主要内容和条款包括：聘用合同主体、聘用合同期限、聘用岗位及职责要求、岗位纪律要求、聘用岗位条件、工资福利与社会保险待遇、聘用合同的变更及解除条件与程序要求、聘用合同的续签、合同双方的违约责任、争议处理程序和双方约定的其他事项等。

综合分析教师聘用合同的基本内容和与《事业单位人事管理条例》规定的事业单位与其聘用人员人事关系的主要内容可以发现，除了教师聘用合同的内容以外，学校与教师人事关系的履行主要包括教师职称评定、教师的奖励和

---

① 黄道主，邓伟. 义务教育学校的法人困境及建议[J]. 教育导刊，2014(11)：30.

处分等内容。结合各级各类公办学校的办学实际，除教师聘用合同约定的内容外，学校一般是通过制定内部规章制度实现人事管理的规范化和体系化，如教师考核规定、教师绩效工资分配规定、教师培训人员确定标准等。综上，学校与教师人事关系的内容和履行的法治化主要集中在教师聘用合同的依法履行以及学校人事管理规章制度的有效性与合法性方面。

教师聘用合同的依法履行主要涉及以下内容：一是学校应当按时足额发放合同约定的工资，如基本工资、绩效工资、津贴、补助等应足额发放；二是学校应依法扣除并按时足额为教师缴纳五险一金，“五险”即养老保险、医疗保险、失业保险、工伤保险和生育保险等社会保险的缴纳和扣除，“一金”即教师住房公积金的缴纳与扣除。教师工资待遇和五险一金的缴纳与扣除通常覆盖教师个体较多，影响范围较大，属于易发生纠纷的人事管理与合同履行环节。另外，结合本章第一节关于学校与教师人事争议的法律适用和司法审理的分析，学校与教师之间因辞职、辞退及履行聘用合同所发生的争议，属于法院的受案范围。

对于教师聘用合同以外学校与教师人事关系的履行要求而言，一方面，教师职称评定、职务晋升等工作应当符合现行法律法规的规定，没有相关规定的则应当基于充分保障当事人合法权益的考量而确定规范、严谨的工作程序。另一方面，对教师的处分应做到事实清楚、依据明确、定性准确、程序正当、处分适当等要求。

三、中小学校与教师人事关系的履行

学校与教师人事关系的履行需要以双方聘用合同为基础，以学校内部管理规章和制度等作为教师和学校履行相关合同权利和义务的具体标准。因此，学校内部管理规章和制度对于聘用合同双方尤其是教师的约束效力问题，是分析中小学校与教师人事关系履行的关键问题之一。

（一）中小学校制定内部人事管理规章制度的法律依据

《中华人民共和国教育法》第二十九条明确了学校及其他教育机构享有聘任教师及其他职工并实施奖励或者处分、管理、使用本单位的设施和经费等权利。教育部2012年发布的《全面推进依法治校实施纲要》规定，各级各类学校要“加强章程建设，健全学校依法办学自主管理的制度体系；健全科学决策、民主管理机制，完善学校治理结构”，在教师权利保障要求方面，该纲要提出各级各类学校要“进一步建立和完善教师聘任和管理制度，制定权利义务均衡、目标任务明确，具有可执行性的聘任合同，明确学校与教师的权利与义务，依法聘任教师，认真履行合同”。同时，还应当“依法在教师聘用、职务评聘、继续教育、奖惩考核等方面建立完善的制度规范，保障教师享有各项合法权益和待遇”。因此，学校制定内部人事管理规章制度具有明确的法律法规依据，而相关规章制度的生效实施应当符合法定的程序和条件，同时具备规章制度执行和实施的监督机制。

(二)学校内部人事管理规章制度的生效条件

学校制定内部人事管理规章制度是法律法规明确赋予的权利，但相关法律法规关于校内规章制度的执行程序和生效条件的规定相对模糊和不够具体。

根据《学校教职工代表大会规定》第七条，教职工代表大会对于学校内部管理规章制度的制定和执行具有以下职权：一是听取学校章程草案的制定和修订情况报告，并提出修改意见和建议；二是听取学校发展规划、教职工队伍建设、教育教学改革、校园建设以及其他重大改革和重大问题解决方案的报告，并以会议决议的方式提出意见和建议；三是听取学校年度工作、财务工作、工会工作报告以及其他专项工作报告，提出意见和建议；四是讨论通过学校提出的与教职工利益直接相关的福利、校内分配实施方案以及相应的教职工聘任、考核、奖惩办法；五是审议学校上一届(次)教职工代表大会提案的办理情况报告；六是按照有关工作规定和安排评议学校领导干部；七是通过多种方式对学校工作提出意见和建议，监督学校章程、规章制度和决策的落实，提出整改意见和建议；八是讨论法律法规规章规定的以及学校与学校工会商定的其他事项。

参照《全面推进依法治校实施纲要》关于完善学校治理结构，健全科学决策、民主管理机制方面的规定，对于学校内部人事管理制度的制定和执行程序的要求，一是涉及师生利益的管理制度实施前要经过适当的公示程序和期限，未经公示的，不得施行；二是学校专业技术职务评聘办法、收入分配方案等与教职工切身利益相关的制度、事务，要经教职工代表大会审议通过；三是涉及学校发展的重大事项要提交教职工代表大会讨论。

综合以上规定，学校内部人事管理制度发生法律上的效力应当满足的条件有以下几点：

第一，学校内部人事管理制度的制定必须属于校长的法定权限之内。学校内部人事管理制度是否生效的首要考量因素是内部规章的制定者是否具有相关权限。考察当前法律法规关于校长职权的规定可以发现，严格意义上的学校内部人事管理制度的制定，其实质就是校长行使规章制度制定职权的结果。具体来说，校长制定校内人事管理制度的职权依据包括以下方面：

一是教育法律法规的规定。如:《中华人民共和国教育法》第三十一条规定的“学校的教学及其他行政管理，由校长负责”。《中华人民共和国义务教育法》第二十六条规定了“学校实行校长负责制”。二是专门性教育规范性文件的规定，如:《义务教育学校校长专业标准》中“引领教师成长”和“优化内部管理”模块分别明确义务教育学校校长要能够“建立健全教师专业发展的制度”和“建立健全学校人事、财务、资产管理等规章制度”。

第二，学校内部人事管理规章制度的制定不能违反法律的强制性规定和法定授权范围，不得违反学校章程。学校作为专门性的教育机构和组织，其办学行为和自治规范都必须在法律规定的框架下进行，依法治校的基本要义之一就是学校治理体系的合法化和治理行为的守法化。因此，学校内部人事管理制度也不得违反法律的强制性规定，而违反法律强制性规定的学校内部人事管理制度则因不具备合法性基础而不具有法律效力。

第三，学校内部人事管理规章制度不能违反学校章程的规定。2012 年以来，为推进各级各类依法治校工作的有序开展，教育部和地方教育行政部门均以学校章程建设作为推进学校依法治校的重要抓手和首要途径。章程是学校依法治校的纲领性文件，是学校内部管理规章制度体系建设的基础性文件，学校内部规章制度应当符合学校章程的规定。

第四，学校内部人事管理规章制度必须经过教职工代表大会等民主程序并依法公示。学校内部人事管理制度的调整对象主要是学校与教师的人事管理关系，其内容与教师个体权利和教师群体权益具有密切利害关系，因此，根据《学校教职工代表大会》第七条第四项教职工代表大会有权“讨论通过学校提出的与教职工利益直接相关的福利、校内分配实施方案以及相应的教职工聘任、考核、奖惩办法”之规定，涉及教职工权利的学校内部规章制度必须经过教职工代表大会讨论通过。同时，为保证学校内部人事管理规章制度生效和执行程序的规范性和全面，避免因程序瑕疵导致相关规章制度的约束效力减弱，根据《教育部关于推进中小学信息公开工作的意见》关于学校信息公开内容的规定，经过学校教职工代表大会讨论通过的规章制度还应当按照法律法规规定的形式和方式进行公开公示。

第五章　社会参与视角下学校教育纠纷校外预防机制

第一节　学校法律顾问制度

《全面推进依法治校实施纲要》将学校法律顾问的工作范围界定为“在学校的决策、管理过程中要发挥参谋和助手作用，对学校出台的有关管理措施、对外签订的合同、实施改革方案等，要进行合法性评估、论证”。中小学法律顾问制度的有序运行，可以助力学校师生的法治理念和法律意识的培养、学校治理结构的优化、学校章程制定及其他规章制度的建立、学校办学行为规范化、学校师生合法权益的保障和维护，有利于预防学校教育纠纷的发生和降低纠纷的危害程度，对于推进中小学依法治校工作具有重要的现实意义。

一、中小学法律顾问制度的运行模式

由于行政区域、学校性质、办学情况等多方因素的差异，我国各地区中小学法律顾问的运行模式各不相同，具有区域化、多样化、差异化等特点。根据中小学法律顾问聘任主体的不同，可以分为行政部门主导模式、学校主导模式和行政部门指导下的学校主导模式三种。

（一）行政部门主导模式

中小学法律顾问制度主要涉及中小学校和法律顾问两方面主体。中小学

校属于教育领域，由教育行政部门主管；法律顾问多是由律师担任，律师工作的指导与监督由司法行政部门负责。因此，实践中，中小学法律顾问涉及的行政部门主要是教育、司法行政部门。行政部门主导模式是由地方政府或地方教育、司法行政部门选拔或聘任有资质的律师作为所在行政区域内的中小学法律顾问，并将聘任的律师具体分配到行政区域内的各个中小学校，实现“一校一顾问”的法律顾问模式。此种模式下，教育、司法行政部门牵头负责学校法律顾问配备工作。司法行政部门对律师、基层法律工作者担任法律顾问工作行使指导、管理和监督职能，对法律顾问的工作纳入年度考核内容。教育行政部门对学校法律顾问工作开展情况和工作实效进行检查、督导。行政部门主导模式下的中小学法律顾问运行机制具有效率高、普及广、灵活性不强、对程序正义的要求较高等特点。

（二）学校主导模式

学校主导模式是中小学校自主选择和聘任具有资质的律师作为学校的法律顾问的模式。在这种模式下，学校和律师事务所（或律师）作为顾问法律关系的双方主体，一般以签订顾问合同的形式明确约定双方的权利、义务、工作机制、违约责任和纠纷解决途径等内容。学校与法律顾问是民法意义上的平等主体，双方的行为方式应当严格以顾问合同的规定予以执行。学校和法律顾问均有权依据合同对对方主体进行监督或追责。对于中小学校而言，学校主导模式下的中小学法律顾问制度具有自主性强、灵活性高等特点。其局限在于，此种模式下中小学校是否能够及时、有效聘任法律顾问，很大程度上依赖于校长对法律顾问的认可程度，或者说是校长个人依法治校的理念意识是否建立。

（三）行政部门指导下的学校主导模式

行政部门指导下的学校主导模式是指由地方教育、司法行政部门按照一定的公开化、透明化的程序遴选出具有资质的律师事务所，并向辖区内的学校推荐，指导学校单独或联合聘请法律顾问，最后由学校与律师事务所签订顾问协议，聘请该律师事务所的律师作为学校法律顾问的模式。行政部门指导下的学校主导模式与行政部门主导模式在法律关系方面具有本质区别。前者的聘任主体是中小学校，后者的聘任主体是行政部门。换句话说，两种模式下顾问法律关系权利义务的承担主体是不同的，一个是中小学校，一个是行政部门。在运行机制方面，行政部门指导下的学校主导模式兼具前两种模式的优势，既具备效率高、普及范围广的特点，又赋予了学校自主选择是否聘任、怎样聘任的权利。

二、中小学法律顾问制度的运行障碍

（一）外部法治环境支撑不足

作为推进依法治校理念从思想意识到实践操作的重要手段，中小学法律顾问制度的普及和运行从根源上依赖于相关利益主体对法律和法治的尊重和认可，在此基础上，才能将法的文本规定和法的权威性内化为主体内在的、自觉的规则意识、程序意识和法治行为。我国的法治实施体系和法治运行机制正处于不断完善的过程中，尚未在社会层面形成尊重法律、崇尚法律的普遍意识形态，社会整体对法治和法律的尊重和信仰都有待提升。具体到教育系统，仍然存在教育部门依法行政的理念和实践不充分，中小学校对依法治校的理解相对狭隘，教师和学生的权益未能得到有效保障等问题。任何领域的法治化发展都要植根于社会大环境之中，如果社会层面对法律的重视度不够，必然影响教育领域法治化的进程，进而造成中小学法律顾问制度赖以运行的法治环境薄弱。

（二）利益关系主体认知不够

中小学法律顾问制度的利益相关主体主要包括教育行政部门、学校、校长、教师、学生及其监护人、律师和律师事务所等。首先，教育行政部门、学校（校长）作为学校法律顾问的聘任方，其对学校法律顾问制度的重视和认可程度，直接影响着中小学法律顾问制度能否有效构建和运行。其次，教师、学生及其监护人的认可程度影响着学校法律顾问制度能否有序开展并发挥实效。再次，律师或律师事务所的工作理念和职业状态，直接影响着学校法律顾问制度的实效性和长效性，法律顾问工作的实效性直接影响其他利益主体对于中小学法律顾问的重新定位。

中小学法律顾问制度对于推进依法治校的重要性尚未得到利益相关者的普遍认可，相关利益主体在中小学法律顾问制度建构方面存在利益博弈。首先，在行政部门主导或参与的学校法律顾问聘任模式中，教育、司法部门能否实现良性配合，直接决定着中小学法律顾问制度运行的成败。由此产生的问题在于，行政部门之间的有机配合问题、谁牵头、谁负责，容易出现多头管理或管理漏洞、互相推诿等。其次，中小学法律顾问制度运行所需经费的主要来源方是政府，教育主管部门则是政府出资行为的代表方和具体实施方。中小学法律顾问经费由教育主管部门列支，那么其总体经费的数量就会产生相应的减少，在一定程度上降低了教育部门推进中小学法律顾问制度的积极性。再次，对于学校、教师、学生及其家长而言，他们更多的是希望通过学校法律顾问辅助处理各种突发事件，维护合法权益并解决纠纷。而对于学校法律顾问制度对教育管理工作形成的法律监督和带有“妥协性”的权益止损，他们会在一定程度上予以排斥。① 最后，法律顾问是以追求经济效益最大化和法律效果最优化为工作目标的。对于中小学法律顾问而言，在工作内容总量一致的情况下，中小学的公益性和经费固定性决定其经济效益可能要低于企业法律顾问。律师作为理性经济人，对收益的合理追求具有天然性和当然性。如何在法律顾问的经济收益与中小学办学公益性之间做好平衡，也是中小学法律顾问制度需要面对的问题之一。

(三)选聘程序公开性较弱

行政部门主导和参与的学校法律顾问运行模式均是由行政部门在“资质优秀”的律师事务所中选拔聘用，此种选拔聘用的形式可以进一步完善。衡量一个律师事务所及其律师能否做好中小学法律顾问工作，不能只看律师事务所是否“资质优秀”，而是应当综合考量律师事务所和律师的专业精神、业务专长、投入业务工作的时间与精力等。实践中，“资质优秀”的律师事务所及其律师通常是经济、金融纠纷案件较多，这些案件的标的动辄成百上千万。从追求

① 李祥，吴希. 中小学法律顾问制度：现状、困境与对策[J]. 中小学管理. 2014(4)：29.

利益最大化的角度来分析，律师在法律业务繁多的情况下，可能会将较多的精力投入到案件复杂、标的额和顾问费用更高的民商事案件中，对于中小学法律顾问工作既不热衷也无暇参与。但碍于地方司法局等行政主管部门的单方选择，又不得不参与其中。在这样的情况下，选拔为中小学法律顾问的律师事务所或律师既因为业务繁忙不能全身心做好学校法律顾问工作，又因为积极性不高影响中小学法律顾问工作的实效。在司法实践中，"普通资质"的律师事务所和律师恰恰是接触人身伤害、合同纠纷、保险理赔、起草公司法律文件等诉讼和非诉案件较多的群体。而学校法律顾问的工作内容主要是对学校办学与治理行为、内部规章制度、教师聘任合同纠纷、学生伤害事故纠纷等提供法律评估和法律意见。从业务相关性分析，"普通资质"的律师事务所及其律师也可以做好学校法律顾问工作。因此，可以探索以招投标等形式选聘学校法律顾问，通过引入竞争机制、规范程序标准等完善中小学法律顾问的选聘程序。

三、中小学法律顾问制度的优化

（一）中小学法律顾问聘任模式灵活自主

中小学法律顾问的聘任模式需要综合特定的时间阶段、区位特点、专业人才资源的配备等因素进行确定。从横向来看，我国各地区、各个中小学校在以上因素方面存在差异，中小学法律顾问的聘任模式必然呈现地域化、多样化的"百花齐放"态势；从纵向看，中小学法律顾问聘任模式应当呈现单一化的发展趋势。

一方面，在现行中小学办学情况来看，中小学法律顾问的聘任模式以行政部门指导下的学校自主选聘模式更具有优势。首先，中小学校在依法治校方面远远落后于高校。中小学既缺乏法律方面的专业人才，也没有形成普遍的法治意识和法治思维。这样一来，中小学校在法律顾问的选聘工作中的专业性不够，需要政府和主管行政部门予以协调。其次，中小学校普遍对教育行政部门具有很强的依赖性和依赖心理。在学校伤害事故纠纷及其解决的调研中，几乎所有学校都表示希望政府出面对纠纷处置协调。再次，对于政府部门而言，为了保证基础教育学校教育教学的有序开展，避免出现辖区教育“一放就乱”的现象，教育部门也愿意或不得不进行引导。此外，经费问题也是中小学校乐于教育部门主导参与到学校法律顾问工作中的重要原因。

另一方面，随着我国教育改革与教育治理现代化的深入和发展，中小学办学自主权和办学自主性的不断明晰，学校主导模式是中小学法律顾问制度的发展方向。随着学校依法治校工作的不断推进，学校师生法律意识和法律素养的提高，学校法治氛围的不断积淀和浓厚，学校自主办学理念的深入，中小学自主选聘法律顾问应当成为未来的趋势。

（二）中小学法律顾问制度的程序保障

首先，在行政部门主导模式和行政部门指导下的学校主导模式中明确教育、司法行政部门的职责，尤其是行政部门在监督和追责方面的权责，建立起政府主导的风险防控体系。应当建立法律顾问淘汰制度，定期对聘任的律师事务所进行考评和监督，对于不能按时、保质保量完成顾问职责的，应当及时进行清退。

其次，中小学法律顾问的聘任范围应当扩大至学校所在市区的全部律师事务所，而不是现在的“资质优秀”的律师事务所。同时，可以以招投标的形式，由学校或教育行政部门通过司法行政部门向所在地区的律师事务所发出邀标函，有意向的律师事务所进行竞标。在选聘法律顾问的过程中，应当避免行政部门或学校领导人员或利害关系人的“权力寻租”问题，建立明确可行的回避程序。此外，还应当在选聘过程中注重教师、学生及其家长的参与权和知情权。

（三）中小学法律顾问制度的工作机制

中小学依法治校要求学校遵循法治思维、运用法治方式，按照法律的规定建立健全学校内部治理结构和各项规章制度，积极维护师生合法权益，依法依规管理学校事务，开展教育教学活动。中小学校法律顾问在提高师生法律意识、妥善处理学校法律事务、预防各类教育纠纷、强化依法治校等方面有着不可替代的作用。

首先，法律顾问是中小学校的“法律智库”和教育纠纷的“阻隔器”。一是开展法治教育和培训，提高学校管理者和师生主体的法治意识。[①] 二是为学校做出的各类法律行为提供法律意见和法律咨询，对学校办学和管理行为进行法律风险的分析和评估，负责草拟、修改或审查学校各类合同。三是参与和指导学校做好建章立制工作[②]，帮助学校制定章程及以章程为核心的规章体系，建立学校规章的审查与清理机制。在建立健全学校各项规章制度的基础上，辅助学校做好构建依法治校校内治理结构的工作。四是在构建和完善学校民主管理和决策机制、健全社会参与机制等方面提出专业意见。学校法律顾问通过开展法治教育，辅助学校提升依法治校水平，规范各类校园伤害事故和突发事件发生后的善后处理，保障学生和教师在学校办学中应当享有的合法权益，不断增强学校依法、妥善处理学校法律纠纷的能力，对于避免教育主体之间法律纠纷的发生具有积极作用。

其次，中小学法律顾问是学校安全工作的有效推手。中小学法律顾问可以参与到学校的法制安全教育、学校伤害事故处理等工作中。一是可以为学校教职员工、学生提供法律培训、法律咨询，根据青少年学生不同学龄阶段的生理特点、心理特点、接受能力，有针对性地开展学校法制宣传教育工作，增强学校依法管理水平和广大师生的法制意识。二是开展安全教育，协助学校应对突发事件、协助做好校园安全防范、学校周边环境安全隐患的处置。

最后，中小学法律顾问通过维护学校和师生的“维权利器”，对于涉校纠纷起到“定纷止争”的作用。通过律师顾问合同的约定，中小学法律顾问可以代理学校的诉讼、仲裁、执行和其他非诉法律事务，参与学生保险纠纷、人身伤害赔偿、教职员工劳动纠纷，有效维护学校和师生合法权益。

---

① 王华伟，冯文全. 法律顾问在高校依法治校中的职能和作用[J]. 当代教育论坛. 2007(7):18.

② 侯铁虎，王志强. 充分发挥法律顾问在依法治校中的作用[J]. 中国高教研究. 2004(9):69.

第二节　学校侵权损害赔偿社会化分担机制：校方责任保险

传统的侵权损害赔偿救济是通过侵权责任确定行为人对受害人进行补偿，由于社会风险的波及范围不断扩大、影响程度不断增加以及风险的不可预知性越来越明显等原因，传统的、单一的侵权损害赔偿法律救济机制不能完全满足风险社会对于"完全损害赔偿"[①]的基本要求，责任保险、第一方保险、社会救助基金等逐渐发展成为侵权损害赔偿责任分担和损失转移的重要途径，逐渐发展形成了多层次、综合性的侵权损害赔偿救济体系。研究者从学理上将侵权损害赔偿体系划分为公共性的赔偿体系和私人性的赔偿体系两大部分。其中，公共赔偿体系主要由来源于税收和其他费用的社会保险及公益基金组成，具有公法上的强制性特点；私人赔偿体系主要是由第一方保险、侵权责任制度和责任保险等组成，这三者具有私法自治特点。[②] 侵权损害赔偿综合性救济体系是学校伤害事故侵权损害赔偿责任分担机制的理论基础。

一、学校伤害事故侵权损害赔偿综合性救济体系

根据侵权损害赔偿综合性救济体系理论，学校伤害事故侵权损害赔偿综合性救济体系可以划分为公共赔偿体系和私人赔偿体系两个方面（详见图5—1）。公共赔偿体系包括社会保险制度和学校伤害事故社会救助基金制度，私人赔偿体系包括学校伤害事故侵权责任制度、第一方保险（如学生人身意外伤害保险）和第三方保险（校方责任保险制度）。其中，学校伤害事故侵权责任制度和校方责任保险制度是学校伤害事故受害人进行权利救济和损失填补最

① 王泽鉴.损害赔偿[M].北京：北京大学出版社，2017：13.

② 杨帆.风险社会视域中侵权损害赔偿与责任保险的互动机制[M].北京：中国社会科学出版社，2016：11.

基本的法律救济途径,学校伤害事故社会救助基金则是重要的补充救济途径。

广义的学校伤害事故侵权损害赔偿综合性救济体系主要是指除学校伤害事故侵权责任制度以外的其他侵权损害赔偿救济制度的统称。狭义的学校伤害事故侵权损害赔偿综合性救济体系主要是指校方责任保险制度和学生伤害事故社会救助基金制度,其中校方责任保险制度是学校伤害事故侵权损害赔偿责任分担机制的核心内容,学校伤害事故社会救助基金制度是学校伤害事故侵权损害赔偿责任分担机制的重要补充。

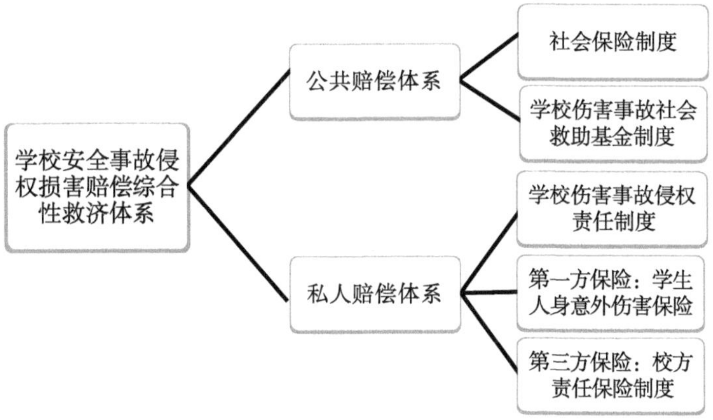

图 5—1 学校伤害事故侵权损害赔偿综合性救济体系

二、中小学校方责任保险制度的立法进程

校方责任保险是建立和完善学校伤害事故风险防控体系和风险管理机制的重要内容,是“国家为维护学生利益、建立健全我国教育行业风险管理服务体系而出台的一项重要的社会政策,也是我国探索学生利益保障走向市场化的一种有益尝试”[①]。校方责任保险是我国责任保险的类型之一,是指在学校组织的校内和校外相关教育教学活动中,由于学校的非主观过失导致注册学生或教师的人身或财产权利受到损害,依照相关法律法规应当由学校承担直

① 牟永福.全日制中小学校方责任保险的制度设计及其存在的问题[J].教育学术月刊,2010(2):83.

接经济损失赔偿责任，由保险公司依照保险合同约定代替学校对受害人进行经济赔偿，直接向受害人赔付保险金而填补受害人所受损害的保险制度。

（一）发端于学生伤害事故处理地方性立法

我国校方责任保险的“地方立法”实践早于国家层面的“立法”实践，最初始于 2000 年 10 月 8 日中国保监会（今银保监会）批准的“校（园）方责任保险条款”。2001 年 7 月，《上海市中小学校学生伤害事故处理条例》颁布实施，根据该条例第二十二条的规定，由上海市或者该市各区、县为单位，组织学校投保责任险。同年 9 月，上海市教育委员会发布了《关于贯彻执行〈上海市中小学校学生伤害事故处理条例〉的通知》，明确由上海市教委为该市中小学校统一投保校方责任险，用以解决学校责任引起的伤害事故的赔偿。实践中，由中国平安保险公司跟上海市人民政府合作设立学校责任保险，上海市教委统一为中小学校投保，由平安产险上海分公司承保。至此，开创了我国校方责任保险地方立法与区域实践的先河。

（二）推广于学生伤害事故处理国家立法

为了合理预防和妥善处理学校伤害事故，教育部于 2002 年 9 月发布了《学生伤害事故处理办法》，该办法首次以部门规章的形式对校方责任险进行国家层面的立法规定，奠定了校方责任保险在全国范围确立并推广的合法性基础。

《学生伤害事故处理办法》第三十一条提出，对于有条件投保校方责任险的学校，根据保险法的规定进行投保是强制性的；对于无条件或者条件不充分的学校，教育行政部门可以根据实际情况，采取多种措施鼓励中小学参加校方责任保险。2006 年 9 月，教育部等十部委联合发布了《中小学幼儿园安全管理办法》，该办法在第十四条规定：“有条件的，学校举办者应当为学校购买责任保险。”以上两部国家层面的校方责任保险法规，其立法内容包括了任意性规范和强制性规范的内容，强制性规范以学校符合任意性规范为前提条件，即学校应当购买校方责任保险的前提是学校“有条件购买”，至于“有条件购买”的标准是什么、学校“有条件购买”的界定主体是教育部门还是学校自身等问题，以上法规均没有明确说明。由于任意性规范内容的不确定性，以其为前提条件的强制性规范也间接具有不确定性，这极大地削弱了其强制性效力，法规中的“应当购买”校方责任保险也弱化为“可以购买”校方责任保险。

从以上两部法规内容来看，国家层面对于校方责任保险的立法意图在于宏观引导，目的在于赋予省级地方政府对于校方责任保险地方立法和地方实践更多的自主选择权，使校方责任保险制度的推广与地方经济社会发展水平相适应，更好地将校方责任保险作为商业保险的“经济性”，与校方责任保险转移学校伤害事故损害赔偿责任、填补受害人损失进而避免发生学校教育纠纷的“公益性”相结合。2011 年修订的《学生伤害事故处理办法》没有修改校方责任保险的规定，也进一步印证了以上观点。总的来说，以教育部部门规章形式颁布实施的《学生伤害事故处理办法》和《中小学幼儿园安全管理办法》，为各省市推进实施校方责任保险制度提供了国家层面的法律依据，为我国校方责任保险制度的广泛推广和发展奠定了立法基础。

（三）发展于校园伤害事故风险管理机制国家规范文件

2008 年 4 月，教育部、财政部、中国保险监督管理委员会联合发布了《关于推行校方责任保险完善校园伤害事故风险管理机制的通知》，首次以国家部委规范性文件的形式详细规定了我国校方责任保险的投保范围、责任范围、赔偿范围及经费保障等。

根据该通知的规定，其一，我国校方责任保险的投保范围是国家或社会力量举办的全日制普通中小学校（含特殊教育学校）、中等职业学校。其二，校方责任保险的保险责任范围是因校方责任导致学生的人身伤害，依法应由校方承担的经济赔偿责任。其三，对于校方责任保险的经费保障，九年义务教育阶段学校投保校方责任保险所需费用，由学校公用经费中支出，每年每生不超过 5 元。其他学校投保校方责任保险的费用，由省、自治区、直辖市教育行政部门、财政部门和保险监管机构联合确定。其四，校方责任保险的责任限额由各地结合本地经济、社会发展实际情况自主制定。

2017 年 4 月，国务院办公厅发布了《关于加强中小学幼儿园安全风险防控体系建设的意见》，该意见将校方责任保险制度纳入学校伤害事故多元化风险分担机制之中，进一步明确了校方责任险的经费来源和出资主体。根据该意见，学校举办者应当为学校购买校方责任险，其中，义务教育阶段学校投保校方责任险所需经费从公用经费中列支，其他学校投保校方责任险的费用由各省（区、市）按照国家有关规定执行。该意见还鼓励积极探索与学生利益密切相关的食品安全、校外实习、体育运动伤害等领域的责任保险，进一步为丰富校方责任保险的险种类型奠定了法律基础。

三、中小学校方责任保险发展成效

我国校方责任保险的发展至今已经有近20个年头，校方责任保险的投保地域基本覆盖全国，保费标准趋于清晰，保费缴费主体和经费来源逐渐明确，保险险种类型逐渐增多，目前已基本形成校方责任保险“主险＋附加险”和新兴学校责任保险相辅相成的综合性学校责任保险体系。

（一）保险险种更加丰富，保险范围不断扩大

在原中国保险监督管理委员会官网的备案记录来看，近年来备案的校方责任保险产品总量增多。一方面，有38家财产保险公司备案校方责任保险，占总备案的财产保险公司的58.46％，近8年增加了11家，说明我国校方责任保险的经营主体正在逐渐增加。另一方面，截至2014年3月31日，已备案校方责任保险的总数为420个，其中附加险增加了225个，主险增加了126个。[①] 校方责任保险附加险产品种类的增加，扩大了校方责任保险的保险范围，缓解了最初校方责任保险的保险范围过窄的问题，如：不能赔付在学校没有过错或者承担严格责任时的人身损害赔偿费用、不能赔付师生人身损害时的精神损害赔偿费用等。

通过对中国保险行业协会官方网站中备案的校方责任保险及其附加险条款等进行整理，将不同保险公司的校方责任保险附加险条款的具体内容进行同类合并与系统分类，校方责任保险附加险条款主要分为26个类别，其中附加校方无过失责任保险条款、附加精神损害赔偿责任保险、附加注册学生第三

---

① 唐金城，林媚远．平安中国视角的校方责任保险发展研究[J]．西南金融，2018(6)：48.

者责任保险等较为常见。北京市、天津市、贵州省、青岛市等已相继发布规范性文件，明确在中小学校推广附加校方无过失责任保险。新兴学校责任保险主要有3个类别，分别是校园足球运动责任保险及其附加险条款、学生营养餐责任保险和学校食品卫生责任保险等。详见表5—1。

表5—1　我国现行中小学校方责任保险附加险及新兴学校责任保险种类[①]

保险类型	校方责任保险附加险条款	新兴学校责任保险
保险条款	1. 校(园)方责任保险附加校方无过失责任保险 2. 校(园)方责任保险附加精神损害赔偿责任保险条款 3. 校(园)方责任保险附加注册学生第三者责任保险条款 4. 校(园)方责任保险附加集体活动扩展条款 5. 校(园)方责任保险附加财产损失保险条款 6. 校(园)方责任保险附加严格责任赔付保险条款 7. 校(园)方责任保险附加新增学生自动纳入保险条款 8. 校(园)方责任保险附加校际交流学生或实习生保险条款 9. 校(园)方责任保险附加恶劣天气保险条款 10. 校(园)方责任保险附加自然灾害保险条款 11. 校(园)方责任保险附加抢救优先原则保险条款(可免查勘) 12. 校(园)方责任保险附加异地索赔处理保险条款 13. 校(园)方责任保险附加县级以下医疗机构保险条款 14. 校(园)方责任保险附加应急预付赔款保险条款 15. 校(园)方责任保险附加被保险人雇员(在职教职工)因公人身伤亡赔偿保险条款 16. 校(园)方责任保险附加违反条件保险条款 17. 校(园)方责任保险附加不受控制保险条款	1. 校园足球运动责任保险及其附加保险条款 2. 学生营养餐责任保险 3. 学校食品卫生责任保险

① 不同保险公司在是否承保校方责任险等相关保险、承保哪些校方责任保险附加险条款等方面均存在差异，本表中的保险条款是将中国保险行业协会网站财产险产品信息库中列明的全部校方责任保险附加险和新兴学校责任保险进行汇总整理所得，并未区分不同保险公司的具体承保情况。

续表

保险类型	校方责任保险附加险条款	新兴学校责任保险
	18. 校(园)方责任保险附加保密保险条款 19. 校(园)方责任保险附加预先支付赔款保险条款 20. 校(园)方责任保险附加指定公估人保险条款 21. 校(园)方责任保险附加时间调整保险条款(72 小时) 22. 校(园)方责任保险附加错误和遗漏保险条款 23. 校(园)方责任保险附加罢工、暴乱、民众骚动及恶意破坏保险条款 24. 校(园)方责任保险附加境外责任保险条款	

(二)规定主险保费生均标准,鼓励投保附加险种

目前,校方责任保险的保费标准逐渐趋于统一。保费是被保险人依据保险费率在参加保险时向保险人交付的费用。《关于推行校方责任保险完善校园伤害事故风险管理机制的通知》对生均保费的额度进行了明确规定,要求各地方对于中小学校校方责任险的保费每年每生不得超过 5 元。该规定作为国家部委的规范性文件,其在全国范围都有适用效力。以该通知为依据,部分省市进一步明确在中小学校推广附加校方无过失责任保险。根据《北京市教育委员会关于做好 2019—2020 学年度校方责任保险及附加无过失责任保险工作的通知》(京教函〔2019〕502 号),北京市 2019—2020 年度中小学校方责任保险保费为 5 元/生,校方责任保险附加无过失责任保险为 5 元/生,合计 10 元/生。根据《天津市教育委员会关于做好天津市 2019 至 2020 学年度校(园)方责任保险工作的通知》(津教政办〔2019〕193 号),天津市 2019—2020 年中小学(含特殊教育学校)、幼儿园、中等职业学校每生每年校方责任保险保费为 8 元(含附加险 3 元),普通高等院校、高等职业院校、独立学院每生每年校方责任保险保费为 10 元(含附加险 3 元)。青海省 2017 年校方责任保险及其附加险保费合计为 7 元/生,保险金额每生每次 80 万元。

(三)投保经费来源逐渐明晰

中小学幼儿园校方责任险的缴费主体是学校的举办者,民办学校和公办学校投保校方责任保险的经费来源也存在差异。一方面，公办中小学、幼儿园的举办者通常是学校所在区县的教育行政部门，故其缴费主体通常是区县教育行政部门。公办中小学、幼儿园的校方责任保险经费来源渠道主要有两种：一种是公办中小学校、幼儿园的校方责任保险所需经费在学校公共用经费中列支，第二种是由学校所在区县的教育行政部门统一支付。另一方面，由社会力量举办的中小学校、幼儿园，其校方责任保险的缴费主体是学校的举办者，由学校举办者负责筹措和缴纳投保校方责任保险所需费用。

四、中小学校方责任保险制度的不足

我国中小学校方责任保险发展至今，在妥善处理校园安全事故，构建多元化的学校伤害事故侵权赔偿责任分担机制，降低教育纠纷发生风险等方面起到了积极作用。但在实践操作过程中，立法和实施层面均存在制度性障碍和不足，使其分散学校侵权责任风险的功能未能充分发挥。

（一）校方责任保险国家立法的普遍规范性不强

国家层面对于校方责任保险的立法规定主要以部门规章为主，其立法内容回答了“购买校方责任保险的必要性”这一问题。《学生伤害事故处理办法》和《中小学幼儿园安全管理办法》采取了“任意性规范和强制性规范相结合”的立法形式，将任意性规范作为强制性规范的必要条件，导致相关规定的强制执行力和普遍规范性较弱。

《中小学幼儿园安全管理办法》第十四条第三款规定，“有条件的，学校举办者应当为学校购买责任保险”。对于本款规定，“有条件的”具有任意性规范属性，“应当”属于强制性规范范畴，前者是后者的必要条款。简言之，只要肯定了“有条件”，购买校方责任保险就是应当和必需的。根据这一立法逻辑，科学合理地界定“有条件”是明确购买校方责任保险的关键环节。一方面，界定是否“有条件”的主体通常是作为保费出资方的学校举办者，实践中公办中小学校的举办者通常是地方教育行政部门或地方政府等行政机构。另一方面，界定是否“有条件”的标准通常有主观和客观两项因素，主观因素是学校举办者对于校方责任保险的重视程度，客观因素是学校所在地方的区域经济发展水平。实践中，这两项因素都具有很强的差异化趋势，导致不同举办者、不同地方的学校购买校方责任保险的情况存在较大差异。

（二）校方责任保险的区域执行情况差异明显

前文已述，校方责任保险制度的推广和实施更多地依赖于地方政府部门的区域性政策，由于各地经济、社会、文化、教育等方面的发展水平不同，校方责任保险在执行和实施层面具有明显的"区域差异"。

通过威科现行法律信息库检索2018年1月1日至2018年11月1日部分校方责任保险诉讼裁判文书，本书对其中载明的保险形式和金额进行整理分析（表5—2）。结果显示，一是校方责任保险的保险金额省域差距明显；二是大部分地区采取了"校方责任保险＋附加险"的综合投保形式，但保险类型县域差异突出；三是在投保的校方责任保险附加险的投保类型中，附加校方无过失责任保险、附加精神损害赔偿责任保险和附加注册学生第三者责任保险较为常见；四是校方责任保险的保险金额中对医疗费的赔付限额县域差异较大。医疗费是指受害人遭受人身损害之后为使身体恢复健康而接受医学治疗以及后续的康复治疗过程中所必需支出的合理费用。根据《中华人民共和国侵权责任法》第十六条和《最高人民法院关于审理人身损害赔偿案件适用法律若干问题的解释》第十七条的规定，一般性（非致残、死亡）人身伤害案件的损害赔偿费用主要包括医疗费、护理费、交通费、误工费、住院伙食补助费和必要的营养费等。通常情况下，医疗费在这些赔偿费用中所占比重较大，校方责任保险的保险金额中对于医疗费赔付金额的限制，往往会直接影响学校伤害事故中受伤害的学生能否实际获得与其受到损害相应的等额、全面赔偿，进而影响校方责任保险及其附加险的实际保险效用。

表 5—2 2018 年校方责任保险省域、县域发展情况统计(部分地区)

<table>
<tr><th rowspan="2">省市</th><th rowspan="2">区县</th><th rowspan="2">保险类型</th><th colspan="2">保险金额</th><th rowspan="2">保险期间
(年一年)</th></tr>
<tr><th>每人/次</th><th>每校/次</th></tr>
<tr><td rowspan="3">河北省</td><td>赵 县</td><td>校方责任保险</td><td>20 万</td><td></td><td>2017—2018</td></tr>
<tr><td>冀州市</td><td>校方责任保险</td><td>50 万(医疗费限额 8 万)</td><td></td><td>2015—2016</td></tr>
<tr><td>迁安市</td><td>校方责任保险</td><td>50 万(医疗费限额 50 万)</td><td>1200 万</td><td>2016—2017</td></tr>
<tr><td rowspan="5">安徽省</td><td rowspan="2">庐江县</td><td>校方责任保险</td><td>30 万</td><td>450 万</td><td rowspan="2">2016—2017</td></tr>
<tr><td>附加校方无过失险</td><td>10 万(医疗费限额 2 万)</td><td>100 万</td></tr>
<tr><td rowspan="3">太和县</td><td>校方责任保险</td><td>30 万</td><td></td><td rowspan="3">2016—2017</td></tr>
<tr><td>附加校方无过失保险</td><td>10 万</td><td></td></tr>
<tr><td>附加精神损害赔偿责任保险</td><td>5 万</td><td></td></tr>
<tr><td rowspan="5">河南省</td><td rowspan="2">孟州市</td><td>校方责任保险</td><td>30 万</td><td>450 万</td><td rowspan="2">2016—2017</td></tr>
<tr><td>附加校方无过失保险</td><td>15 万(医疗费限额 3 万)</td><td>150 万</td></tr>
<tr><td>清丰县</td><td>校方责任保险</td><td>30 万</td><td>450 万</td><td>2017—2018</td></tr>
<tr><td rowspan="2">西华县</td><td>校方责任保险</td><td>30 万</td><td></td><td rowspan="2">2016—2017</td></tr>
<tr><td>附加校方无过失保险</td><td>15 万</td><td></td></tr>
<tr><td rowspan="2">湖南省</td><td rowspan="2">永兴县</td><td>校方责任保险</td><td>30 万(医疗费限额 1 万)</td><td>200 万</td><td rowspan="2">2016—2019</td></tr>
<tr><td>附加校方无过失保险</td><td>8 万(医疗费限额 1 万)</td><td>100 万</td></tr>
<tr><td rowspan="3">湖北省</td><td>崇阳县</td><td>校方责任保险</td><td>50 万(精神损害赔偿 5 万)</td><td></td><td>2016—2017</td></tr>
<tr><td rowspan="2">襄阳市</td><td>校方责任保险</td><td>50 万</td><td>100 万</td><td rowspan="2">2017—2018</td></tr>
<tr><td>校(园)方责任保险附加注册学生第三者责任保险</td><td>20 万</td><td>200 万</td></tr>
</table>

(三)校方责任保险第三人直接请求权难以有效落实

在校方责任保险理赔过程中,校方责任保险能够及时、高效和充分地理赔,不仅有利于保险人良好商业声誉的形成和维护,还有利于减轻和分担学校致人损害所应当承担的赔偿责任,通过转移侵权责任赔付主体以维护学校正常的教育教学秩序。更重要的是,校方责任保险的有效理赔,关系到学校伤害事故受害人所遭受的人身或财产损害以及由此产生精神损害能够得到及时、足额的“填补”与救济,这也是责任保险制度越来越突出的基本功能。

“责任保险‘填补损害’的功能,从填补被保险人因赔偿受害人导致的损害，逐渐转移至填补保险合同第三人的损害。这种理念变迁和发展趋势可以说是责任保险领域最大的变化。”[①]虽然责任保险的价值关注已经逐渐向填补第三人所受损害转移，但立法往往具有一定的“滞后性”。《中华人民共和国保险法》虽然规定了责任保险中第三人的直接请求权，但主要是原则性和抽象性的规定，其具体行使仍然存在操作障碍。《中华人民共和国保险法》第六十五条前两款规定：“保险人对责任保险的被保险人给第三者造成的损害，可以依照法律的规定或者合同的约定，直接向该第三者赔偿保险金。责任保险的被保险人给第三者造成损害，被保险人对第三者应负的赔偿责任确定的，根据被保险人的请求，保险人应当直接向该第三者赔偿保险金。被保险人怠于请求的，第三者有权就其应获赔偿部分直接向保险人请求赔偿保险金。”根据该规定，侵权损害的受害人作为责任保险的第三人，其直接请求权的行使是“依附式”和“附条件”的。

一方面，“依附式”是指责任保险中第三人直接请求权的实现依赖于保险人的直接赔偿行为。其一，对于被保险人对第三人造成的损害，保险人有权自主选择是否直接向受害第三者赔偿保险金，保险公司既可以选择直接向第三人赔偿，也可以选择不赔。其二，在被保险人对第三者应负的赔偿责任确定，且被保险人明确提出由保险人直接向第三人进行赔付的请求时，保险人应当直接向受害第三人赔付赔偿金。此种情况下保险人具有向第三人直接赔付的法定义务。另一方面，“附条件”是指责任保险中第三人直接请求权的实现受制于法律规定的两个条件：一是被保险人的赔偿责任是“确定”的，这里的“确定”包括责任划分的确定和赔偿金额的确定两方面；二是“被保险人怠于请求”，而实践中如何界定“被保险人怠于请求”的标准仍不够明确，导致第三人直接请求权的行使障碍重重，不利于受害第三人及时获得足额救济。

在校方责任保险理赔过程中，受害学生的第三人直接请求权同样是“附条件”的。一方面，学校赔偿责任的“确定”是受害学生行使直接请求权的前提条件。实践中对于“确定”赔偿责任的主体，往往需要人民调解机构、教育行政部

---

① 刘宗荣. 保险法[M]. 中国台湾：三民书局，1995：35.

门、仲裁机构或法院等经过调解、裁定或判决程序后予以确定，而等待“确定”赔偿责任的期间会进一步消耗已经遭受人身伤害的学生及其监护人的时间和精力，无形中增加了校方责任保险受害第三人的既有损失。另一方面，即使学校作为被保险人的赔偿责任已经确定，学校“怠于请求”是受害学生行使第三人直接请求权的另一个必要条件。而如何界定学校“怠于请求”也没有明确标准，难以操作。如果受害学生及其监护人不能证明学校“怠于请求”保险人赔付，保险公司就可以拒绝直接向受害学生赔付赔偿金。

五、校方责任保险制度的优化

立足于我国责任保险法治基础和发展现实，通过健全校方责任保险法律法规、在实体和程序层面赋予校方责任保险第三人直接请求权、完善校方责任保险合同内容等，探寻优化校方责任保险制度的途径与方法。

（一）健全校方责任保险法律法规

校方责任保险制度作为学校安全管理制度的重要组成部分，《教育部、财政部、中国保险监督管理委员会关于推行校方责任保险完善校园伤害事故风险管理机制的通知》（教体艺〔2008〕2 号）规定，校方责任保险的赔偿范围、保险费的经费保障由各省、自治区、直辖市根据国家法律法规自主确定；各省级教育行政、财政部门和保险监管机构负责本行政区域内校方责任保险投保工作，制订本行政区域实施校方责任保险制度的政策和办法。根据该规定，校方责任保险制度建设属于各省、自治区、直辖市的地方性事权，实践中部分省级教育行政部门通过政府采购公开招标的方式确定本地方校方责任保险项目的保险机构。由于各地方经济发展水平和社会发展程度不同，校方责任保险的保险费、保险金额等差异性比较明显，导致在同样类型的学校伤害事故中，不同区域的学校获得保险赔付的金额并不相同，学校伤害事故受害人获得的保险赔偿金额也可能并不相同。这样反而限制了校方责任保险制度填补被保险人（学校）因赔偿受害人导致的损害和填补安全事故受害者损害的基本目标和理念。

结合《中华人民共和国保险法》和国家学校安全管理相关法律法规，在国家层面出台学校责任保险专项法规文件，明确界定学校、保险机构等相关主体在学校责任保险制度中的法律地位及相应的权利义务，进而明确其在学校安全风险管理中的角色和责任，引导相关主体充分结合法律规定和行政规范手段参与到校方责任保险制度建立和完善工作之中，调动政府及相关部门、学校、保险机构、其他社会主体参与学校安全综合治理的积极性，规范其推动学校责任保险制度实施的法律行为，实现“政府—社会—学校—保险公司”多元主体共同协作的工作格局，真正发挥校方责任保险制度填补损害的基本功能。

(二)畅通校方责任保险第三人直接请求权的行使渠道

我国现行《中华人民共和国保险法》中确定的第三人直接请求权是“确定了具有担保属性并受保险契约约束的直接请求权，必须以侵权责任的存在为前提和基础，没有过多考虑以保护受害人的权益为目的的强制责任保险要求”①。但“责任保险之目的本来在于保护被保险人，但近来其保护重心逐渐移于受被保险人侵犯之第三人，亦即受害人”②。随着责任保险损害填补功能理念的不断发展，校方责任保险也更加关注对于学校伤害事故中受到损害的学生或教师等责任保险合同第三方的损害填补功能。因此，有必要在健全校方责任保险法律法规的过程中，进一步在实体和程序等方面明确第三人直接请求权的内容和权利行使方式，这是实现校方责任保险立法目标的制度基础。司法实践中，多数法院已经允许责任保险的第三人(侵权行为的受害人)将保险人(保险公司)和被保险人(侵权行为实施主体)列为共同被告进行诉讼，或者将保险人(保险公司)作为单独被告直接起诉。

校方责任保险中的受害人第三方直接请求权，就是一旦发生学校伤害事故造成人身或财产损失的，受害第三人有权基于法律的规定或责任保险合同的约定直接向保险人请求赔偿的权利。保险人在校方责任保险限额范围内，“对第三人的人身伤害和财产损失承担保险责任，保险人就其赔偿款项被保险

① 陈亚芹.论责任保险第三人直接请求权的立法模式——对直接请求权理论基础的新解读[J].保险研究，2011(1)：103.

② 郑玉波.民商法问题研究(二)[M].中国台湾：三民书局，1980：194.

人行使追偿权”[①]。受害人的第三方直接请求权的内容是所有属于责任保险标的或者保险人保险责任范围中的所有选项，包括财产损失、人身伤害赔偿和诉讼费等其他损失。受害人的第三方直接请求权行使方式包括直接进行事故报告、直接请求伤害赔偿、直接提起诉讼等途径。[②] 这样既有利于保护受害学生或教师的正当权益，降低教育纠纷发生的概率；也有助于通过保险公司行使对学校的追偿权，发挥侵权责任的惩罚功能，进而警示学校加强学校安全管理，避免因疏忽失职造成伤害事故的校方道德风险。

（三）理顺校方责任保险制度的运行机制

对于中小学校而言，应当定期梳理学校办学管理中的“风险点”，对学校存在的不安全因素及时整改，从根本上避免学校伤害事故的发生，减少校方责任保险的出险率与理赔次数。

对于保险公司而言，一是创新保险产品设计，丰富学校责任保险产品种类，提高责任保险覆盖范围，满足不同区域学校差异化的保险产品需要，在拓宽服务内容的基础上刺激有效购买需求。二是提高保险人员综合素质，不断提高学校责任保险经纪的专业素质和职业能力，提升学校责任保险的服务质量。三是优化保险理赔过程，明确学校责任保险投保、出险、理赔等各个环节的时效标准。如：探索对部分短期理赔案件的自动处理和审批，提高理赔时效；积极实现集中转账支付或第三方、网银支付方式等理赔方式，提高理赔效率。[③] 四是改进续保机制，适当引入浮动费率制度，合理确定保险费率。浮动费率制度是指保险公司以投保学校的索赔行为为基础，依据责任保险的奖惩系统来决定下一年保费的举措，从而将保险费率与投保主体的保险信用记录

① 李青武.论责任保险中“第三人”的法律地位[J].学术界，2014(8)：200.

② 杨定玉.中小学强制责任保险制度研究[M].成都：西南交通大学出版社，2017：176－177.

③ 任洁，俞群俊等.中小学学生校方责任保险经营管理实证分析[J].保险职业学院学报，2018(1)：58－59.

相联系,并以此来决定投保主体未来支付的保费数额。[①] 引入浮动费率制度后,保险公司根据学校的索赔记录确定续期保费,对出险次数少、赔付金额小的学校给予次年保费优惠的保费政策,这样不仅有助于正面激励学校继续做好安全管理工作,避免发生安全事故,还能够从正面推动保险公司的风险管控工作有序开展。

第三节　学生伤害事故损害社会化补偿机制:社会救助基金

学生伤害事故社会救助基金制度是对受害学生进行损害填补的重要补充途径,与学校伤害事故侵权责任制度、校方责任保险制度共同属于学校伤害事故综合性损害赔偿救济体系的重要内容(见图5—2)。

学生伤害事故社会救助基金制度,是指"学生伤害事故发生后,在侵害人不明、侵害人逃逸、侵害人缺乏赔偿能力、损害系由意外事件所致等情形下,为了保障受害学生能够及时获得必要的医疗救助和最低生活保障,由学生伤害事故社会救助基金对受害者的全部或者部分抢救医疗费用、丧葬费用等进行垫付,并发放困难救助金,而后由社会救助基金向赔偿责任人追偿的制度"[②]。学生伤害事故社会救助基金是用于赔偿、救济或补助学校伤害事故侵权事件中受害学生的人身、财产损失的专项基金。

一、学生伤害事故社会救助基金的必要性

国务院办公厅于2017年发布的《关于加强中小学幼儿园安全风险防控体系建设的意见》中提出,鼓励各种社会组织设立学校安全风险基金或者学生救

---

① 杨帆.风险社会视域中侵权损害赔偿与责任保险的互动机制[M].北京:中国社会科学出版社,2016:158.

② 方益权.论学校安全事故社会救助基金制度的构建[J].温州大学学报(社会科学版),2015(11):69—71.

助基金，健全学生意外伤害救助机制。学生伤害事故社会救助基金有助于及时、有效地救助受害学生，维持良好的师生、家校关系，维护社会秩序稳定和谐。与此同时，学生伤害事故社会救助基金作为学校伤害事故受害人损害综合救济机制的重要内容，在受害人无法通过侵权损害赔偿、责任保险和意外伤害保险等途径获得充足的损害救济时，可以通过社会救助基金获得及时、充足的补偿或赔偿救济。

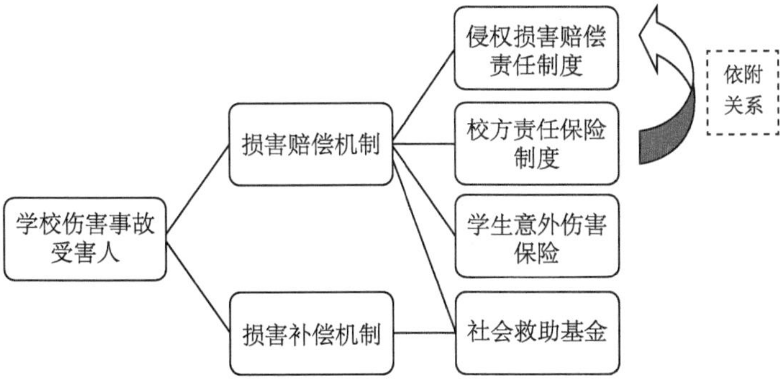

图 5—2　学生伤害事故受害人综合性损害赔偿救济体系

一方面，相较于学校伤害事故侵权损害赔偿救济方式，学生伤害事故社会救助基金更加及时、高效。虽然侵权损害赔偿的目的是救济侵权行为受害人，弥补其受到的损失，但是，侵权损害赔偿救济以确认侵权行为人的侵权责任为前提，而侵权人主观存在过错、造成了客观的损害后果、侵权行为与损害后果之间有因果关系，这三方面齐备是判定侵权人承担赔偿责任的依据。通常情况下，受害人若要追究加害人的侵权损害赔偿责任，往往需要经过法院诉讼。司法程序需要受害人付出较大的时间和精力成本，通过诉讼获得侵权损害赔偿具有滞后性和不确定性。社会救助基金以实现社会公平正义为价值理念，以保障受害人的基本生活需要和医疗救助为目的，对于受害人的补偿和救济不以侵权赔偿责任的确认为前提条件，不仅能够及时给予受害人必要的医疗或生活保障等资金补偿，还缓解了学校因为伤害事故赔偿责任而产生的资金压力，更加为伤害事故后续的责任认定、侵权损害赔偿与救济奠定了良好的基础，能够更好地平衡学校、受害人及其家庭之间的利益关系，有利于化解矛盾减少冲突。

另一方面，相较于校方责任保险制度，学生伤害事故社会救助基金对于弥补受害人的损失更加全面、切实和可操作。校方责任保险制度中，保险公司承担的是约定责任，只有发生保险合同中约定的保险事故时保险公司才会承担支付保险金的责任。实践中，校方责任保险合同中都会约定多项责任免除条款，即保险公司不需要赔付保险金的情形。以中国保险行业协会网站备案的中国平安财产保险股份有限公司平安校方责任保险条款为例，保险公司责任免除情形包括四类。第一类属于情节免赔情形，包括：①被保险人统一组织或安排的活动宣布结束，学生已脱离被保险人管理范围的；②被保险人知道或应该知道其教学建筑设施不安全，仍继续使用的；③学生自伤、自杀，学校及其教职员工没有过错的；④学生体质特异，被保险人事先不知情的；⑤学生本人或他人过错，而被保险人的行为并无不当的。第二类属于原因免赔情形，包括：①投保人、被保险人的故意行为或重大过失；②战争、敌对行动、军事行为、武装冲突、罢工、骚乱、暴动、恐怖活动；③核辐射、核爆炸、核污染及其他放射性污染；④大气污染、土地污染、水污染及其他各种污染；⑤行政行为或司法行为；⑥地震、火山爆发、海啸、雷击、洪水、暴雨、台风、龙卷风、暴风、雪灾、雹灾、冰凌、泥石流、崖崩、地崩、突发性滑坡、地面突然下陷等自然灾害；⑦被保险人默许或放任其教职员工殴打、体罚学生的行为；⑧学生打架、斗殴、吸毒等违法犯罪行为，但不包括学生在学校范围内被殴打时的正当防卫行为；⑨学生突发疾病，被保险人采取的救助措施并无不当的。第三类是损失免赔情形，包括：①被保险人及其雇员的人身伤亡及其所有或管理的财产的损失；②被保险人应该承担的合同责任，但无合同存在时仍然应由被保险人承担的经济赔偿责任不在此限；③学生在被保险人安排的实习单位实习期间遭受人身伤害导致的任何损失费用和责任；④罚款、罚金及惩罚性赔偿；⑤精神损害赔偿；⑥间接损失；⑦投保人、被保险人在投保之前已经知道或可以合理预见的索赔情况；⑧本保险合同中载明的免赔额。第四类属于兜底条款，包括其他非保险责任范围的损失、费用和责任免费情形。总的来说，校方责任保险的保险赔偿范围难以囊括在校学生或教师在学校活动中的全部伤害事故损失。学生伤害事故社会救助基金可以补救校方责任保险在保险赔偿范围狭窄方面的局限性，无论是对于学校伤害事故中存在故意侵权还是过失侵权，甚至是不可抗力、意外事件等导致的伤害事故，社会救助基金可以基于其公益性设立宗旨，给予受害人及时、有效的补偿或赔偿。

二、学生伤害事故社会救助基金的区域实践

(一)中小学学生伤害事故专项资金

关于中小学学生伤害事故专项资金运行管理的地方实践，我国杭州市和上海市浦东新区分别于 2003 年、2013 年出台了地方性规范文件，对本地区中小学学生伤害事故专项资金的管理实施进行了规定。根据《杭州市教育局直属学校学生伤害事故专项资金使用暂行管理办法》(以下简称“杭州市文件”)和《上海市浦东新区中小学校学生伤害事故专项资金管理实施细则》(以下简称“浦东新区文件”)的规定，本书分别从学生伤害事故专项资金的资金来源、资金使用条件、资金支出项目、资金具体金额和申请程序五个方面，对学生伤害事故专项资金的运行管理体制进行梳理与比较。

第一，学生伤害事故专项资金的资金来源以财政拨付资金为主，其他资金为辅。其中，浦东新区学生伤害事故专项资金的财政拨付资金纳入教育经费预算，其他资金是学校自行筹集的学生伤害事故资金，该部分资金由学校实行专款管理，区教育局负责监管。杭州市学生伤害专项资金的财政拨付资金由市教育局提出意见后，经市财政局审核后拨付，使用后的缺口，由市财政局在第二年预算中补足。

第二，学生伤害事故专项资金的使用条件在于申请专项资金的学生伤害事故必须是在学校实施的教育教学活动或者学校组织的校外活动中，以及在学校负有管理责任的校舍、场地、其他教育教学设施、生活设施内发生的，造成在校学生人身损害后果的事故，并且学校的赔偿费用已经明确后，方可由学校向相关机构提出申请。在这里，“学校的赔偿费用已经明确”是学校申请专项资金的前提条件，其认定标准具有地方差异。浦东新区文件的规定是“得到保险公司确认校方责任，并明确赔偿费用”，杭州市文件对此则没有明确规定。

第三，学生伤害事故专项资金的支出项目包括差额补足（差额补缺）和其他支出两大类。差额补足（差额补缺）是指在学生伤害事故处理过程中，用于弥补校方责任险的赔偿与依法实际处理之间的差额部分；其他项目支出是指涉及处理学生伤害事故必须开支的经费，如司法处理过程中涉及的应由学校支出的诉讼费等。实践中，差额补足（差额补缺）项目的实际支出金额会小于校方责任险的赔偿与依法实际处理之间的差额。

第四，学生伤害事故专项资金具体金额地区差异显著。浦东新区文件规定专项资金中的行政拨款金额为 2000 万元，杭州市文件规定专项资金中行政拨款的金额为 100 万元。这里需要注意的是，不同社会发展阶段、不同地方的社会经济发展水平是确定学生伤害事故专项资金金额的重要经济背景和社会基础，杭州市文件的发布时间早于浦东新区文件整整十年，杭州市文件中专项资金的金额必然会远远少于浦东新区文件中的金额。

第五，学生伤害事故专项资金的申请主体和款项接受主体都是学校，审定机构为学生伤害事故专项资金专门管理机构，或者由教育行政部门和财政管理部门进行审定。

（二）学校体育运动伤害事故专项保障基金

为了保障学校体育课等体育活动正常开展，及时弥补在学校体育课或者学校组织的体育运动中受到人身伤害的学生的损失，上海市于 2016 年 3 月开始运行“上海市学校体育运动伤害专项保障基金”（简称“体育伤害保障基金”）。体育伤害保障基金的设立目的在于弥补学校体育运动伤害事故受害人的损失，基金的给付不以侵权责任认定为前提，即使在损害的发生不是由于他人过错造成的情况下，受害人也能获得及时的补偿。

1. 体育伤害保障基金的现实意义

学校作为体育教学和体育运动的组织者，学校不仅要根据国家有关规定开展有质量的体育活动，还应当做好学校体育运动风险防控工作，维护学校体育活动中参与人员的人身安全。但是，体育运动本身天然具有特定的安全风险特性，根据伯努利的“大数定律”，由于体育教学和体育活动是学校教育职能必须开展的教育教学活动，校园体育运动意外伤害事故几乎必然发生。一个学生受伤，对于学校而言是几百或者几千分之一的意外，但对于一个家庭却是百分之百的伤害。一旦发生学生意外伤害事故，不论学校是否有过错，是否应当承担责任，家长往往会基于对孩子深切关爱和因为孩子受伤而产生的心疼、愤怒等情绪，学生伤病治疗的经济压力，以及《中华人民共和国民法通则》第一百三十二条规定的公平责任原则等法律规定等诸多因素要求学校承担赔偿责任。

体育伤害保障基金有利于缓解学校与受伤害学生家庭的矛盾冲突，维护学校正常的教育教学制度秩序。学校作为开展公共教育活动的机构，其办公经费主要用于学校的日常运转和教学设施的购置与维护，一般不包括学校伤害事故赔偿支出。如果发生学生意外伤害事件，在家长理性甚至非理性的要求学校承担赔偿责任的情况下，不论学校是否存在过错、是否应当依法承担侵权赔偿责任，学校往往为了避免家校矛盾加重、维护学校声誉和正常的教育教学秩序等向家长妥协并进行赔偿。这样一来，无异于将教育经费用于个人损害赔偿，是对其他学生的不公平，也会增加学校的经费负担，不利于学校教育教学工作的有序开展。体育伤害保障基金可以在学校体育运动伤害事故发生后，第一时间给予受伤害学生必要的资金补偿与救济，充分体现出对受伤学生及其家庭的人文关怀和积极安抚，为学校与家长之间理性沟通和依法认定学生伤害事故的损害赔偿责任奠定了良好基础，避免家校之间矛盾冲突升级。

2.体育伤害保障基金的运行模式

体育伤害保障基金的管理者按照每生每年 2 元的标准收取费用并由学校进行支付，其核心内容是在学校组织和安排的体育教学、体育竞赛、课余的体育活动和体育训练及参加相应活动和训练的交通过程中，学生发生意外身故、猝死、伤残、伤病产生医疗费用的，中国人寿上海分公司无偿给付相应基金补偿。具体补偿标准分别为：学生意外身故、猝死的，给付学生家长 20 万元；学生伤残的，给付学生不超过 50 万元；学生因伤病需要治疗的，可以给付学生不超过 10 万元的医疗费补偿，此项补偿中包含医保外补偿金 5 万元。

体育伤害保障基金的给付不以侵权责任认定为依据，其对受害人的救济性质属于补偿性救济而非赔偿性救济。体育伤害保障基金的支付并不免除侵权行为人对受害学生的赔偿责任。如果因学校的过错或者第三人的过错导致学生伤残或死亡等伤害事故的，受害人除有权获得来自侵权责任人的赔偿外，还有权获得体育伤害保障基金的补偿。

三、学校伤害事故专项社会救助基金制度的理论探讨

（一）学校伤害事故专项社会救助基金的设立宗旨

学校伤害事故专项社会救助基金的设立宗旨在于及时有效地救助学校伤害事故中的受害人及其家庭，补齐侵权损害赔偿和校方责任保险制度在受害人损失填补方面的短板，保障受害人（或其家庭）的基本生活需要以及受害人的医疗救助，避免由于学校伤害事故的发生或事故的处置等产生家校矛盾纠纷，构建起由侵权损害赔偿制度、校方责任保险制度、个人意外伤害保险制度和专项社会救助基金共同组成的、具有损失填补闭环特点的学校伤害事故受害人损失救济体系（详见图5—3）。

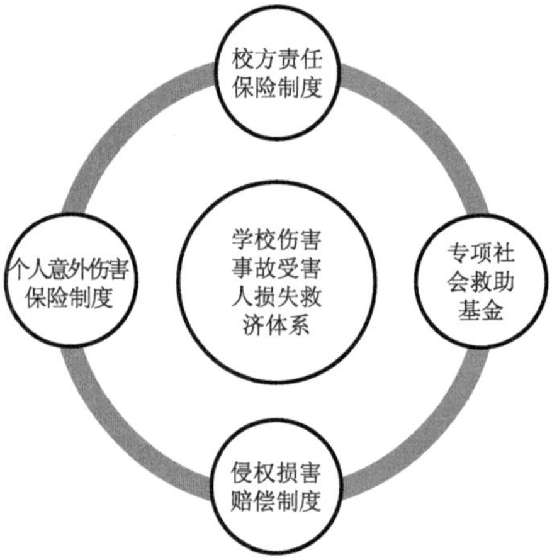

图5—3　学校伤害事故受害人损失救济体系

（二）学校伤害事故专项社会救助基金的管理模式

学校伤害事故专项社会救助基金是给予受害学生或其家庭在医疗、生活、丧葬等方面的一种托底式救助，结合多数国家和地区以及我国部分省市的区域实践来看，此类基金通常由政府设置、财政兜底，由官方机构负责管理的政

府性基金。当前，学界对于政府性基金的内涵界定并未统一。有研究者认为，政府性基金是指各级政府及其所属部门根据法律、行政法规和有关文件的规定，为支持某项事业的发展，按照法定程序批准，在一定期限内向特定公民、法人或其他组织征收的未纳入国家预算管理的各种财政性基金。[①] 也有研究者认为，政府性基金的内涵可以确定为政府及其所属部门凭借法律法规或政策文件，在一定期限内向特定对象无偿征收的专项用于特定公共或公益事业发展的财政资金，具有特定政策目的性、课征对象特定性、专款专用性以及无对待给付性。[②] 对于政府性基金而言，政府行政力量的主导使其具有设立便捷、操作简单、易于管理的相对优势。结合当前依法处置学校伤害事故的法律规定和地方实践，学校伤害事故专项社会救助基金最好是由省级或经济发展水平较高的市级地方政府教育行政部门作为基金管理机构。

（三）学校伤害事故专项社会救助基金的资金筹集

资金筹集来源问题是学校伤害事故专项社会救助基金得以构建和运行的关键环节，甚至直接决定着该专项基金作为学校伤害事故受害人损失救济方式成功与否。有研究者认为，学校伤害事故专项社会救助基金的资金来源主要有四个方面，具体包括财政拨款、社会筹集款项、救助基金的孳息和投资运行收入、救助基金管理机构依法向学校安全事故侵权赔偿责任人追偿的资金。[③] 其中，财政拨款即政府拨款，是政府通过财政预算的方式每年有计划地给予专项救助基金一定额度的专项拨款；社会筹集款项主要途径是社会捐赠，是来自社会不同层面的法人、自然人或者其他社会组织、社会团体无偿捐赠的款物；救助基金的孳息主要是在保障资金安全性的前提下，救助基金依法增值的部分，如用于银行储蓄孳息。

---

① 孙晋，王菁．论我国食品安全事故补偿基金制度的建构[J]．中南大学学报（社会科学版）2009(5)：33－34.

② 田开友．政府性基金设立的合法性困境及其出路研究[J]．湖南科技大学学报（社会科学版），2017(1)：108.

③ 方益权．论学校安全事故社会救助基金制度的构建[J]．温州大学学报（社会科学版），2015(6)：70.

(四)学校伤害事故专项社会救助基金的法律地位

根据传统民法理论,学校伤害事故专项社会救助基金作为专门用于救助学校伤害事故受害人的人身、财产损失的基金,是具有“财产的集合”特质的社会组织体,可以归入财团法人的范畴。所谓财团法人,是指“以财产的集合为成立基础的法人。”[①]《中华人民共和国民法总则》将法人分为营利法人、非营利法人和特别法人。其中,《中华人民共和国民法总则》第八十七条第二款和第九十二条的规定,非营利法人包括事业单位、社会团体、基金会、社会服务机构等;具备法人条件,为公益目的以捐助财产设立的基金会、社会服务机构等,经依法登记成立,取得捐助法人资格。根据以上规定,如果学校伤害事故专项社会救助基金的资金来源以政府财政拨款为主,其应当属于以公益为目的的社会团体法人,基金应当符合社会团体法人的设立和运行规定;如果学校伤害事故专项社会救助基金的资金来源以社会捐助财产为主,其应当属于以公益为目的的捐助法人,基金应当符合捐助法人的相关规定。结合前文所述内容,本书更倾向于认为学校伤害事故专项社会救助基金的资金来源以政府财政拨款为主,其法律地位应当属于社会团体法人。

(五)学校伤害事故专项社会救助基金的支出要求

学校伤害事故专项社会救助基金的支出应当符合基金的设立目的,主要应当注意三方面内容。其一,专项救助基金的救助对象应当明确。专项基金的目的是及时有效救助学校伤害事故的受害人,因此,对于需要及时给予医疗救治或者存在加害人不明或加害人没有赔偿能力等无法通过普通侵权损害赔偿救济手段获得救济的受害人,都应当纳入专项救助基金的救助对象之中。[②]其二,专项救助基金的请求权人应当明确具体。学校伤害事故专项社会救助基金的请求权人是受害学生及其法定代理人,特殊情况下还可以是受害学生的近亲属,受害学生的父、母所在单位,受害者住所地的居民委员会、村民委员

---

① 王泽鉴.民法概要[M].北京:北京大学出版社,2011(2018):55.

② 李敏.赔偿基金在大规模侵权损害救济中的定位与制度构想[J].西北大学学报(哲学社会科学版),2012(4):146.

会或者民政部门，受害学生就读的学校，对受害学生进行积极救治的由财政拨款的医疗机构。其三，学校伤害事故专项社会救助基金的适用条件严苛具体。只有在学校伤害事故的侵害人不明、侵害人逃逸、侵害人缺乏赔偿能力、损害是由意外事件所致等情形下，致使对受害学生赔偿不能、赔偿不足，并且受害学生无力自救或者自救后生活困难的，受害学生才可以申请学校伤害事故专项社会救助基金，对自己所受损失进行救济。[①] 其四，学校伤害事故专项社会救助基金的救助范围应当予以厘清。学校伤害事故受害人的损失通常包括人身伤害和财产损失，前者指"侵害生命权、身体权、健康权而导致人死伤"[②]造成的受害人损失，如医疗费损失；后者是指因侵害财产权而造成的受害人经济损失，如受害人财物破损的损失。学校伤害事故专项社会救助基金的救助范围应当限制在人身损害的赔偿上，不包括财产损失。具体赔偿范围可参照《最高人民法院关于审理人身损害赔偿案件适用法律若干问题的解释》（法释〔2003〕20号）予以确定。

---

① 方益权.论学校安全事故社会救助基金制度的构建[J].温州大学学报(社会科学版),2015(6):71—72.

② 程啸.侵权责任法[M].北京:法律出版社,2015(2016):678.

第六章　中小学教育纠纷多元化解机制

第一节　学校教育纠纷校内解决路径

一、校内协商机制

教育纠纷校内协商机制是指中小学校确立的，为纠纷当事人用以处理、化解和解决纠纷的协商方式、协商程序、协商要求等方式、途径和制度的总和。结合当前法律法规文本内容，校内协商机制通常属于学生伤害事故纠纷的校内解决路径。一方面，校内协商机制是学校处理学生伤害事故的法定途径。《学生伤害事故处理办法》第十八条规定："发生学生伤害事故，学校与受伤害学生或者学生家长可以通过协商方式解决。"北京市、上海市、浙江省等出台的学生伤害事故处理相关的地方性法规和规范性文件中，也明确了当事人协商解决是学生伤害事故处理的法定途径之一。另一方面，教育纠纷校内协商解决机制是中小学依法治校的必要环节。根据《上海市中小学校依法治校创建指标体系》《天津市中小学依法治校示范校标准》等地方性文件，建立教育纠纷校内协商解决机制是中小学依法治校的重要指标。

(一)校内协商机制价值

一方面,校内协商机制更加契合教育制度伦理的价值取向。对于学生及其家长、教师、学校等教育关系主体,相互之间具有长期保持相互友好、和谐关系的伦理要求。在学生伤害事故处理过程中,学生伤害纠纷主体“有自身的特殊性以及相互关系的紧密型与持续性,中小学校作为儿童和青少年学习、成长的主要场所,学校与学生及其家长往往需要保持长期的紧密、友好关系,当事人希望纠纷的解决不至于导致和谐关系的破裂”①。通过协商途径解决纠纷,其肯定性的结果就是双方当事人就纠纷解决达成和解协议。和解“往往不会伤害纠纷主体之间的感情,能够维持纠纷主体之间原有的关系。和解不仅使社会矛盾在形式上、行为上,而且在心理上、情感上都能够得到消解。和解一般是化解社会冲突震荡最小、成本最低的解决方式”②。因此,通过构建学生伤害纠纷校内协商解决机制,可以为纠纷当事人之间通过平等协商、和谐谈判达成和解协议提供平台和契机,更加契合教育纠纷解决制度的政策伦理价值取向。

另一方面,协商化解纠纷是纠纷当事人的首要选择。关于主体选择纠纷解决方式的研究表明,协商解决纠纷通常是当事人自主独立解决纠纷的首要选择。美国学者埃尔曼(Elman)将纠纷解决方式及其主体选择顺序概括为两类,“一是冲突的当事人通过协商自行确定后果,这并不排除作为调解人的第三人介入;二是将冲突交付裁决,这意味着由一位理想的不偏不倚的第三人来作出裁决;两种方式有时交叉”③。布莱克(Blake)的观点与此相近,他认为“人在因受到不公正待遇而产生不满情绪时,常常选择以下方式解决冲突问

① 阮李全.中小学教育纠纷解决机制探析[J].教学与管理,2008(11):39.

② 孙彩虹.社会转型期我国民事纠纷解决机制研究[M].北京:中国政法大学出版社,2016:100.

③ [美]埃尔曼.比较法律文化[M].贺卫方,高鸿均译.北京:清华大学出版社,2002:132.

题:自我帮助、逃避、协商、通过第三人解决纠纷、忍让”[①]。

(二)校内协商机制的运行模式

1. 健全组织机构,构建学校多元灵活的协商模式

学生伤害纠纷校内协商解决机制的构建,就是要以现行法律法规和学校章程规定为依据,将纠纷解决实体设置和运行程序有机结合,构建起合法、便捷、高效、规范、合理的解决学生伤害纠纷的规范体系。

学校可以设立独立的学生伤害事故纠纷协商委员会或者协商小组处理学生伤害纠纷,并确立学生伤害纠纷信访与协商联动机制,学校信访部门接待、接收的学生伤害事故纠纷案件可以直接移交至该专门协商机构。首先,学生伤害纠纷校内协商组织的成员构成应当多元化,包括学校、教师、学生、学生家长等不同教育主体的成员代表,学校方面的协商组织成员应当包括校长、书记、主管德育的副校长等成员;其次,校内纠纷协商组织在具体纠纷解决过程中应当充分发挥教职工代表大会、家长委员会和学校法律顾问在处理纠纷中的作用;再次,根据纠纷的程度、类型和主体的不同,学校纠纷协商组织可以自主确定代表学校参与纠纷协商的人员,“涉及第三方介入时,应选择具有较高法律素养、道德品质的教师、专业人士参与”[②],提高校内协商机构及其协商结果的公信力和执行力。

2. 明晰工作制度,确立以权利保障为核心的协商程序

当事人私下协商可能会因为纠纷当事人之间存在愤怒、敌意等情绪性障碍因素而使双方的沟通、交涉和谈判陷入僵局,而合法、科学、公平、公正的解纷程序及其有序运行,能够在制度设计层面化解和弥补当事人协商制度的“先天不足”。

校内协商制度要切实保障当事人在协商解决纠纷过程中的参与权、知情权、表达权、陈述权等基本的程序性权利,在协商过程中各方当事人可以聘请

---

① [美]唐·布莱克.社会学视野中的司法[M].郭星华译.北京:法律出版社,2002:81—82。

② 李祥.试论中小学校内纠纷解决机制的依法构建[J].现代中小学教育,2014(5):91.

代理人、律师等专业人员参加协商。学校应根据其是否作为纠纷主体参与协商程序而确立不同的协商策略。如果学校作为学生伤害纠纷主体参与协商，应当将《中华人民共和国侵权责任法》中关于学校侵权责任的规定和当前司法实践中学校承担侵权责任的总体情况综合考量，在此基础上确定己方的协商策略和赔偿责任底线；如果学校不是学生伤害纠纷主体，学校可以根据纠纷的实际情况，主动请求并经过纠纷主体同意或者根据纠纷主体的要求而作为无利害关系的第三方见证人参加到协商过程中。

学生伤害纠纷校内协商制度应当保障当事人对于纠纷处理结果的二次选择权，对难以在校内完全解决的纠纷，学校应当按照法定程序，及时告知纠纷当事人并经各方当事人同意，提交教育行政机关、仲裁机构、人民调解组织依法调解或仲裁，学校和其他纠纷当事人也可以直接提起诉讼解决争议。与此同时，当事人不得在随后的调解、仲裁或者审判程序中将协商过程中制作的记录、当事人为达成和解协议而做出的让步或者承诺、当事人发表的任何意见或者建议等作为证据提供。[①]

3.重视过程管理，明确程序性和具体化的协商记录要求

首先，在协商过程中，只要学校参与或列席了纠纷协商过程，学校应当就协商具体情况，如协商时间、地点、协商参与人员、协商内容、协商阶段性成果等有详细记录。条件允许的，应当对协商情况进行录像留存影像资料。协商情况记录可以为学校校内纠纷解决机制的完善积累经验，为学校总结形成多元化纠纷解决机制提供素材和基础。

其次，学校作为当事人参加协商程序的，协商成功后应当制作书面的协商和解协议书。和解协议书的内容包括：各方当事人的基本情况（姓名、性别、身份证号、联系方式等），“学生伤害事故的发生原因和发生、发展过程，事故的损害情况，对事故各方当事人的责任认定，协商确定的赔偿方式、数额，协议的约束力，协议的生效时间等，并由各方当事人在协议书上签名、盖章。如果受伤害学生是未成年人，其监护人有多人的（如父亲和母亲），该多位监护人和受伤

---

① 常怡.中国调解制度[M].北京：法律出版社，2013：57－58.

害学生本人都应当作为协商当事人一方，在协议上签名、盖章”[1]。

再次，学校作为第三方见证人参加协商程序时，实践中和解协议当事人尤其是学生家长往往会请求学校作为第三方见证人对和解协议出具见证证明或者作为见证人在和解协议中签字盖章。此种情况下，学校作为无利害关系的第三方见证人通常对和解协议的签订和达成进行形式见证，只见证和解协议签订的过程，不见证和解协议的内容是否合法，也不见证协议双方当事人的意思表示是否真实。此种情况下，学校出具的见证证明的基本内容可以表述为：协议双方所有当事人的身份信息（学生及其父母的姓名、身份证号）于某年某月某日在某地签订某某协议一份。双方在某某协议上的签字为双方亲笔所签，手印为本人亲自所捺。

（三）校内协商机制的保障措施

1. 当事人自愿原则应贯穿校内协商机制的运行始终

当事人自愿原则强调必须是学生伤害事故各方当事人自愿同意通过协商方式解决纠纷，而且当事人可以自愿选择和确定以何种方式进行协商、对纠纷的哪些内容进行协商以及协商处理结果的具体内容。

根据当事人自愿原则，在纠纷协商解决过程中，任何一方当事人都不能以欺诈、胁迫、乘人之危等不当方式使对方当事人接受某一纠纷解决方案或条件，否则将承担相应的法律责任和不利后果。一方面，根据《中华人民共和国合同法》第五十四条的规定，对于一方当事人以欺诈、胁迫等手段或者乘人之危，使对方当事人在违背真实意思的情况下达成的“和解协议”，受损害方有权请求人民法院变更或者撤销“和解协议”。此外，如果“和解协议”的一方当事人能够证明其签订“和解协议”是由于重大误解或者在订立合同时显失公平的，可以依法请求人民法院对该“和解协议”变更或撤销。另一方面，根据《学生伤害事故处理办法》第三十六条和《中华人民共和国治安管理处罚条例》第十九条的规定，在学校作为伤害事故责任主体参与纠纷协商过程中，如果事故

---

[1] 方益权，尹晓敏等．中国学校安全立法研究［M］．北京：中国社会科学出版社，2013：316.

对方当事人及其亲属或者其他相关人员，在协商解决纠纷过程中无理取闹，扰乱学校正常的教育教学秩序，或者侵犯学校、学校教职工或者其他工作人员的合法权益的，学校应当报告公安机关依法处理；造成损失的，可以依法要求赔偿。公安机关接到报警后，应当及时制止扰乱学校正常教育教学秩序或者侵犯学校、教职工合法权益的行为，并进一步调查事故原因和造成损失的具体情况。

2.合法合理是校内协商机制的基本要求

纠纷处置的合法性原则是法治社会的基本规则要求。在学生伤害纠纷校内协商解决机制的构建和运行中，合法合理原则强调在协商解决纠纷过程中要做到以事实为依据，以法律为准绳，解纷程序灵活自主，解纷结果合法合理。一方面，协商解决纠纷程序的合法与合理要求当事人确定的纠纷解决方式或途径不能违反法律的禁止性规定，符合法治社会公序良俗的基本要求。通常情况下，发生学生伤害事故后，各方当事人会根据《中华人民共和国侵权责任法》《学生伤害事故处理办法》等法律法规的规定，对己方依法享有的权利和应承担的责任进行理性分析，并以此为基础确定己方在后续纠纷解决过程中可以采取的不同解纷策略和最优化的纠纷解决方式或途径。另一方面，参照《最高人民法院关于建立健全诉讼与非诉讼相衔接的矛盾纠纷解决机制的若干意见》第十七条的规定，当事人协商解决纠纷结果的合法与合理是指当事人通过协商达成的和解协议的内容在不违反法律法规的强制性规定的前提下，可以参照行业管理、村规民约和当地善良风俗等行为规范而达成和解协议。

二、校内申诉制度

校内申诉制度是中小学推进依法治校工作深入开展，健全学校教师、学生权利保障与救济机制的重要途径，应明确申诉主体、申诉原则、申诉受理范围、申诉程序和时限、权利保障机制等内容，构建和完善中小学校内申诉制度。

（一）申诉主体

校内申诉的主体包括申诉人和申诉受理机构。申诉人分别是学校在职教师和具有学校学籍的学生，其中未成年学生应由监护人代理实施申诉行为。

校内申诉受理机构应是相对独立的申诉处理委员会，如教师申诉处理委员会、学生申诉处理委员会。校内申诉处理委员会成员应注重体现代表性、参与性、中立性，应包括学校行政主管人员代表、申诉人所在群体代表(教代会代表、家委会代表、学生代表)、学校法律顾问或相关法治工作人员等，尤其应当强化教师代表、学生代表和家长委员会代表委员产生的民主性，以增强其客观性。此外，申诉处理委员会成员人数构成应科学合理，人员数量通常为奇数。

(二)申诉处理原则

参照相关研究成果，中小学校内申诉制度应当遵循申诉不加罚原则、重证据重调查原则、法治原则和正当程序原则。申诉不加罚原则要求，如教师或学生对学校做出的处理、处分不服而提起校内申诉的，学校不得做出比原处理、处分更重的申诉处理决定。重证据重调查原则要求学校不能仅以询问相关人员所得的当事人陈述和证人证言等作为处理依据，而是应当重视证据调查和事实调查，只有将询问结果与收集到的证据相互验证，形成有效证据链后，才能作为申诉处理决定的依据。法治原则就是学校申诉制度的规则制定、案件处理过程等均要符合国家有关法律、法规的规定。① 正当程序原则要求申诉处理程序和规则应当符合正当程序原则，充分保证当事人的知情权、抗辩权等合法权益。在申诉处理过程中，应当建立并积极运用回避制度、听证制度、答辩制度、代理人制度、书面告知制度等，保证申诉处理程序的合法、合规、公开、公正。

(三)申诉受理范围

学生校内申诉制度的受理范围应当包括对学校做出的涉及本人的奖励或处分等决定不服的，认为学校、教师侵犯其人身权、财产权等合法权益的；其他按照规定可以提出申诉的事项。“这里的处分主要是指学校给予的警告、严重警告、记过、留校察看等。学校可以根据实际情况进一步细化可受理的申诉，如教师纪律管理和处理不当、违纪处理不当、教师没收私人物品等。”②

① 吴永明.当代高校学生申诉制度探析[M].北京：人民出版社，2016：132－139.

② 许江晖.无救济则无权利：中小学学生申诉制度探索[J].上海教育，2016(10)：69.

教师申诉制度的受理范围应包括教师因职责权利、职务评聘、年度考核、待遇及奖惩等与学校及有关职能部门之间发生的纠纷，或者对学校管理制度、规范性文件提出的意见等。具体包括：(1)对学校做出的涉及本人的岗位聘用、职务评聘的决定不服的；(2)对学校做出的涉及本人的考核结果的决定不服的；(3)对学校做出的涉及本人的参加进修培训、休假、福利待遇的决定不服的；(4)对学校做出的涉及本人的奖励或处分决定不服的；(5)认为学校侵犯其人身权、财产权等其他合法权益的；(6)其他按照规定可以提出申诉的事项。

(四)申诉处理程序

申诉处理程序应包括提出申诉、受理申诉、审查申诉内容、做出申诉处理结果、告知或送达申诉当事人等环节，且每个环节应有明确的时限要求以及超出时限的后果等。

对于校内申诉与其他争议解决方式的关系，申诉人对于校内申诉和其他权利救济方式具有选择权，但不可以同时适用。具体来说，对于可提起校内申诉的事项，教师或学生可以提出校内申诉，也可依法向教育行政部门提出申诉、提起诉讼或者采取其他合法方式解决争议。但已经采取其他合法方式解决争议并已被受理或者处理的，不得再提出校内申诉；已经提出并正在处理过程中的校内申诉应当即行终止。

第二节 教育行政申诉制度

一、教育行政申诉制度概述

《中华人民共和国宪法》第四十一条规定，中华人民共和国公民对于任何国家机关和国家工作人员，有提出批评和建议的权利；对于任何国家机关和国家工作人员的违法失职行为，有向有关国家机关提出申诉、控告或者检举的权利。因此，申诉权可以被认为是我国公民的一项基本宪法权利，是指公民对应国家机关做出的决定不服，可以向有关国家机关提出请求，要求重新处理的权利。公民申诉权在行政法律救济机制中表现为行政申诉制度。按照法律救济程序性的严格程度，行政法律救济可以分为严格程式化的法律救济和灵活程式化的法律救济，前者表现为行政诉讼等具有严格程序限制的救济制度，后者则表现为行政申诉等基本没有程序限制或者仅有很少程序限制的救济制度。

（一）教育行政申诉制度的概念、分类与基本内容

教育行政申诉制度以《中华人民共和国宪法》规定的公民申诉权为权利渊源，以行政申诉制度为基础，是行政法层面的教育纠纷法律救济途径之一，属于法定的教育行政救济类型。教育行政申诉作为教育领域专门化的行政申诉，是指教师或学生作为教育法律关系主体的个体及教育行政相对人，对学校或其他教育机构及有关政府部门做出的处理不服，或其合法权益受到侵害时，向有关教育行政部门或其他政府部门“陈述事实和理由并要求其给予法律补救的意愿表达行为”①。也有规定将教育行政申诉界定为政府、教育行政部门依法处理教师、学生申诉请求的制度。

根据申诉主体不同，教育行政申诉分为教师行政申诉制度和学生行政申诉制度。前者是指教师对学校或其他教育机构及有关政府部门做出的处理不服，或其合法权益受到侵害时，向有关教育行政部门或其他政府部门申诉理由，请求重新做出处理的制度。后者是指学生在接受教育的过程中，对学校给予的各类处分不服，或认为学校和教师侵犯了其合法权益，向有关部门提出要求重新做出处理的制度。②

教师行政申诉制度由《中华人民共和国教师法》第三十九条、《国家教育委员会关于〈中华人民共和国教师法〉若干问题的实施意见》（教人〔1995〕81 号）和《关于开展加强教育执法及监督试点工作的意见》（教策厅〔1995〕14 号）等予以规定。以上法规对教师行政申诉制度的基本内容进行了规定：第一，教师行政申诉的受理范围是：教师对学校或其他教育机构做出的处理或处分不服；

---

① 姜明安.行政法与行政诉讼法[M].北京：北京大学出版社，2019：359.

② 吴殿朝.我国教育申诉制度存在的问题及其完善对策[J].行政与法，2008(2)：96.

教师认为学校或其他教育机构侵犯其合法权益;教师认为当地政府有关部门侵犯其合法权益。第二,教师行政申诉的受理机关是学校所在区域的主管教育行政部门,具体负责处理教师申诉的职能部门或者专门人员由受理机关自主确定。第三,教师行政申诉的处理程序包括受理前审查、做出受理或不受理决定、受理后全面调查、做出处理决定等阶段。第四,教师行政申诉的处理时限为主管教育行政部门收到申诉书的次日起 30 日内,其他政府部门受理教师行政申诉后也应当及时做出处理,不得拖延推诿。第五,申诉处理机关做出行政申诉处理决定的种类分为:维持原处理决定、变更原处理决定、撤销原处理决定、责令被申诉人重新做出处理决定或限期改正等处理决定。第六,教师行政申诉的后续救济途径包括申请复核、提起行政复议或行政诉讼。具体来说,教师对于行政申诉的处理决定不服的,可向原处理机关隶属的人民政府申请复核;教师申诉内容直接涉及其人身权、财产权及其他属于行政复议、行政诉讼受案范围事项的,如果教师不服行政申诉处理决定,或者申诉处理机关逾期未做处理或久拖不决的,可以依法提起行政复议或行政诉讼。

由于目前缺少关于中小学生行政申诉制度的专项规定,本书在此提供高校学生行政申诉制度的相关内容予以参考。

学生行政申诉制度由《中华人民共和国教育法》第四十三条予以确认,结合《普通高等学校学生管理规定》对于高校学生申诉的规定,当前我国学生行政申诉制度直接体现为高校学生行政申诉制度。根据相关规定,高校学生行政申诉制度的基本内容包括:第一,校内申诉前置是高校学生行政申诉的基本程序要求,未经校内申诉程序的不得直接提起行政申诉。第二,高校学生行政申诉提起期限要求,一般为接到校内申诉处理决定即学校复查决定书之日起 15 日,特殊情况如学校处理、处分或者复查决定书未告知学生申诉期限的,申诉期限自学生知道或者应当知道处理或者处分决定之日起计算,但最长不得超过 6 个月。第三,高校学生行政申诉的受理机关为学校所在地的省级教育行政部门。第四,高校学生行政申诉的处理时限为申诉处理机关收到学生书面申诉之日起 30 个工作日。第五,高校学生申诉处理程序包括受理、听取学生或学校意见、调查、做出处理决定等环节。第六,高校学生申诉处理决定的类型包括维持原决定、责令学校撤销原决定、责令学校变更或者重新做出决定、责令学校重新做出决定。

(二)教育行政申诉制度的特征

根据现行立法规范与实践运行状况,教育行政申诉制度具有法定性、专门性等特点。

一方面,教育行政申诉制度是法律明确规定的教育主体权利救济制度。对于教师行政申诉制度,《中华人民共和国教师法》第三十九条规定:"教师对学校或者其他教育机构侵犯其合法权益的,或者对学校或者其他教育机构做出的处理不服的,可以向教育行政部门提出申诉,教育行政部门应当在接到申诉的三十日内,作出处理。教师认为当地人民政府有关行政部门侵犯其根据本法规定享有的权利的,可以向同级人民政府或者上一级人民政府有关部门提出申诉,同级人民政府或者上一级人民政府有关部门应当作出处理。"《国家教育委员会关于〈中华人民共和国教师法〉若干问题的实施意见》(教人〔1995〕81号)进一步就教师行政申诉的受理部门、基本程序、处理期限和后续救济途径等进行了初步规定。对于学生行政申诉制度,根据《中华人民共和国教育法》第四十三条第四项规定,学生作为受教育者,有权对学校给予的处分不服向有关部门提出申诉,有权对学校、教师侵犯其人身权、财产权等合法权益,提出申诉或者依法提起诉讼。《普通高等学校学生管理规定》(教育部令第41号)规定了高等学校学生校内申诉和学生行政申诉的实体要求和程序规范。法律法规对于教育申诉制度及其运行规则的明确规定,为教师和学生作为教育法律关系主体建立了一项正式的法律救济途径。"当教师或学生的合法权益受到学校或有关行政部门权利的侵害时,其能够据此排除权利行使中的不法或不当的阻碍,使受侵害的权利恢复原状或者使被损害的利益得到弥补。"①

另一方面,教育行政申诉制度的权利救济主体和适用领域等方面具有专门性。教育行政申诉制度是专门为教育法律关系主体(教师、学生)这一特定

① 申素平.教育法学原理、规范与应用[M].北京:教育科学出版社,2017:231-232.

人群设立，其目的在于保护教师或学生在教育活动中的合法权益，是一项专门的行政申诉制度。教育行政申诉只能由教师或学生向法律规定的特定行政机关提出，其目的和实质在于补救和维护特定教育法律关系主体（教师和学生）的合法权益。教育行政申诉从提出、受理到处理程序都要按照法律法规确定的要求和程序进行，申诉处理结果对于申诉人和被申诉人双方均具有约束力。教育行政申诉的客体通常是“侵犯教师在职务聘任、教学科研、考核奖惩、工资福利待遇、退休、除名、社保费缴纳、教师社保关系等方面的合法权益行为。”① 高校学生行政申诉的客体通常包括“取消学生入学资格、对学生做出退学处理、对学生做出违规违纪处分，其中违规违纪处分事项包括警告、严重警告、记过、留校察看、开除学籍等处分”②。综上所述，教育行政申诉制度在申诉主体、申诉客体、处理程序和处理结果等层面均区别于一般的公民申诉。

（三）教育行政申诉制度的功能优势

教育行政申诉制度作为法定适用于教育领域的行政申诉制度，其天然具有行政申诉制度在行政性纠纷解决机制中具有的功能优势。范愉教授总结了行政申诉制度的独特功能，包括受理机构的专门性，处理方式的多样化（可以根据不同情况分别进行调查、调解、裁决等），处理依据多元化（包括法律、行政法规，以及行业标准、习惯、情理等社会规范），处理程序平衡化（以协商性、综合性、非正式性为特点，明显区别于司法程序），认为当代行政申诉机制通过不断加强救济功能，逐渐发展成为一项便利、灵活和有效的纠纷解决机制。③

在现行教育纠纷解决机制中，教育行政申诉作为法定的教育纠纷解决方式，在纠纷解决的专业性、权威性和效率性等方面具有相对优势。根据我国现行法律法规，教师针对学校其他教育机构的侵权行为或处理决定而提起教育行政申诉的，学生对学校给予的处理或处分有异议或者学校、教职工的侵权行为而提起教育行政申诉的，其受理机构均是教育行政部门。教育行政部门是

① 刘平.行政救济的法理思辨[M].上海：学林出版社，2019：353.

② 吴永明.当代高校学生申诉制度探析[M].北京：人民出版社，2010：146.

③ 范愉.申诉机制的救济功能与信访制度改革[J].中国法学，2014(4)：179.

依照宪法和行政组织法成立的、代表国家行使教育行政管理职能、领导和管理教育事业的行政机关。[①]

首先，教育活动的内容、过程以及方法手段等具有极强的规律性和科学性，教育纠纷所呈现的高度复杂化、解纷需求多样化等要求纠纷解决主体在掌握教育规律、解决教育纠纷、优化教育关系等方面具有专业化能力。教育行政部门一般是由具有教育领域专业化知识以及教育工作业务能力的人员构成，其能够运用专业化的知识与业务常识对具体纠纷事实及其处置进行调查和认定。[②]

其次，纠纷当事人对于国家权力的依赖是东方国家国民的普遍心态，这种“依赖”主要体现为纠纷当事人对于纠纷解决机构的权力法定性的依赖、对于正式解纷制度的依赖和对于纠纷解决人员身份地位等的依赖。[③] 教育行政部门作为教育主管行政机构，其基于机构职能、部门设置、人员配备等方面的业务知识和专业储备，对于教育纠纷的性质界定、调查分析、责任认定等方面具有天然优势，在一定程度上能够满足纠纷当事人依赖权威的心理需要和解纷诉求。

最后，教育行政部门受理当事人行政申诉并依法进行调查、处理，属于教育行政部门履行法定的教育管理职能行为，具有服务性和从属法律性。根据现行法律法规，教育纠纷当事人申请教育行政申诉的，不需要缴纳任何费用，为当事人节约了纠纷解决的经济成本。对于教师行政申诉，教育行政部门应当在收到申诉书的次日起 30 天内做出处理；对于高校学生行政申诉，教育行政部门应当在接到学生书面申诉之日起 30 个工作日内，对申诉人的问题给予处理并做出决定。对教育行政申诉的处理时限进行明确规定，有利于减少当事人解决纠纷的时间成本。总体而言，相对于诉讼、行政复议等纠纷解决方式，教育行政申诉在节约当事人的经济成本、时间成本和精力投入等方面具有

① 张维平，石连海. 教育法学[M]. 北京：人民教育出版社，2008.

② 郝淑华，赵世谦. 教育行政调解的功能优势与制度完善[J]. 教学与管理，2016(9)：42.

③ 史长青. 现代调解制度：法制与自治[M]. 上海：上海三联书店，2015：106—107.

相对高的效率性优势。

二、教育行政申诉制度的不足

尽管当前我国教育法律法规对教育行政申诉制度做出了规定，但教育行政申诉制度在规范层面和实施层面还存在一定不足，如：中小学生行政申诉制度操作性缺失、教育行政申诉制度程序规范性不足、教育行政申诉受理范围不明确、教育行政申诉处理结果的救济渠道不明确、教育行政申诉与其他教育纠纷法律救济途径之间的衔接性不强。

（一）中小学生教育行政申诉制度操作性缺失

无救济则无权利，有权利必有救济，公民权利与公民权利救济机制的有效呼应是现代法治国家在人权保障与社会治理中的基本要求。公民权利救济机制应当是法定的、全面的、系统的，权利救济效果应当是及时的、充分的、能够兼顾公平正义与经济性的，权利救济途径应当是公力救济优先且司法救济是最终保障。[①] 学生行政申诉制度作为对学生权利进行公力救济的一种行政救济形式，也应当具有法定、适切和可操作等特点，能够及时、全面地填补学生受到的侵害或者纠正、停止对学生权利的侵害行为。

我国高等学校学生行政申诉制度主要由《中华人民共和国教育法》第四十三条和《普通高等学校学生管理规定》第六章进行规定，这种“法律＋部门规章”的系统立法形式保障了高校学生申诉制度的法定性和可操作性。上海市、重庆市、四川省、湖南省等相继颁布了本省市高等学校学生申诉处理规定或实施办法等地方性文件，进一步明确了高等学校学生申诉制度的实体和程序要求，有利于提高高校学生权利救济的实效性。制度规范层面的不足主要在于，《普通高等学校学生管理规定》第六十二条和第六十四条规定实际上将校内申诉规定为高校学生行政申诉的前置程序，而《中华人民共和国教育法》第四十三条规定学生对学校给予的处分不服有权向有关部门提出申诉，并没有规定

① 陈焱光.论公民权利救济的基本原则[J].武汉商业服务学院学报，2006(1)：25－27.

校内申诉是其必经程序。《普通高等学校学生管理规定》看似构建了学生校内申诉和行政申诉的衔接机制，实际上却是阻隔了学生行政申诉权的有效行使，不利于发挥教育行政申诉制度在解决教育纠纷方面的分流功能和扩大当事人权利救济范围的功能。

中小学生教育行政申诉制度虽然由《中华人民共和国教育法》第四十三条所确认，规定学生有权对学校给予的处分不服、向有关部门提出申诉，对学校、教师侵犯其人身权、财产权等合法权益，提出申诉或者依法提起诉讼。但教育立法实践中缺少与中小学生教育行政申诉制度相配套的具体实施规范。通过"有章"法律搜索数据库进行法规标题检索发现，目前仅有重庆市以地方性法规的形式对中小学生教育行政申诉进行了规定。制度规范内容的不健全导致中小学生教育行政申诉制度的实践操作性不强，使得应然层面的中小学生教育行政申诉权利无法转化为实然层面的权利救济手段，无法形成中小学生权利救济机制中私力救济（协商、调解）与公力救济（行政救济与司法救济）相结合的权利救济机制闭环。

（二）教育行政申诉制度程序规范性不足

教育行政申诉属于一种教育行政救济活动，是一种权力性活动，受理教师或学生教育行政申诉的国家机关应当保障申诉申请人获得救济权利的切实实现。为了保障这一目标的有序推进和最终实现，必须依赖于公正合理的程序规范。一方面，这种程序规范应当使解决教育纠纷过程和救济当事人权利过程符合理性和法律要求；另一方面，行政机关处理当事人教育行政申诉的过程实质上是对教育法律关系及教育纠纷当事人的利益进行再分配，为了保证这种权力行使不违背基本的正义，只有对其规定严格、明确的程序。① 当前，教师或学生行政申诉制度的程序规范性不足主要体现在以下内容：

对于教师行政申诉制度，在《中华人民共和国教师法》第三十九条规定的基础上，《国家教育委员会关于〈中华人民共和国教师法〉若干问题的实施意见》（教人〔1995〕81 号）和《关于开展加强教育执法及监督试点工作的意见》

---

① 沈福俊.中国行政救济程序论[M].北京：北京大学出版社，2008：47.

(教策厅〔1995〕14号),进一步对教师行政申诉的受理机关、受理范围、受理程序、申诉处理时限、申诉处理决定的形式与种类、教育行政申诉后续救济途径等进行了简要规定。但是,教师行政申诉制度依然存在着部分程序规范的缺失,如:未明确教育行政申诉处理过程中的回避制度、听证制度、当事人陈述申辩环节;未明确教育行政申诉受理机关对于申诉事项的调查机制和做出申诉决定时的议事规则;未明确申诉处理决定做出前向当事人说明理由程序等。

对于学生行政申诉制度,《普通高等学校学生管理规定》对于高校学生校内申诉与行政申诉的衔接及各自的程序进行了简要规定,其不足除了与教师行政申诉制度基本一致的程序性规范缺失外,还在立法理念层面存在不足。《普通高等学校学生管理规定》的法律位阶属于部门规章,其首要的立法目的在于规范普通高等学校学生管理行为,维护普通高等学校正常的教育教学秩序和生活秩序。将学生申诉制度在该学生管理规定中予以明确,明显体现了以高校管理权力为本位的立法指导思想,未将高校学生权利的保障作为立法的另一个重点,对于高校学生的主体性地位认识不足[①],使学生权利附庸于高校管理权力而失去其相对独立性,无法实现高校管理自主权与学生权利保障之间的必要平衡。

(三)教育行政申诉与其他权利救济途径衔接性不畅

教育行政申诉与其他权利救济制度衔接不畅主要体现在两个层面:一是教育行政申诉与行政复议、行政诉讼的衔接不清晰,尤其是教育行政申诉与教育行政复议的关系问题。这一问题的根源在于现行行政法体系对于行政申诉制度的法律定性还缺乏明确的规定。对于行政申诉制度是否是一项独立的行政救济权利,行政申诉制度与信访、行政复议、行政诉讼等行政救济方式该如何衔接,特别是在多种权利救济方式可以并列选择时,应该如何协调等,现行法律法规都没有做出明确规定。[②] 二是教育行政申诉处理结果的救济渠道不

---

① 潘爱国.论我国高等教育申诉制度的完善[J].陕西师大学报(社会科学版),2011(1):144.

② 刘平.行政救济的法律思辨[M].上海:学林出版社。2019:353.

通畅。行政机关对教育行政申诉做出处理决定这一行为的行政法属性是什么?该行为是否属于可复议或可申诉的行政行为?当前学术讨论对此并未形成共识。《中华人民共和国行政复议法》第六条将"申请行政机关履行保护人身权利、财产权利、受教育权利的法定职责,行政机关没有依法履行的"列为可申请行政复议事项范围。《国家教育委员会关于〈中华人民共和国教师法〉若干问题的实施意见》对教师行政申诉的救济途径做了规定,明确只有教师申诉的内容直接涉及人身权、财产权或其他属于行政复议或者行政诉讼受案范围的事项,可以依法提起行政复议或者行政诉讼。该实施意见规定的可申请行政复议事项范围要小于《中华人民共和国行政复议法》的规定,用"直接相关性权利"表述替代《中华人民共和国行政复议法》的"相关性权利"表述,《国家教育委员会关于〈中华人民共和国教师法〉若干问题的实施意见》对于教师行政申诉救济途径的表述涉嫌违反上位法规定,使教师行政申诉成为较为封闭的权利救济途径,在客观上构成了教师进行行政复议和行政诉讼的障碍。[①]

三、教育行政申诉制度的优化与完善

(一)教育行政申诉程序规范之完善

教育行政申诉受理机关处理教师或学生申诉请求的行为,是该行政机关为行使法定职权而做出的行为,教育行政申诉的处理结果直接关系到教师、学生或学校等教育法律关系主体的权益,属于行政行为。因此,教育行政机关在受理、调查和处理教师或学生行政申诉过程中,应当符合正当法律程序原则的要求。"正当法律程序原则的基本含义是指行政机关做出影响行政相对人权益的行政行为,必须遵循正当法律程序,包括事先告知相对人,向相对人说明行为的根据、理由,听取相对人的陈述、申辩,事后为相对人提供相应的救济途径等。"[②]正当法律程序是保证行政申诉发挥和实现行政救济目的前提,有助于教育纠纷得到及时、有效、公正、合理的解决,正当法律程序还能够使当事人

---

① 孙健.浅议我国教育申诉制度[J].国家教育行政学院学报,2007(5):44.

② 姜明安.行政法与行政诉讼法[M].北京:北京大学出版社,2019:77.

在纠纷解决过程中体会到法的公正与尊严[①]，是保证纠纷解决效率和实现纠纷解决结果实体公正的前提。

为了提升教育申诉制度在解决教育纠纷方面的实效性，有必要在现有立法规范的基础上，以地方性法规或地方政府规章等地方性立法形式，对本行政区域的教育行政申诉制度进行专门性规定，并进一步明确教育行政申诉制度的程序规范。建立体现正当法律程序原则的制度，主要在行政申诉处理过程中确立三项程序规范：一是确立听取当事人陈述申辩、听证制度，二是确立行政申诉调查过程中的回避制度，三是确立申诉处理决定做出前说明理由制度。

首先，行政申诉受理机关在做出对学生或教师不利的处理决定前，必须听取教师或学生的陈述和申辩；如果行政机关可能做出对教师或学生重大权益的不利处理前，还应当依教师、学生的申请或依法主动举行听证，允许行政申诉案件各方当事人对自己的行为做出说明、提供证据、进行辩解或适当辩论。有研究者将教育行政听证视为教育行政程序的核心[②]，认为教育行政听证制度既能保证各方当事人对于申诉处理过程的知情权和参与权，还能监督、约束行政机关依法履行职责。其次，在行政申诉调查过程中明确回避制度，是为了避免制度有序运转因人情等因素而失灵。行政申诉制度程序运行以及权利救济、纠纷解决等实体目的的实现，都离不开个体的人的因素。“任何一项公共权力都是通过自然人特征的工作人员来行使的，在我国这样一个‘熟人社会’，没有完善的回避制度支撑，任何制度都可能被束之高阁。”[③]最后，经过充分调查和听取当事人陈述申辩等环节，行政申诉受理机关决定做出对学生或教师不利的处理决定的，应当在做出该行为之前向当事学生或教师说明理由。

（二）教育行政申诉救济渠道之畅通

教育行政申诉作为教育法律关系主体进行权利救济和纠纷解决的行政救济途径，具有其他法律救济途径不可替代的优势，实践中具有进一步完善的必

---

① 张文显．法理学[M]北京：高等教育出版社，2018：267．

② 龚向阳．教育行政听证的法律价值探析[J]．时代法学，2019(1)：36．

③ 陈保中．行政回避：制度缺陷及其法律完善[J]．上海行政学院学报，2006(6)：58．

要性和可行性。丰富和完善教育主体权利救济渠道,是在教育系统践行《中华人民共和国宪法》“国家尊重和保障人权”规定和落实依法治教理念的基本要求。

教师行政申诉方面,应当根据《中华人民共和国行政复议法》第六条的规定,修改《国家教育委员会关于〈中华人民共和国教师法〉若干问题的实施意见》对教师行政申诉后续的救济途径的规定,在立法规范层面进一步拓宽教师行政申诉的后续救济途径,当教师对教育行政部门的申诉处理决定不服时,允许其就涉及人身权、财产权或其他属于行政复议受案范围的事项,依法提起行政复议。对于教师行政申诉可提起行政诉讼的事项范围,有研究者认为只能将部分教师行政纠纷事项处理决定纳入行政诉讼的审查受理范围。诸如教师工资、保险、福利待遇的确定或给付以及履职考核、职称或职务的晋升或变更等,此类事项属于学校内部人事管理范畴,不属于行政诉讼受案范围,应该通过学校内部救济手段、行政申诉和行政复议等救济途径予以解决。但是,对于开除、辞退等直接影响到教师身份重大变化的事项,应当属于行政诉讼的受案范围。① 司法实践中,《最高人民法院关于人民法院审理事业单位人事争议案件若干问题的规定》已将事业单位与其工作人员之间因辞职、辞退及履行聘用合同所发生的争议,纳入司法审查受理范围。

学生行政申诉方面,有研究者认为学生申诉制度从本质上看属于教育行政部门做出的一种具体行政行为,对于具体行政行为救济的手段主要包括行政复议和行政诉讼两种途径。在受理机构做出决定后,建议设置合理的期限,作为相对方的学生或学校如果对处理结果不服,应当允许学生或学校对受理机构的处理决定提起复议或行政诉讼。② 如果学生或学校在合理期限内既没有提起行政复议也没有提起行政诉讼,则申诉处理决定对双方发生法律效力,各方主体应当执行行政申诉处理决定载明的内容。如果相关主体不履行或无正当理由拖延履行申诉处理决定的,应当承担相应的行政责任或法律责任。

---

① 孙健.浅议我国教育行政申诉制度[J].国家行政学院学报,2007(5):45.

② 唐琳娜.关于完善学生行政申诉制度的几点意见[J].教育探索,2014(10):79.

(三)教育行政申诉与其他行政救济途径之衔接

教育行政申诉与教育信访都属于较少程序限制或行政程序相对灵活的行政救济形式。就性质而言,教育行政申诉属于国家公共服务体制内部的一种权利保护方式,是处理和解决政府设立的教育公共事业单位内公职人员或聘用人员与所在单位之间人事管理争议的主要行政救济途径。[①] 信访是我国国家机关了解民意的工作制度,是指公民、法人或者其他组织采用书信、电子邮件、传真、电话、走访等形式,向各级人民政府、县级以上人民政府工作部门反映情况,提出建议、意见或者投诉请求,依法由有关机关处理的行为。信访具有下情上达的传导功能,从严格意义上讲信访并不是真正的行政救济制度。[②] 教育行政申诉与教育信访在受理事项、提起形式、监督对象、法律效力等方面具有明显区别,二者属于法律性质不同的两种权利救济渠道。实践中,信访制度对教育行政申诉制度是并列和补充的关系,对于可申诉事项,教师或学生可以选择采取申诉或信访途径进行权利救济,其中行政申诉较之信访更加规范和专业化;对于行政申诉不受理事项或者对行政申诉处理决定不服的,教师或学生可以根据《信访条例》等规定依法依规进行信访。

对于教育行政申诉与行政复议、行政诉讼的衔接问题,从立法时间来看,《中华人民共和国行政复议法》(1999 年)的制定实施晚于《中华人民共和国教师法》(1993 年)和《中华人民共和国教育法》(1995 年),此前《中华人民共和国行政复议条例》已经在 1990 年开始实行,但《中华人民共和国教育法》和《中华人民共和国教师法》并未采取行政复议的提法,而是采用了申诉一词,应该是适当参考了特别权力关系理论中的权利救济机制,充分考虑了教师、学生与学校之间法律关系及法律纠纷的特殊性,在教育部门法中将教育申诉作为教育行政部门解决学校与教师、学生之间争议和纠纷的救济途径,而非直接将此类纠纷纳入行政复议和行政诉讼的救济范围。根据现行法律法规,教师或学生不服学校做出的相关处理或处分而向教育行政主管机关提出申请的,应当视

① 姜明安. 行政法与行政诉讼法[M]. 北京:北京大学出版社,2019:359.

② 袁兵喜. 我国行政申诉制度的构建及完善[J]. 河北法学,2010(10):122.

为教育行政申诉而非行政复议。[①] 只有当事人对教育行政申诉处理决定不服的，才可能涉及行政复议或行政诉讼。

第三节 学生伤害事故纠纷第三方调解制度

在我国当前民事纠纷解决法制体系下，学生伤害纠纷的解决途径主要有协商、调解（人民调解和行政调解）、民事诉讼三种途径。一方面，协商作为当事人自主性解决纠纷的私力救济途径，其奉行的是“法不禁止即自由”的基本原则，国家公权力对其规制程度较低。另一方面，在学生伤害纠纷解决过程中，纠纷解决当事人往往希望纠纷的解决不至于导致双方和谐关系的破裂，需要多元化的、商谈式的、缓和友好的方式去化解矛盾。[②] 在法治框架内对传统调解制度进行创新和突破，构建一种与学生伤害纠纷解决需求相适应，能够兼具教育性和法律性，且综合诉讼和教育行政救济各自优势的新型调解制度，即学生伤害纠纷第三方调解制度。学生伤害纠纷第三方调解制度，就是在现行教育行政调解制度的基础上，进一步优化纠纷调解的组织机构和运行模式，完善调解程序和监督保障措施，通过教育、司法等多部门有机联动，构建起区域性独立的第三方调解组织对学生伤害纠纷进行依法调解，最终化解矛盾、解决纠纷。

一、学生伤害纠纷第三方调解机制的实践基础

教育部于2015年颁布的《依法治教实施纲要（2016－2020）》中明确提出，要“建立健全学生伤害事故调解制度，鼓励在市（地）或者县（区）设立由司法、教育部门牵头，公安、保监、财政、卫生等部门参加的学校学生伤害事故调解组

① 姚金菊.高等学校行政争议非诉解决机制研究[J].首都师范大学学报（社会科学版），2017(2)：149－150.

② 阮李全.中小学教育纠纷解决机制探析[J].教学与管理，2008(11)：39.

织，吸纳具有较强专业知识和社会公信力、知名度，热心调解和教育事业的专业人员、家长代表等，组成调解委员会，发挥人民调解在学校学生伤害事故认定和赔偿中的作用”。该规定以国家部委规范性文件的立法形式初步确定了“行政推动、部门联动、各方协调、专门组织”的学生伤害纠纷调解机制的运行模式，通过强调专门调解组织的专业性和行业性，指出调解委员会的基本成员构成应当包括教育专业人员、法律专业人员和家长代表等，是对《学生伤害事故处理办法》确定的教育行政调解制度的优化和提升，为构建由地方教育行政部门牵头的学生伤害纠纷联动调解机制提供了法源性依据。在此基础上，为了解地方性学生伤害纠纷第三方调解机制的实践基础，我们分别采用了司法案例检索法、问卷调查法、访谈法等调查方法进行统计分析。

(一)学生伤害纠纷案件数量基数大且逐年递增

学生伤害纠纷案件数量基数大且呈现逐年递增的趋势，是构建学生伤害纠纷第三方调解机制不可忽略的现实基础。为了间接了解近年来学生伤害纠纷案件数量的变化情况，我们在“威科先行法律信息库”中，分别以“《学生伤害事故处理办法》”“《中华人民共和国侵权责任法》第三十八条”“《中华人民共和国侵权责任法》第三十九条”和“《中华人民共和国侵权责任法》第四十条”为关键词，检索 2010 年 1 月 1 日至 2017 年 12 月 31 日期间的学生伤害事故诉讼裁判文书。之所以这样设置关键词，原因在于：根据《最高人民法院关于裁判文书引用法律、法规等规范性法律文件的规定》第四条“民事裁判文书应当引用法律、法律解释或者司法解释。对于应当适用的行政法规、地方性法规或者自治条例和单行条例，可以直接引用”和第六条：“对于本规定第三条、第四条、第五条规定之外的规范性文件，根据审理案件的需要，经审查认定为合法有效的，可以作为裁判说理的依据”等规定，司法实践中，根据受伤学生民事行为能力程度不同，法院审理中小学、幼儿园学生伤害事故纠纷案件所引用和依据的规范性法律文件及条款主要分为《学生伤害事故处理办法》《中华人民共和国侵权责任法》第三十九条、《中华人民共和国侵权责任法》第四十条。一般情况下，以上条款在一个裁判文书中不同时适用。此外，由于法院司法实践中只能适用已经生效实施的法律法规作为裁判依据，而《中华人民共和国侵权责任法》于 2010 年的 7 月 1 日生效实施，受法律法规生效时间的限制，2010 年法院裁判文书中引用《中华人民共和国侵权责任法》的案例数量较少甚至数量为零。具体结果详见图 6—1。

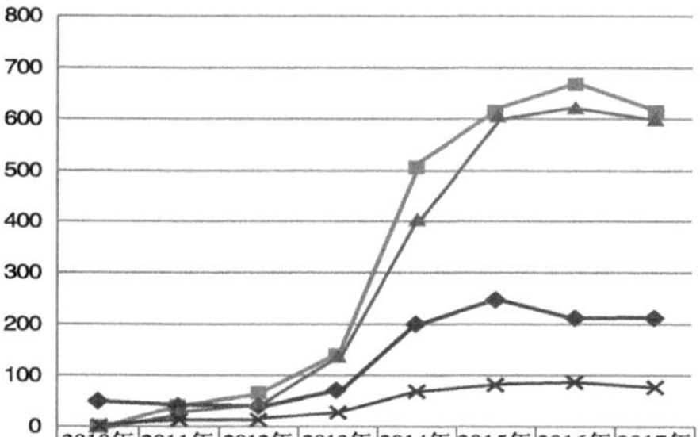

	2010年	2011年	2012年	2013年	2014年	2015年	2016年	2017年
《学生伤害事故处理办法》	46	42	38	69	199	249	212	212
《中华人民共和国侵权责任法》第三十八条	1	40	62	140	506	614	669	614
《中华人民共和国侵权责任法》第三十九条	0	26	46	135	401	607	621	603
《中华人民共和国侵权责任法》第四十条	0	11	11	26	66	82	85	75

图 6—1　2010 年至 2017 年学生伤害纠纷诉讼案件数量分类统计图

如图 6—1 所示，学生伤害纠纷诉讼案件数量在 2010 年至 2015 年呈现逐年快速增加的趋势，学生伤害纠纷往往具有较高的纠纷关联性、矛盾聚合性和社会敏感性，从而凸显了构建学生伤害事故多元化纠纷解决机制的急迫性和现实性。随着学生伤害纠纷的妥善处置和依法解决问题越来越受到关注，国家和部分省市相继出台了预防学生伤害事故以及学生伤害纠纷非诉讼调解制度的法规文件，相关政策措施的落地实施已经逐步取得实效，在一定程度上提高了通过非诉讼途径解决学生伤害纠纷的案件数量，从而降低了学生伤害纠纷诉讼案件的比重。图 6—1 中 2015 年至 2017 年学生伤害纠纷诉讼案件数量逐年缓慢递减，在一定程度上表明国家和地方关于学生伤害纠纷调解机制的探索初步取得一定效果。

(二)现行学生伤害纠纷法律救济程序不能满足纠纷解决需求

关于中小学教育纠纷解决机制的现状与主体诉求的调查结果显示：

第一，民事诉讼和教育行政救济在学生伤害纠纷解决程序中均存在优势和不足，现行学生伤害纠纷解决机制不能完全满足实践需求。对于诉讼而言，10.71%的学生家长认为通过诉讼解决纠纷的相对优势在于“法院判决生效后具有强制执行力”，其劣势往往在于司法资源的有限性和诉讼审理时间较长导致的纠纷解决效率低下，以及在诉讼过程中纠纷双方的强对抗性而可能破坏双方基于教育关系所需要保持的和谐、友好关系。对于教育行政救济的优势而言，38.89％的学生家长认为通过教育行政部门解决纠纷的优势在于“教育行政部门的处理结果能够兼顾教育性和法律性”；教育行政救济的劣势在于，10.32％的学生家长认为通过教育行政部门解决纠纷的不足在于“教育行政部门的公平性不能保证”，5.56％的家长则认为“教育行政部门的专业性不够”。详见表6—1。

表6—1　民事诉讼与教育行政救济的优势与劣势的主体认知情况

题目	选项	家长问卷	
		频数	百分比
您向法院提起诉讼的主要考量原因是？	法院判决结果更加公正	25	9.92％
	法院判决生效后具有强制执行力	27	10.71％
	法院审理时间较短，效率更高	2	0.79％
您向教育行政部门寻求帮助的主要考量原因是？	教育行政部门的处理结果更加权威	17	6.7.5％
	教育行政部门的处理结果更加公正	20	7.94％
	教育行政部门的处理结果能够兼顾教育性和法律性	98	38.89％
	教育行政部门处理纠纷的效率较高	12	4.76％
您不向教育行政部门寻求帮助的原因是？	教育行政部门的专业性不够	14	5.56％
	教育行政部门的权威性不够	5	1.98％
	教育行政部门的效率不高	2	0.79％
	教育行政部门的公平性不能保证	26	10.32％

第二，构建学生伤害纠纷第三方调解机制的主体诉求强烈。学校和家长对于构建学生伤害纠纷第三方调解机构的认可度较高。调查结果显示，96.4％的学校和83.46％的家长均希望由教育行政部门、司法行政部门牵头设立独立的第三方纠纷调解机构。结合访谈信息，大部分学校和家长均认为有必要通过构建地方性学生伤害纠纷第三方调解机制，将民事诉讼和教育行政救济解决学生伤害纠纷的优势有机融合，满足纠纷主体对于纠纷解决机构专

业性、权威性、强制力、公平性、效率性、兼顾教育性与法律性等方面的需求。

第三，地方性学生伤害纠纷第三方调解组织的职能主要是围绕“定纷止争”展开，具体包括“促进各方达成调解协议解决纠纷”“督促各方自觉履行协议”和“对伤害事故的责任进行认定”三项职能。调查结果显示，98.81%的学校和71.8%的家长认为地方性学生伤害纠纷调解组织的首要职能是“促进各方达成协议解决纠纷”，另外两项核心职能依次是“督促各方自觉履行调解协议”和“对伤害事故的责任进行”，详见表6—2。

表6—2　地方性学生伤害纠纷调解组织职能和作用的主体认知情况

题目	选项	学校问卷		家长问卷	
		频数	百分比	频数	百分比
如果成立专门的学生伤害事故调解委员会，您希望它的主要作用是什么？	对伤害事故的责任进行认定	79	94.05%	166	62.41%
	促进各方达成协议解决纠纷	83	98.81%	191	71.8%
	督促各方自觉履行调解协议	80	95.24%	172	64.66%

第四，对于第三方调解机构的成员构成，由于学校和家长在纠纷解决中的立场不同，双方诉求差异较大。学校问卷中，选择比重较高的三类成员依次是教育管理部门人员、学校代表和学生家长代表，占比分别100%、98.81%和98.81%；家长问卷中，选择比重较高的三类成员依次是医疗鉴定人员、学生家长代表、教育管理部门人员，占比分别为91.73%、89.85%和85.34%。结合访谈信息，大部分学校和家长认为学生伤害事故调解组织的成员构成还应包括公检法或人民调解委员会从业人员、法律专业人士如法学教授、优秀律师、公检法退休人员等，此外，纠纷当事人可以聘请律师作为代理人参与到调解程序中。

二、学生伤害纠纷调解机制的发展创新

（一）学生伤害事故调解机制的发展历程

学生伤害事故纠纷调解机制是从2000年开始逐渐建立起来，调解类型主要包括行政调解、人民调解以及在二者基础上进行区域创新的新型调解制度。

纵观我国学生伤害纠纷调解机制的立法进程，基本可以分为三种立法形式。

一是以2003年实施的《学生伤害事故处理办法》为法律依据的地方教育行政部门组织调解的教育行政调解制度，地方教育行政部门对于是否组织调解、如何组织调解的自由裁量权力相对较大，且教育行政部门作为本行政区域内各级各类学校的行政主管部门，其作为调解组织应具备的中立性和公正性无法有效保障。二是以2011年实施的《人民调解法》为法律依据的基层人民调解委员会调解制度。学生伤害事故纠纷往往具有较高的纠纷关联性、矛盾聚合性和社会敏感性，需要调解组织成员具有教育、法律、医疗鉴定、纠纷调解等多元化的专业知识，基层人民调解委员会能够保证调解组织的中立性需求，但不能满足纠纷调解的专业性、行业性需求。三是以2014年发布的《中共中央关于全面推进依法治国若干重大问题的决定》、2015年颁布的《依法治教实施纲要(2016—2020)》和2017年颁布的《国务院办公厅关于加强中小学幼儿园安全风险防控体系建设的意见》等国家和教育系统政策法规为依据，积极探索构建的教育行政调解与人民调解有机融合的"多元化、联动式、创新型"第三方调解制度。

(二)学生伤害事故调解机制的地方探索

结合我国部分省市已有法治探索和实践创新，地方创新型学生伤害纠纷调解机制可以分为四种运行模式：一元化、依附式行政调解模式，多元化、融入式行政调解模式，多元化、融入式人民调解模式和多元化、独立式联动调解模式。

1.一元化、依附式行政调解模式

一元化、依附式行政调解模式是将学生伤害纠纷调解纳入教育行政调解制度之中，由教育行政部门设立专门的学生伤害事故调解组织，学生伤害事故调解组织的人员设置、日常管理等由教育行政部门负责和决定。如《广东省教育厅〈学生伤害事故处理办法〉实施细则》专门规定了学生伤害事故的行政调解机制。该办法规定，由教育行政部门设立学生伤害事故处理调解委员会，学生伤害事故处理调解委员会由教育行政部门的法制工作部门管理。调解人员可以由教育行政部门的工作人员担任，也可以聘请法律专家、教育专家和退休法官担任调解员，教育行政部门对于调解人员的聘任有自主决定权。

此种调解模式将学生伤害纠纷调解组织的设置、人员聘用、调解程序要求等集中赋予教育行政部门，通过充分发挥教育行政调解在行政权威性、教育专业性等方面的优势，提高地方性学生伤害纠纷调解机制的运行效率。但是，由于学生伤害事故调解组织的人员配置、日常事务、经费使用等均由教育行政部门管理，其只是形式上的独立，本质上仍然依附于教育行政部门。

2.多元化、独立式行政调解模式

多元化、独立式行政调解模式是在《学生伤害事故处理办法》确定的学生伤害纠纷教育行政调解制度的基础上，由地方各级政府法制部门、教育行政部门牵头，司法、公安、卫生等多部门联合成立各级学生伤害事故调解组织，调解员由各级调解组织自行聘任。如《杭州市中小学校学生伤害事故调解委员会工作规程》(杭政办函〔2003〕245号)规定，杭州市设立市中小学校学生伤害事故调解委员会，负责杭州市属学校及市政府交办的学生伤害事故的处理调解工作，指导各区、县(市)中小学校学生伤害事故调解委员会的调解工作。中小学校学生伤害事故调解委员会是专门调解所辖范围内中小学校发生的学生伤害事故纠纷的群众性组织。事故调解委员会根据本规程可以聘任调解员若干人，所聘调解员应报市事故调解委员会备案。

此种模式是对一元化、依附式行政调解模式的发展和创新，一是多元化的组织机构通过行政权力的分散、制衡与监督提高了行政调解的公正性和中立性；二是学生伤害纠纷调解组织在调解员聘用方面获得了自主权力，减少了行政因素对于调解行为的干预和影响可能，一定程度上提高了调解组织的独立性。

3.多元化、融入式人民调解模式

多元化、融入式人民调解模式是将学生伤害纠纷调解融入人民调解制度之中，地方司法行政部门和教育行政部门有机配合，以现有人民调解组织网络为基础，积极推进人民调解组织参与学生伤害纠纷调解。如上海市司法、教育等部门联合发布的《关于发布规范人民调解组织参与涉校纠纷调解若干意见的通知》(沪司规〔2013〕5号)第4条规定，涉校纠纷人民调解工作主要由学校所在地的街道、乡镇人民调解委员会承担。同时，该规定还明确了教育行政部门转委托人民调解的工作机制，即“教育行政部门可以在征得各方当事人同意的基础上，将已经受理的涉校纠纷行政调解案件委托给人民调解组织调解”。另外，根据《浙江省司法厅、浙江省教育厅关于进一步加强学生伤害纠纷人民调解工作的意见》(浙司〔2013〕153 号)的要求，宁波市发布的《关于建立健全学生伤害纠纷人民调解机制的实施意见(试行)》规定，学生伤害纠纷人民调解工作应当坚持“属地管辖”原则，根据需要和人民调解法等有关法律规定，设立开展县(市)区学生伤害纠纷人民调解委员会，也明确了教育行政部门转委托人民调解的条件和要求。

此种模式依托于现行人民调解制度产生和运行，有利于充分利用人民调解制度在机构设置、人员配备、调解程序等方面的既有经验和优势，提高学生伤害纠纷依法调解的效率。但是，由于现行人民调解制度在涉及教育纠纷尤其是学生伤害纠纷调解时，“有些具体问题没有合理的法规制度可以遵循，仍存在诸如缺少专门的调解组织建立制度、缺少规范化的操作程序制度、调解员缺乏相关领域的专业录用考核制度、缺乏调解的财力保障制度支持”①等不足。

4.多元化、独立式联动调解模式

多元化、独立式联动调解模式，就是地方教育行政部门、法院等与学生伤害事故处理实务相关的相关机构联合成立区域性独立的第三方学生伤害纠纷调解组织，该调解组织下设常设机构自主运行。如《关于建立青岛市校园伤害纠纷联动调解机制的实施意见》规定，青岛市教育局、青岛市中级人民法院、青岛市关工委联合成立“青岛市校园伤害纠纷调解委员会”，调解员以既有的青岛市关工委法制团人员和青岛市民商法研究会法律专家和法律工作者为主体，组织一批老法官、老检察官、老警官、老教育工作者、法律专家教授、优秀律师，仲裁员参与调解工作。该规定还明确了调解组织协助当事人对调解协议申请司法确认的程序，即“当事人可以申请人民法院对调解协议书进行司法确

① 杨瑜.教育纠纷的人民调解路径分析[D].沈阳:沈阳师范大学,2016:19－22.

认，可由调解组织在收到申请之日起三日内将调解卷宗移送纠纷发生地基层人民法院少审庭办理司法确认事宜”。此外，该规定还确立了法院委托调解的形式和调解效力，即“对人民法院已经立案受理的校园伤害事故纠纷，受人民法院委托，校调会可以参与或受理调解，调解成功，由人民法院下达调解书”。

此种调解模式在确保调解人员专业性的前提下，实现了现有在职法律从业人员的使用效率最大化，同时提高了调解协议进行司法确认的效率，疏通了调解委员会参与学生伤害纠纷诉讼过程中司法调解的渠道，较大程度上推动了学生伤害纠纷的行政调解、人民调解与司法调解的高效联动。

三、学生伤害纠纷第三方调解机制的主要内容

根据现行学生伤害纠纷调解机制相关法律法规的规定，结合学生伤害纠纷调解机制的现状调研和主体诉求，参照学生伤害纠纷第三方调解机制的区域实践，地方性学生伤害纠纷第三方调解机制的构建和运行，应当确立多元化的组织领导体系、独立运行的调解组织、专业化的调解人员、人本适切的调解原则、明确具体的调解范围、合法规范的调解职能、科学高效的调解程序、实效性的调解结果、多方位的保障措施等内容。

第一，多元化的组织领导体系。多元化的组织领导体系有利于通过行政权力的分散、制衡与相互监督，提高学生伤害纠纷调解组织及其运行的公正性和中立性。结合调研情况和天津市实际，参照《依法治教实施纲要（2016－2020）》关于构建学生伤害纠纷联动调解机制的规定，地方性学生伤害纠纷调解机制的运行模式可以确定为多部门有机联动的第三方调解模式，即由教育行政部门牵头，司法、公安、保监会地方监管局参与配合，设立独立的学生伤害事故调解组织。

第二，独立运行的调解组织。调解组织的中立性是有效调解的基本前提，调解组织的独立性是实现调解组织中立性的基础。设置地方性学生伤害纠纷调解委员会作为独立的第三方调解组织，可以“解决调解主体设置的两大要求：其一，专门的内设机构，保证了职责分明、责权统一，可以专注于学生伤害事故赔偿纠纷的处理及经验总结，防止推诿及不作为情形的发生；其二，法律

专家、教育专家、退休法官担任调解员，可以有效梳理教育活动中的管理责任和法律责任，有利于协议的达成并促进教育管理规范化”①。

第三，专业化的调解人员。地方性学生伤害事故第三方调解组织的成员构成应当兼顾专业性、权威性、客观性和独立性要求，同时应有利害关系人群体代表。“专业性”要求具有教育、法律、教育法学等专业和领域的从业或退休人员；“权威性”要求具有相关教育、司法（法院）等部门或机构代表的参与；“客观性”要求具有医疗鉴定人员、社区代表、公安人员等学生伤害纠纷非利害关系方的人员或机构代表参加；“独立性”要求调解组织中具有专门从事学生伤害纠纷调解的专职或兼职工作人员；“利害关系人群体代表”要求具有学生代表、教师代表和学校代表等，涉及学生伤害事故赔偿保险理赔事项的，还应当邀请相关保险公司作为有利害关系的第三方参加调解活动。

第四，调解应当遵循自愿、合法、平等、保密、及时等原则。其一，只有学生伤害事故各方当事人自愿同意进入调解程序，并提交书面调解申请，调解组织才可按照规定受理申请并进行调解。其二，调解程序和调解协议的内容应当合法。调解程序合法强调的是调解主体、调解范围、调解规则等程序性事项在遵循法律法规规定的基础上，可以有一定的灵活性和非程式化特点；调解协议内容的合法是指当事人之间的调解协议在不违反法律、行政法规强制性规定的前提下，可以参考行业惯例、村规民约、社区公约和当时善良风俗等行为规范而达成。其三，当事人地位平等和调解组织的公正性是实现有效调解的重要因素，调解机构在调解过程中“不能偏向任何一方，既要兼顾各方当事人的合法权益，又要说服各方当事人互谅互让、相互理解，公平、公正地化解争议纠纷”②。其四，保密原则强调“调解的过程不向公众和社会公开；当事人不得在随后的审判程序中将调解过程中制作的笔录、当事人为达成调解协议而做出的让步或者承诺、调解人员或者当事人发表的任何意见或者建议等，作为证据

① 窦玉前，郭丹. 学生伤害事故赔偿行政调解制度存在的问题及对策建议[J]. 教育探索 2014(12)：63.

② 邓刚宏. 行政调解制度研究[M]. 北京：中国政法大学出版社，2017：96.

提供;调解人也负有为当事人保密的义务”[①]。其五,调解应当遵循及时、便民的原则要求,重视调解过程和结果的效率性。调解受理环节、调解进行环节、调解协议生效环节、调解结果履行环节均应当设置有明确时限,避免相关主体怠于履行职权或行使权利。

第五,明确具体的调解范围。地方性学生伤害纠纷调解组织的调解范围是在中小学校、幼儿园负有教育、管理责任的时间和空间范围内发生学生伤害事故而产生的纠纷。具体来说,就是在中小学校、幼儿园实施的教育教学活动或者学校组织的校外活动中,以及在学校负有管理责任的校舍、场地、其他教育教学设施、生活设施内,发生了造成在校学生人身损害后果的事故而产生的纠纷。纠纷主体一般是双方或多方,如学校与受伤学生及其家长的双方纠纷,受伤学生及其家长与致害学生及其家长的双方纠纷,学校、受伤学生及其家长、致害学生及其家长的三方纠纷等;纠纷内容一般是对伤害事故的责任认定、损害赔偿的数额等认识不一。

第六,合法规范的调解职能。地方性学生伤害纠纷调解组织的职责应当包括定纷止争、事故预防教育、督促事故赔付等内容。具体来说,定纷止争就是要对学生伤害事故中的各方主体的责任进行依法划分,促进各方达成调解协议,防止事故纠纷激化;事故预防教育就是通过调解工作的开展,间接宣传纠纷调解相关的法律法规和政策文件,向纠纷当事人普及预防学生伤害事故以及依法处理学生伤害事故的法律知识和实践做法;督促事故赔付就是在达成调解协议之后,及时通知和协助各方当事人自觉履行调解协议或者及时就调解协议申请司法确认,提高调解协议的履行效率和效益。

第七,科学高效的调解程序。调解程序包括调解申请、调解受理、调解规则、调解环节、调解终止、调解协议的执行等程序。学生伤害纠纷调解实行一调终局制,调解过程中应当切实保障调解当事人的知情权、抗辩权,允许各方当事人聘请 1～2 位律师或其他专业人员作为代理人参加调解,对于调解委员会的成员应当设置回避制度,保证调解人员的中立性要求。“通过调解解决的

---

① 常怡.中国调解制度[M].北京:法律出版社,2013:57－58.

优势在于解纷的效率与效益，解决过程也能够切实体现当事人意思自治精神，解决方案也会更多地包含当事人的真正需求，处理结果易于令当事人满意”[①]。调解一般不公开，当事人另有约定的除外。

第八，突出实效的调解结果。调解协议的有效执行是实现调解目的关键环节。首先，调解成功的，各方当事人应当及时签订调解协议，并自觉履行到位。学生伤害纠纷经调解达成协议后，一般应即时结清尾款。不能即时履行的，调解员应当督促各方当事人按照调解协议约定的期限履行调解协议。其次，各方当事人可自调解协议生效之日起30日内共同向调解委员会所在地基层人民法院申请司法确认，学生伤害调解委员会应当协助。根据最高人民法院发布的《关于建立健全诉讼与非诉讼相衔接的矛盾纠纷调解机制的若干意见》以及《中华人民共和国民事诉讼法》第一百九十四条的规定，经过学生伤害纠纷调解组织调解并达成书面调解协议的，自调解协议生效之日起30日内，调解组织应当督促双方当事人共同向调解组织所在地基层人民法院申请司法确认调解协议，从而赋予调解协议以强制执行效力。此外，各方当事人还可以在调解协议中“设定一个反悔期，书面列明如果在反悔期内当事人一方或双方反悔的，视为调解无效，当事人可以通过诉讼等其他途径解决纠纷；逾期未提出反悔，且也不主动要求法院确认的，则视为其放弃纠纷解决的相应诉权，其申请司法确认的权利可由调解组织代理行使，调解组织可直接要求法院审核调解协议书并赋予其强制执行力”[②]。

第九，多方位的保障措施。首先，组织体系保障方面，重视地方性法规的规范和指导作用，确立多部门协同配合的工作推进模式。相关行政机关应当分工负责，在做好相关调研的基础上，依法联合出台关于学生伤害纠纷调解的地方性政策法规文件。法规文件中应当列明学生伤害纠纷的调解范围、调解机构的设置及其成员构成、调解员的条件要求、基本调节程序、调解协议的生

① 史长青.现代调解制度：法制与自治[M].上海：上海三联书店，2015：3.

② 郝淑华，赵世谦.教育行政调解的功能优势与制度完善[J].教学与管理，2016(9)：44.

效与执行、调解终止、保险理赔等内容，作为开展地方性学生伤害纠纷调解实践的合法性依据和政策指导。其次，人员专业保障方面，应当建立长效性调解人员教育培训制度，增强调解人员的专业性和业务能力，不断提高化解学生伤害纠纷的水平和效果。再次，经费保障方面，一是学生伤害纠纷调解不收取任何费用，最大程度降低相关主体进行纠纷调解的金钱成本投入；二是学生伤害纠纷调解组织的工作经费由教育行政部门提请地方政府财政予以保障；三是随着学生伤害纠纷调解机制的运行与实践，探索设立社会爱心人士募捐、政府、相关部门支持相结合的“学生伤害救助专项基金”，用以解决学生伤害纠纷案件调解中出现的特殊问题，如伤害方没有赔偿能力或伤害方怠于履行赔偿责任时，调解组织可依照法定程序确定由“学生伤害救助专项基金”先行代为支付赔偿款。

第四节　学校与教师人事争议解决机制

一、学校与教师人事争议多元化法律救济途径

学校与教师的法律关系决定了二者之间法律争议的性质界定，学校与教师之间不同性质的法律争议其适用法律也不尽相同。教师人事争议纠纷的基本情形可以划分为教师考核纠纷、教师处分纠纷和教师人事争议纠纷，不同纠纷情形下教师权利救济途径和程序要求存在差异。

中小学教师人事争议纠纷法律救济途径主要规定在两类法律规范中，一类是《中华人民共和国教育法》《中华人民共和国教师法》等教育法律规范，如《中华人民共和国教师法》《中小学教师违反职业道德行为处理办法》；一类是事业单位人事管理法律规范，如《事业单位人事管理条例》《事业单位工作人员处分暂行规定》《人事争议处理规定》等。总体而言，教师人事争议纠纷法律救济途径主要包括校内救济、行政救济、仲裁救济和诉讼救济等。校内救济包括

当事人(通常为教师和学校)自主协商、内部复核或教师校内申诉,行政救济主要是行政申诉、行政调解、行政复议,仲裁救济是指人事争议仲裁,诉讼救济包括民事诉讼和行政诉讼。根据法律法规的效力位阶和调整社会关系的不同,本书梳理了教师人事争议纠纷权利救济途径和程序规定,并对不同救济途径的法定事由、基本程序、主要环节等做了归纳,详见图6—2。

第一类,教师管理及其权利救济类法律规范将中小学教师人事争议纠纷解决途径确定为内部行政复核和行政申诉。其中,《中华人民共和国教师法》第三十九条规定:"教师对学校或者其他教育机构侵犯其合法权益的,或者对学校或者其他教育机构作出的处理不服的,可以向教育行政部门提出申诉,教育行政部门应当在接到申诉的三十日内,作出处理。教师认为当地人民政府有关行政部门侵犯其根据本法规定享有的权利的,可以向同级人民政府或者上一级人民政府有关部门提出申诉,同级人民政府或者上一级人民政府有关部门应当作出处理。"《中小学教师违反职业道德行为处理办法》第九条第一款规定:"教师不服处理决定的,可以向学校主管教育部门申请复核。对复核结果不服的,可以向学校主管教育部门的上一级行政部门提出申诉。"申请学校主管机关进行复核属于基于教师人事管理的内部管理行为,严格来说并不属于教师人事争议的法律救济途径。教师行政申诉制度已有专门章节探讨分析,此不赘述。

第二类,事业单位人事管理类法律规范将中小学教师人事争议纠纷解决途径确定为内部协商、申请复核、行政调解、行政申诉、人事争议仲裁或诉讼,其中人事争议诉讼应当以人事争议仲裁为前置救济程序,未经人事争议仲裁的案件法院不予受理。第一,《事业单位人事管理条例》第三十八条规定事业单位工作人员对涉及本人的考核结果、处分决定等不服的,可以按照国家有关规定申请复核、提出申诉。第二,《事业单位工作人员处分暂行规定》细化了教师人事处分的救济途径和基本程序,该规定第三十九条第一款规定:"受到处分的事业单位工作人员对处分决定不服的,可以自知道或者应当知道该处分决定之日起三十日内向原处分决定单位申请复核。对复核结果不服的,可以自接到复核决定之日起三十日内,按照规定向原处分决定单位的主管部门或

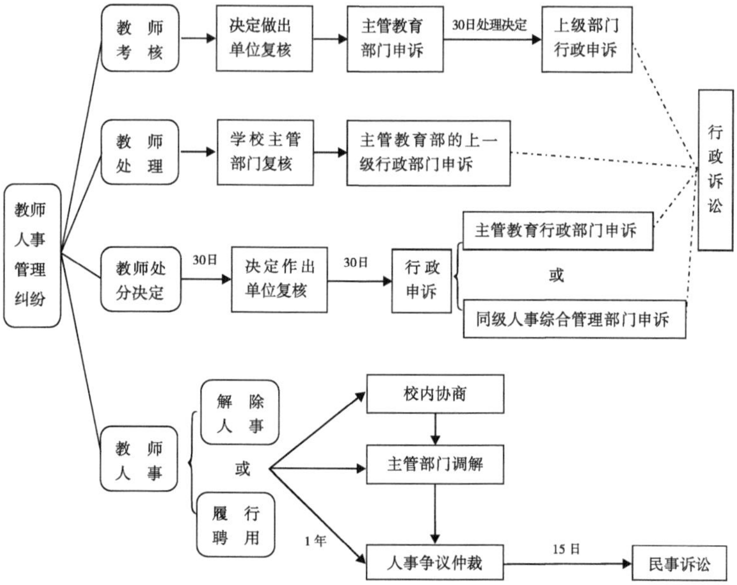

图 6—2　教师人事争议纠纷权利救济途径和程序规定

者同级事业单位人事综合管理部门提出申诉。"第三,《人事争议处理规定》将内部协商和行政调解纳入事业单位人事争议解决途径,该规定第三条规定,人事争议发生后,当事人可以协商解决;不愿协商或者协商不成的,可以向主管部门申请调解;不愿调解或调解不成的,可以向人事争议仲裁委员会申请仲裁。当事人也可以直接向人事争议仲裁委员会申请仲裁。当事人对仲裁裁决不服的,可以向人民法院提起诉讼。

综上所述,学校对教师做出的考核或处理决定、中小学校主管教育部门对教师做出处分决定,均是基于事业单位人事管理法律关系而做出的内部管理行为。教师因相关的考核、处理或处分决定有权提出复核和申诉,此种复核和申诉属于"内部救济手段,对处分不服的复核或者复审,由做出处分决定机关或者其上级机关受理和审查"①,教师对于行政机关做出的处理结果不服的,可以依法提起行政诉讼。

① 朱福惠. 论监察法上政务处分之适用及其法理[J]. 法学杂志。2019(9):49.

二、学校与教师人事争议非诉讼救济途径

教师人事争议纠纷非诉讼救济途径包括校内救济、行政救济和人事争议仲裁三种途径，校内救济途径主要包括当事人自主协商、校内复核和教师校内申诉，行政救济包括行政申诉和行政调解。这几种解纷途径在实践中能够发挥缓解人事争议当事人之间的矛盾纷争的作用，但当事人自主协商以当事人意思自治为主导，内部复核和教育行政调解的制度规范化程度较弱，三者在程序化、制度化、规范化方面需求性不强，受篇幅所限本书暂不对其进行研究。又因前文已对校内申诉制度和行政申诉制度进行专门论述，本部分集中探讨人事争议仲裁作为教师人事争议解决途径的难点与突破。

人事争议仲裁是具有中国特色的一项事业单位人事争议解决制度，其是指依据一定规则设立的仲裁机构对人事争议双方当事人争议的事项依法做出裁决，从而解决人事争议的一种准司法活动。

关于人事争议仲裁的受案范围，根据《劳动人事争议仲裁办案规则(2017)》《人事争议处理规定》等文件的规定，人事争议仲裁受理教师人事管理纠纷的范围限定在学校与教师之间因终止人事关系以及履行聘用合同发生的争议。据此，中小学校对教师进行处理、处分等不属于人事争议仲裁的受理范围，如教师考核、奖惩、职称职务变动、岗位调动、工资福利待遇等均不纳入人事争议处理机关的受案范围，教师只能通过校内救济或行政救济途径进行解决。详见表6－3。

表 6—3 教师人事管理纠纷仲裁受理范围和法律规定

法规名称(发文时间或字号)	效力位阶	人事争议仲裁规定	核心内容
《劳动争议仲裁调解法》	法律	第五十二条 事业单位实行聘用制的工作人员与本单位发生劳动争议的,依照本法执行;法律、行政法规或者国务院另有规定的,依照其规定。	明确优先适用法律、行政法规、国务院等事业单位人事管理规定
《劳动人事争议仲裁办案规则(2017)》(人力资源和社会保障部令第 33 号)	部门规章	第二条 本规则适用下列争议的仲裁:……(三)事业单位与其建立人事关系的工作人员之间因终止人事关系以及履行聘用合同发生的争议;……	明确人事争议仲裁受案范围:终止人事关系、履行聘用合同
《人事争议处理规定》(2011 年修正,人社部发〔2011〕88 号)	国家部委规范性文件	第二条第二项 本规定适用于下列人事争议:……(二)事业单位与工作人员之间因解除人事关系、履行聘用合同发生的争议。……	明确人事争议范围包括事业单位与工作人员之间因解除人事关系、履行聘用合同发生的争议
《国务院办公厅转发人事部关于在事业单位试行人员聘用制度意见的通知》(国办发〔2002〕35 号)	国务院办公厅规范性文件	七、认真做好人事争议的处理工作。……受聘人员与聘用单位在公开招聘、聘用程度、聘用合同期限、定期或者聘期考核、解聘辞聘、未聘安置等问题上发生争议的,当事人可以申请当地人事争议仲裁委员会仲裁。仲裁结果对争议双方具有约束力。	明确人事争议仲裁结果对争议双方的约束效力
《人力资源和社会保障部办公厅关于人事争议仲裁适用有关法律问题的答复意见的函》(人社厅函〔2008〕117 号)	国家部委规定性文件	二、《国务院办公厅转发人事部关于在事业单位试行人员聘用制度意见的通知》(国办发〔2002〕35 号)属于劳动争议调解仲裁法第五十二条中"国务院另有规定"的范畴,按其有关规定,事业单位聘用制人员与单位发生的争议继续由人事争议仲裁委员会受理和处理。	明确事业单位聘用制人员与单位发生的争议由人事争议仲裁委员会受理和处理

有研究者认为当前人事争议仲裁制度的不足[①]主要包括:

一是人事争议受案范围较为狭窄。人事争议仲裁的受案范围仅限于除

① 张勇敏.人事争议处理机制法律问题研究[M].杭州:浙江大学出版社,2010.

名、辞职、辞退、离职等解除人事关系以及履行聘用合同发生的争议。对于事业单位人事争议而言，仅受理事业单位与工作人员之间因解除人事关系、履行聘用合同发生的争议。据此，事业单位对其工作人员的人事处理决定不属于人事争议仲裁的受案范围，而实践中相关主体之间的人事纠纷往往是因为诸如晋级、晋职、考核、奖惩、任免、调动、工资等争议引发，这些争议均不能纳入人事争议仲裁的受案范围，只能通过行政申诉或行政复议等途径进行救济，不利于对事业单位工作人员合法权益的维护。

二是人事争议仲裁裁决种类制度尚未确立。裁决直接与当事人的仲裁请求相呼应，而仲裁裁决种类的设定直接影响到人事争议仲裁制度功能的发挥。相较于人事争议诉讼判决制度，人事争议仲裁裁决的种类过少，对相当多的争议没有设立合适的裁决种类适用，影响了人事争议仲裁制度功能的有效发挥。具体来说，人事争议仲裁"维持被申请人的人事处理决定"的裁决设计不合理。仲裁作为一项"准司法"活动，应当遵循"不告不理"的原则。实践中，维持裁决通常是针对撤销特定的人事处理决定的仲裁申请而做出，仲裁裁决应当是对仲裁申请的回应，仲裁机构做出维持被申请人人事处理决定则是超越了"撤销"这一仲裁申请的核心要义。

三、学校与教师人事争议诉讼救济

(一)教师人事争议纠纷的司法审查范围

根据《最高人民法院关于人民法院审理事业单位人事争议案件若干问题的规定》(法释〔2003〕13号)第一条的规定，公办中小学校与教师之间发生人事争议的，只有双方之间因辞职、辞退及履行聘用合同所发生的争议才能进入法院司法审查的范围。相关法律规定详见表6—4。

表 6—4 学校与教师人事管理纠纷司法审查和法律适用规定

法规名称(发文时间或字号)	效力位阶	诉讼救济与法律适用规定	核心内容
《中华人民共和国劳动合同法》(2012 年修正,主席令第七十三号)	法律	第九十六条 事业单位与实行聘用制的工作人员订立、履行、变更、解除或者终止劳动合同,法律、行政法规或者国务院另有规定的,依照其规定;未做规定的,依照本法有关规定执行。	优先适用法律、行政法规、国务院等事业单位人事管理规定;未做规定的适用《中华人民共和国劳动合同法》
《最高人民法院关于人民法院审理事业单位人事争议案件若干问题的规定》(法释〔2003〕13 号)	司法解释	第一条 事业单位与其工作人员之间因辞职、辞退及履行聘用合同所发生的争议,适用《中华人民共和国劳动法》的规定处理。 第三条 本规定所称人事争议是指事业单位与其工作人员之间因辞职、辞退及履行聘用合同所发生的争议。	人民法院受理的事业单位人事争议案件范围:事业单位与其工作人员之间因辞职、辞退及履行聘用合同所发生的争议
《最高人民法院关于事业单位人事争议案件适用法律等问题的答复》(法函〔2004〕30 号)	司法文件	全文	法院审理事业单位人事争议案件,程序方面适用《中华人民共和国劳动法》的规定;实体方面优先适用人事法律规定。
《关于审理行政案件适用法律规范问题的座谈会纪要》(法〔2004〕第 96 号)	司法文件	全文	明确《中华人民共和国立法法》实施前后行政法规的认定标准;明确法院对法律规范进行语义解释的一般规则。

(二)教师人事争议纠纷司法审查的法律适用

教师人事争议纠纷司法审查中程序法与实体法在法律适用方面存在差异。根据《最高人民法院关于事业单位人事争议案件适用法律等问题的答复》(法函〔2004〕30 号)第一点的规定,法院在审理学校与教师人事争议案件过程中,程序法方面适用《中华人民共和国劳动法》的相关规定,实体法层面适用人事方面的法律规定。由于该司法文件并没有明确这里的“人事方面的法律规定”的具体范围,司法实践中对于该“法律规定”的解释与法律适用并不一致。

对于教师人事管理纠纷司法审查中实体法的适用问题，本书主要从以下几个方面进行法律梳理和法理分析。

首先，“法律有广义、狭义两种理解。广义上讲，法律泛指一切规范性文件；狭义上讲，仅指全国人大及其常委会制定的规范性文件”[①]。如果对这里的“法律规定”进行广义的文义解释，则包括法律、行政法规、部门规章和规范性文件中规定的人事管理内容；如果对“法律规定”进行狭义的字面解释，则应当将其限定为效力位阶为法律的人事规定内容。从当前教师人事管理纠纷的司法实践来看，法院一般是将这里的“法律规定”作广义的文义解释，适用法律、行政法规、部门规章和规范性文件中的人事管理规定作为审理依据。

其次，《中华人民共和国劳动合同法》第九十六条规定，事业单位与实行聘用制的工作人员订立、履行、变更、解除或者终止劳动合同，法律、行政法规或者国务院另有规定的，依照其规定；未做规定的，依照本法有关规定执行。原人事部办公厅在《对江西省人事厅情况反映的答复意见函》（国人厅函〔2007〕153 号）和《人力资源和社会保障部办公厅关于人事争议仲裁适用有关法律问题的答复意见的函》[人社厅函〔2008〕117 号]中明确提出，《国务院办公厅转发人事部关于在事业单位试行人员聘用制度意见的通知》（国办发〔2002〕35 号）是规范事业单位人员聘用合同的国务院办公厅文件，属于《中华人民共和国劳动合同法》第九十六条中“国务院另有规定”和《劳动争议调解仲裁法》第五十二条中“国务院另有规定”的范畴，有关事业单位人员聘用合同的订立、履行、变更、解除或终止，应当适用该文件的规定，事业单位聘用制人员与单位发生的争议继续由人事争议仲裁委员会受理和处理。

最后，根据最高人民法院 2004 年 5 月 18 日出台的《关于审理行政案件适用法律规范问题的座谈会纪要》（法〔2004〕第 96 号）的规定，现行有效的行政法规有以下三种类型：一是国务院制定并公布的行政法规。二是立法法施行以前，按照当时有效的行政法规制定程序，经国务院批准、由国务院部门公布的行政法规。但在立法法施行以后，经国务院批准、由国务院部门公布的规范

① 舒国滢. 法理学导论[M]. 北京：北京大学出版社，2012：72.

性文件，不再属于行政法规。三是在清理行政法规时由国务院确认的其他行政法规。此外，人民法院对于所适用的法律规范，一般按照其通常语义进行解释；有专业上的特殊含义的，该含义优先；语义不清楚或者有歧义的，可以根据上下文和立法宗旨、目的和原则等确定其含义。《事业单位人事管理条例》作为《立法法》实施以后国务院出台的“人事方面”的行政法规，应当属于人民法院审理教师人事争议纠纷的实体法依据。

根据以上法律法规的规定综合分析，在实体法层面，人民法院审理学校与教师人事争议纠纷案件时，应当优先适用《事业单位人事管理条例》《国务院办公厅转发人事部关于在事业单位试行人员聘用制度意见的通知》(国办发〔2002〕35 号)等国务院发布的人事管理法律法规。如果国务院发布的人事管理法律法规没有规定或者规定不明确的，可以参照国家人事管理规章或规范性文件，对于那些纠纷性质与劳动争议纠纷相近似的，应当适用《中华人民共和国劳动法》《中华人民共和国劳动合同法》等劳动法律的规定处理。对于《中华人民共和国劳动法》与《中华人民共和国劳动合同法》规定不一致的情况，应当按照“新法优于旧法”的法律适用原则，适用《中华人民共和国劳动合同法》的规定。

后　记

十年前的夏天，我研究生毕业后进入了现在的工作岗位，开始从事教育法学科研工作。教育法学作为教育学和法学的交叉学科，需要充分考虑教育领域的特殊性，将法学理论融入教育关系与教育行为之中，系统考察教育领域基本权利义务关系。随着学术研究和科研实践的深入，我的专业能力和科研水平不断提升，对教育法学这门学科的热爱也愈加强烈。

近年来，依托自己主持和参与的课题和项目，我对中小学依法治校和教育纠纷法律救济机制的研究不断加深。系统梳理后发现，既往研究主要是围绕“教育纠纷”的预防和解决而进行，经过思考，对教育纠纷防范化解机制研究的初步构想得以形成。学术研究是一个需要不断反思、发展和创新的思辨过程，本书也是对我多年研究成果的阶段性总结和系统化提升。

教育法学研究范式下的学校教育纠纷防范化解机制，兼顾纠纷的事前预防、事中控制和事后救济，兼顾教育关系的伦理价值、教育主体的权利保障和教育纠纷的多元化解。教育纠纷预防层面，重视依法治校和对教师、学生、学校权益的有效保障；纠纷控制层面，重视对学生与学校、教师与学校等矛盾、争议的法治化、规范化、人文化应对；纠纷解决层面，重视构建协商、调解、申诉、诉讼等多元化纠纷解决机制。之所以将研究视角聚焦在公办中小学校，是因为公办中小学校作为基础教育阶段进行教育教学活动的主要场所，是与众多学生、家长、教师发生最直接联系的主体。公办中小学校教育纠纷的有效预防和依法化解，是在教育领域防范化解基层社会矛盾纠纷的基本展现。

对教育纠纷防范化解机制的研究，既来源于实践，也需要应用于实践。在担任基层学校的法律顾问期间，协助学校解决一些法律纠纷的同时，发现学校、家长和教师都非常关注如何在法律框架下，合理合法地化解教育纠纷。正是基于现实的需要，我结合自身科研工作特点，对预防和解决学校教育纠纷进行了深入思考。

书稿付梓之时，内心仍有诸多遗憾，深感时间和精力有限，还有很多问题没有来得及深入思考，书中内容也存在着诸多不足之处。如：对学校治理体系和治理结构分析得不够充分、对教育行政申诉的探讨不够系统深入等。不过，学术研究无止境，本书的完成只是对我既往研究内容的梳理和升华，也是未来漫长的科研求索之路的一个台阶，现在的不足是未来更加努力、不断自我提升的动力。

感谢我的工作单位天津市教育科学研究院的领导和同事们，是他们创造了良好的工作环境、完备的科研条件和积极向上的科研氛围，让我有机会潜心研究，深入实践，提升自我。本书的出版得到了天津市教育科学研究院“131”创新型人才培养工程专项经费资助，对此致以深深的谢意！

感谢我的同事方芳和王志辉参与本书部分章节的撰写。其中，第三章第三节由王志辉、汪莉撰写，第三章第四节和第四章第四节由方芳、汪莉撰写。

最后，感谢家人的陪伴、理解、关心和支持，家人的爱与笑容激励着我不断前进。

汪　莉

2020 年 4 月 14 日